学校に対する君が代斉唱、日の丸掲揚の強制を憂慮する会 編

学校に思想・良心の自由を

君が代不起立、運動・歴史・思想

山田昭次
斉藤寿子
大貫明日美
藤田昌士
安川寿之輔
池田幹子
根津公子
河原井純子
渡辺厚子
三輪勝美
大能清子
黒田貴史
田中正敬
大森直樹

影書房

学校に思想・良心の自由を——君が代不起立、運動・歴史・思想　目次

V　教育現場での民主主義と自由のために　305

Ⅰ　「憂慮する会」の十年、東京・神奈川の十年

「学校に対する君が代斉唱・日の丸掲揚の強制を憂慮する会」十年の歩み

山田 昭次

はじめに

「学校に対する君が代斉唱・日の丸掲揚の強制を憂慮する会」(以下「憂慮する会」)が結成されたのは、二〇〇六年六月十日で、今年で十周年を迎える。そこで今日の日本の教育の危機的状況を広く日本の民衆に訴えるために「憂慮する会」の会報『たみがよ通信』に掲載された主要な論説や報告を一書にまとめて出版することにした。そこで本書に掲載した論説や報告を理解していただくために、「憂慮する会」の結成以来の十年にわたる歩みの概略をここで述べることにする。

■「憂慮する会」結成の歴史的背景

「憂慮する会」の結成の歴史的背景には、東京都や神奈川県の教育委員会が、入学式や卒業式、周年行事で行なわれる君が代斉唱の際に起立せず君が代斉唱を拒否する教職員に対して、処罰や精神的圧迫すら行なって君が代斉唱・日の丸掲揚を強制するにいたったことがある。

東京都教育委員会は二〇〇三年十月二十三日に都立の高校、および盲・ろう・養護学校の校長に対して「入学式、卒業式等における国旗掲揚及び国歌斉唱の実施について」と題する通達を発した。これが10・23通達と略称されるものである。この通達は、その別紙とあわせて入学式や卒業式などの際の日の丸、君が代のあつかいについてつぎのように指示した。すなわち、①日の丸を式場の舞台壇上正面に掲揚する、②教職員は日の丸に向かって起立して君が代を斉唱する、③教職員は10・23通達にもとづく校長の職務命令に従わない場合は、服務上の責任を問われることを教職員に周知すること。③は君が代斉唱時の不起立者に対する戒告、減給、停職などの処分を意味し、「憂慮する会」が発足した頃には、これらの被処分者は三百数十人にも達していた。

他方、神奈川県教育委員会は一九九九年二月十二日に県立学校長に対して入学式、卒業式に際して日の丸掲揚、君が代斉唱の徹底を求める通知を発した。同教育委員会は二〇〇一年三月二日に、二〇〇〇年四月の入学式に際し県立全日制高校で唯一君が代斉唱をしなかった綾瀬高校の校長に対して卒業式で日の丸掲揚と君が代斉唱の実施を求める職務命令を発し（朝日新聞、二〇〇一年三月二日）、これにより二〇〇一年三月の卒業式から神奈川県立学校の日の丸掲揚・君が代斉唱の実施率は一〇〇パーセントになった。さらに県教委は二〇〇四年十一月三十日に県立学校長に対して日の丸を式場正面に掲げ、君が代斉唱時に教員の起立を命ずる通知を発した。二〇〇六年三月十五日には県立の学校で行なわれた卒業式で七十四人の教職員が起立しなかったことのみならず、不起立の教職員の氏名までも県教委の調査で明らかにされた。県教委は停職などの処分は行なわず、粘り強く指導する方針を示した（神奈川新聞、二〇〇六年三月十六日）。しかし、それでも不起立の教職員の氏名の調査は思想・良心の自由に対する圧迫であることは変わりなく、不起立者は激減していった。

東京都や神奈川県の教育委員会が以上のような暴挙を行なうにいたったことが「憂慮する会」の結成の背景である。他方、「憂慮する会」の結成には私たちの主体的条件があった。それは発足集会での基調報告の題名「君が代斉唱・日の丸掲揚を強制する『教育』で子どもたちはどうなる？」に示されている。それは戦前の小学校や中等学校の教育が天皇制国家に従属して青少年を皇国臣民たらしめ、彼らを侵略戦争に動員した歴史が再びくり返されたことへの憂慮があったからである。そこで、ここに基調報告をした私の小学校から中等学校の教育による戦争体験を語らせていただく。

私が生まれたのは一九三〇年一月八日で、一九三六年四月に埼玉県入間郡所沢町（現所沢市）の所沢小学校に入学したが、その翌年の一九三七年七月七日に日中戦争がはじまり、国民学校六年生だった一九四一年十二月八日に太平洋戦争がはじまった。小学校は一九四一年四月に国民学校と改称されたが、国民学校の教育の趣旨は「皇国の道に帰一」させることであり、児童に対する皇民化政策の強化が意図されていた。

この頃の所沢小学校・国民学校では、毎朝校庭で開かれる朝礼でかならず宮城遙拝が行なわれた。入学式・卒業式や四大節、すなわち元旦、紀元節（二月十一日）、天長節（四月二十九日）、明治節（十一月三日）には、児童全員が一張羅の服を着て式場である雨天体操場に集められた。教頭は奉安殿から教育勅語の謄本をとりだして、これを恭しく掲げて式場にはいってくる。児童は式場の壇上に掲げられた天皇・皇后の写真に向かって最敬礼し、君が代を歌う。つぎに校長は「朕思《チンオモ》フニ我ガ皇祖皇宗國《クニ》ヲ肇《ハジム》ルコト宏遠ニ徳ヲ樹《タツ》ルコト深厚ナリ。我ガ臣民克《ヨ》ク忠ニ克ク孝ニ……」と、音吐朗々と読んで荘厳な雰囲気を醸しだす。これが校長の演技のしどころで、これによって醸しだされた荘厳な雰囲気が児童に天皇とか国家というものは尊いものという実感をもたせた。こうした儀式が修身や国史の教科教育と相まって児童の皇民化に絶大な効果をあげた。

私は一九四二年三月に国民学校を卒業し、同年四月に所沢町立所沢商業学校に入学した。この学校では上級生が下級生を殴ることが日常茶飯化していて、教員もそれを止めようとせず、上官が下級の兵士を頻繁に殴る軍隊の状況と変わりがなかった。これは中等学校には陸軍から配属将校が派遣されて軍事教練が行なわれたことの影響が大きかったのであろう。この学校には配属将校のほかに予備役の陸軍少尉も軍事教練を担当していた。この陸軍少尉は「支那事変では毒ガスを使っておる。しかし奴等には使ってかまわないのだ」と平然としていった。私が一年生から二年生の時期にクラス担任だった教員は、何かにつけて「天皇だ、国家だ」とお説教した。たとえば、生徒が学校の備品である箒を使って友人とけんかをすると、「この箒は国家のものだよ。天皇陛下のものだよ」といって叱った。

二年生になった一九四三年のころから授業はしばしば休みにされて、陸軍所沢飛行場の草刈りや空襲に対処した飛行機の掩体壕《えんたいごう》の建設に動員された。三年生になった一九四四年の秋からは埼玉県入間郡入間川町（現狭山市）にあった陸軍航空士官学校の気象観測所に連日動員されて気象観測に従事し、授業は皆無となった。

戦争末期に近づくと、陸軍航空士官学校の飛行場にも米軍機が飛来して爆撃や銃撃を行なうようになった。一九四五年六月頃になると、日本の政府や軍部は「本土決戦」をいいだした。首相鈴木貫太郎は、一九四五年六月九日の帝国議会の開院式で「もし本土が戦場となれば、地の利、人の和、悉く敵に優ること万々である。（中略）必ずや敵を撃攘しつつ、その戦意を壊滅せしむることが出来るのである」といった。私は鈴木首相や軍人たちのこうした強がりの発言を信ずることはできず、本土が戦場になれば惨憺たる敗戦となり、自分は死ぬよりほかないと思った。つまり自ら進んで米軍の捕虜となり、自分の命を救うということはまったく考えつかなかったのである。一九四一年に東条陸軍大臣の名で全陸軍に下された「戦陣訓」に記されていた「生きて虜囚の辱《はずかし》めを受けず」という思想が、いつのまにか私の脳裏にはいりこんでいたのである。こうした私の深刻な戦争体験が「憂慮する会」発足集会に際して「君が代斉唱・日の丸掲揚を強制する『教育』で子どもたちはどうなる?」（本書収録）と題する基調報告となったのである。これが「憂慮する会」結成の主体的条件であった。

■「憂慮する会」の諸活動

「憂慮する会」の諸活動を以下略述する。

まず役員から紹介する。共同代表は粟屋憲太郎（立教大学名誉教授、日本現代史研究者）、田中正敬（専修大学教授、朝鮮近代史研究者）、山田昭次（立教大学名誉教授、日本近・現代史研究者）の三名である。事務局は大貫明日美（神奈川県立高校教員）、小田切督剛（自営業）、黒田貴史（編集者）、斉藤寿子（都立高校生徒保護者）、会計監査は水戸洋子（元郵政省職員）である。

「憂慮する会」は、まず学習会での講演・討論と会報によって君が代・日の丸の強制の実態をはじめ今日の教育をめぐる諸問題を明らかにすることにつとめた。

君が代・日の丸の強制の実態を明らかにした報告は、本書Ⅰ部に収めた斉藤寿子「東京の

『君が代不起立』の処分状況の十年」、大貫明日美「『神奈川の現場から』の十年」をはじめ、本書Ⅲ部に収めた諸報告がそれである。

これと同時に、儀式によって行なわれる君が代・日の丸の強制の戦前の状況と、それが一九五〇年代以降復活してきた過程について藤田昌士氏に講演していただいた。これが本書Ⅱ部に収録した「戦前・戦後の学校教育と『日の丸・君が代』」である。君が代・日の丸の強制を推進している東京都知事（当時）石原慎太郎や東京都教育委員会の思想の解明を試みた私の報告もⅡ部に収録した。

「憂慮する会」はこうした問題状況の解明と同時に、署名を集めて君が代・日の丸強制の廃止を訴えた。「憂慮する会」はすでに準備会の時期中の二〇〇六年一月十五日に「学校に対する君が代斉唱・日の丸掲揚の廃止を求める」と題する声明への署名を求める訴えを発表し、同年二月十九日に三百七十五名の署名を集めたこの声明を発表したが、会が成立した後には「再び学校に対する君が代斉唱・日の丸掲揚の廃止を求める」と題する声明に六百十一名の署名を集めて二〇〇七年二月一日に発表し、東京都や神奈川県の教育委員会をはじめとして関係諸団体に送った。

神奈川県個人情報保護審査会は、「君が代不起立」という情報は「異議申立人の政治的信念及び個人の人格形成の核心が発露した情報」であるとみなして、二〇〇七年十月二十四日に神奈川県教育委員会に対して不起立者の氏名収集を停止するように答申した。そこで、「憂慮する会」は同年十一月十七日に共同代表の名前で神奈川県教育委員会に対し「神奈川県教育委員会の不起立者氏名の収集に関する要請書」を送り、神奈川県個人情報保護審査会の答申を尊重して収集した不起立者の個人情報を破棄し、今後不起立者の調査や氏名収集を行なわないことを要請した。

天皇崇拝や盲目的な愛国心を叩きこむことは、儀式だけで達成できるのではなく、日本の戦争責任や植民地支配責任を隠蔽する副読本の作成や検定教科書によって行なわれる。本書のⅣ部に収めた田中正敬氏の「教科書・副教材叙述の問題と歴史教育への政治介入」がこれらの問題を解明している。

文部省は一九五八年四月に小学校、中学校に「道徳」の時間を特設した。そしてさらに「道徳」を教科教育に組みいれて「特別の教科道徳」とし、これを定めた小学校学習指導要領は二〇一八年度から、同じくこれを定めた中学校学習指導要領は二〇一九年度から施行される。中央教育審議会の二〇一四年十月二十一日付答申「道徳に係る教育課程の改善について」は、道徳教育を進めるにあたっての配慮すべきこととして「伝統と文化を尊重し、それらを育んできた我が国と郷土を愛し、個性豊かな文化の創造を図る」と提言している。これは二〇〇六年十二月十五日に防衛庁を省に昇格させる改定防衛省設置法とともに「改正」された教育基本法の文言「伝統と文化を尊重し、それらを育んできた我が国と郷土を愛する」をそのままとりいれた文言である。この点からみて「特別の教科道徳」には、軍事大国化の道を歩んでいる日本の国家を支える、いわゆる愛国心の養成が図られていると思われる。このような問題点を危惧した「憂慮する会」は、二〇一六年二月二十一日に学習会を開いて藤田昌士氏に講演をしていただいた。Ⅳ部に収録した「『特別の教科　道徳』と私たちの課題」がそれである。

このように、教育の自主・自由が抑圧されていく状況を打開する行動が現在求められている。そこで、今日民衆がはたすべき課題について論じた大森直樹氏の講演「学校現場の課題　10・23通達から十年　いま市民がやるべきことは三つ」「安倍政権の教育法と教育現場　二〇一五―一八年の市民の課題」をⅤ部に収録した。また、君が代不起立に対する停職六か月の処分の不当性を訴えて控訴審で勝訴した根津公子氏の闘いの報告「なんと勝訴！『君が代』不起立停職六か月処分が取り消された」を同じくⅤ部に収録した。

『たみがよ通信』には、そのほかにも貴重な講演の記録や教育現場の実態報告が数多く掲載されているが、残念ながら費用の制約のためにすべてを本書に収録できなかった。しかし本書を参考の一つにして、多くの人びとが愛国という名の下に教育が非民主化、国家主義化していく状況に対処していただきたい。

東京の「君が代不起立」処分状況の十年

斉藤 寿子

東京都教育委員会が二〇〇三年十月二十三日に出した通達により、それまでは「教育活動に命令はなじまない。人に強制はなじまない」として命令など出さなかった校長が、いまではすべて例外なく、教職員に対して「職務命令」を出しつづけている。処分には、君が代不起立だけでなく、福嶋常光さんのように処分による研修日程時に授業をしていたために、さらに処分(地裁段階で勝利)された例もある。その命令に不服従、卒業・入学式時などで「君が代斉唱時に不起立」したなどとして処分された教職員は、二〇一六年卒業式時点で四百七十八人となった。都教委が「違反者ゼロ、正常化」宣言を阻む被処分者は存在しつづけている。しかし、君が代不起立者は減少、いつゼロになってもおかしくない状況にある。

被処分者は裁判を重ね、二〇一一年五~七月、二〇一二年一月、二〇一三年九月の最高裁判決は、職務命令は思想・良心の自由を「間接的に制約」するが「違憲とはいえない」として減給処分・停職処分はとりけしたが、戒告処分は容認した。それまでは不起立を重ねるたびに加重された処分により停職六月、分限免職までが危惧された。これら最高裁判決、および二〇一五年一月十六日の地裁判決により、減給以上の処分がとりけされた現職教員に、都教委は再処分の「戒告」を行ない、さらに「服務事故再発防止研修」を行なった。とりけされた処分が科された時点ですでに研修を行なっていたにもかかわらずだ。これら再被処分者は再度、人事委員会審理から闘いをはじめる。「研修」では不起立をセクハラや体罰などと同様に扱い、二〇一二年度より質量ともに、より過重なものにした。受講者たちは処分を受け「思想・良心」を圧迫され、いちじるしい精神的苦痛と経済的損失とを被り、「研修」に名を借りた実質的な処分行為であり、「懲罰」「イジメ（精神的・物理的強迫）」にほかならないとしている。また不起立をつづける田中聡史さんへは最高裁などでとりけされた減給処分をしている。

この命令とともに、式の進行中に君が代不起立をした生徒がいた場合、「立ちなさい」「立つまで式は始めません」などと、生徒に起立を強制する学校が増えているという。最初の授業たる「入学式」から強制ではじめ、最後の授業「卒業式」を強制でしめくくる。10・23通達は教職員を対象としたように見せて、じつはその目的が生徒にあることを明らかにする。

いまの学校は、この通達はもとより、二〇〇六年四月十三日の職員会議での挙手採決を禁止する「学校運営の適正化について」の通知などで、教職員は物もいえない状態にある。三鷹高校校長時、土肥信雄さんは職員会議での挙手採決の禁止は言論統制であり、学校現場に言論の

東京都教育委員会10.23通達にもとづく処分一覧（1）

年度	処分内訳	都立高校	特別支援	小・中	計
03年度周年行事	戒告	8	2		10
03年度卒業式	戒告	169	13	10	
	減給1月		1		193
04年度入学式	戒告	32	1	4	
	減給1月	1	2		40
04年度卒業式	戒告	36	1	2	
	減給1月	8	1	1	
	減給6月		2	2	53
05年度入学式	戒告	6			
	減給1月	3			
	停職1月			1	10
05年度周年行事	停職1月		1		1
05年度卒業式	戒告	17	2	2	
	減給1月	10			
	停職1月	1			
	停職3月			1	33
06年度入学式	戒告	2			
	減給1月	3			5
06年度周年行事	減給1月	1			1
06年度卒業式	戒告	17	2	1	
	減給1月	10	1		
	減給3月	1			
	停職1月		1		
	停職3月		1		
	停職6月			1	35
07年度入学式	戒告	2			
	減給1月	2	1		
	減給6月	2			7
07年度卒業式	戒告	7		2	
	減給1月	6		1	
	減給6月	2			
	停職6月		2		20

東京都教育委員会10.23通達にもとづく処分一覧（2）

年度	処分内訳	都立高校	特別支援	小・中	計
08年入学式	戒告		1		
	減給1月	1			2
08年度卒業式	戒告	4			
	減給1月		1		
	減給6月	3		1	
	停職3月		1		
	停職6月		2		12
09年度入学式	減給3月		1		1
09年度卒業式	減給1月	1			
	減給6月		1		
	停職1月			2	4
10年度入学式	戒告	1			
	減給1月	2			3
10年度卒業式	戒告	2			
	減給1月		1		
	減給6月	2			
	停職6月		1		6
11年度入学式	戒告		1		1
11年度卒業式	戒告	1	2		3
12年度入学式	戒告		1		1
12年度卒業式	戒告	5			
	減給1月		1		6
13年度入学式	戒告	2			
	減給1月		1		3
13年12月再処分	戒告	7＊1			
13年度卒業式	戒告	2		1	
	減給1月		1		4
14年度入学式	減給1月		1		
	減給6月	1			2
14年度卒業式	減給1月		1		1
14年3月再処分	戒告	1＊2			1

東京都教育委員会10.23通達にもとづく処分一覧（3）

年度	処分内訳	都立高校	特別支援	小・中	計
15年度入学式	減給1月		1		1
15年4月再処分	戒告	8*3			
15年度卒業式	戒告 減給1月	3	1		4
10.23通達以降累計		392	54	32	478

まとめ：被処分者の会事務局
（２０１６年4月１５日現在、単位・名）

*1：最高裁判決の減給処分取消に伴い新たに戒告処分発令（再処分）
*2：地裁判決の減給処分取消に伴い新たに戒告処分発令（再処分）
*3：地裁判決の減給処分取消に伴い新たに戒告処分発令（再処分）

※再雇用取消・採用拒否など
1．嘱託再雇用取消５名(04年)、
戒告＋嘱託合格取消７名(04年３名、05年１名、07年２名、08年１名)
戒告＋講師任用取消１名(04年)、
戒告＋非常勤教員合格取消１名(08年)
計14名(高)(他に小１名・08年)
2．「再発防止研修」未受講による処分
減給１月１名（04年・小学校）減給６月　１名（05年・高校）
3．「再発防止研修」時ゼッケン等着用による処分（05年）
減給１月１名（中）戒告９名（高５名、小中４名）
4．被処分者の嘱託採用拒否
高校２５名（05年５名、06年10名、07年10名）（他に小１名）
5．被処分者の再任用・非常勤教員採用拒否
13名（08年、再任用３名・非常勤教員10名）
6．被処分者の再任用・非常勤教員採用拒否
12名（09年７名、10年５名）
7．被処分者の再任用・非常勤教員採用拒否
高校５名（11年５名）

自由がなくなることは、民主主義の破壊だとし、通知の撤回を求め都教委との公開討論を求めた。しかし、都教委はこれに一切応じず、土肥さんは三鷹高校退職時、同校退職者中唯一人、再雇用不合格とされた。

さらに都教委は、副校長・主幹・主任教諭など新たな職を設け、学校現場は明確な上下関係のもとにある。

そして都立高校統廃合の結果、二〇一〇年度の定時制入試（一次募集）では一・二五の倍率で「行き場のない十五歳」を生みだし、さらなる定時制の統廃合を進めようとしている。

「神奈川の現場から」の十年

大貫 明日美

1 「不起立を現認しました」——2004年「11・30通知」

東京都にならうかのように神奈川県でも入学式・卒業式における日の丸・君が代の強制が年々強まっている。

神奈川県で入学式・卒業式における日の丸・君が代強制の大きなターニングポイントになったのが、二〇〇四年十一月三十日付「入学式及び卒業式における国旗の掲揚及び国歌の斉唱の指導の徹底について（通知）」である。この通知は校長に対して国旗を式場正面に掲げることと、国歌斉唱を式次第に位置づけ、斉唱時に教職員は起立するようとりくみの徹底を求めたものである。通知だから職務命令ではない。県教委も「処分はしない、粘り強く指導する」と相変わらずいっている。しかし多くの教員が「いよいよ神奈川も東京のような不起立者への弾圧が始まるのか」と不安に思ったものである。

二〇〇六年三月、私は県立A高校三年生の担任であった。この年の卒業式から君が代斉唱時に教頭など管理職が職員席付近で不起立者をチェックし、その氏名を教育委員会に報告するようになった。二〇〇五年四月の入学式までは不起立者の人数のみが報告されていたので、さらに一歩踏みこまれた形になる。

司会者による「国歌斉唱」のアナウンスと同時に着席した私は、卒業式終了後校長室に呼ばれ「国歌斉唱時の不起立を目視し、現認しました。これからは学習指導要領に従って起立してください」と一方的に校長からいわれた。入学式・卒業式で職員名簿をもった教頭や事務長が職員席付近を監視し、不起立者をチェックする姿はいまでは当たり前の風景になっている。

その当時私が勤務していた県立A高校は、新入生歓迎会や文化祭、体育祭などの学校行事が盛んで、それぞれ生徒による実行委員会が組織されて運営を担っていた。卒業式もかつては生徒の卒業式委員会が中心となって毎年個性的な卒業式を行なってきた。

しかし、「11・30通知」をきっかけに卒業式のあり方にまで管理職が口をはさむようになり、生徒の自主性や創意工夫が生かされなくなってきた。当初、生徒たちは体育館のフロアーで卒業生と保護者・在校生がお互いに顔を向きあわせる配置で座るという対面形式を提案したが、管理職によってつぶされた。

ステージ正面と校庭のポールの二か所に日の丸が掲げられ、二〇〇六年卒業式からは予行のときに君が代の練習をするよう県から各学校に指示が出された。

二〇〇六年四月から総括教諭という名の中間管理職が新たに置かれ、学校運営に関することは管理職と総括教諭で構成される企画会議で決定されるようになった。職員会議の中身は大半が報告事項でその形骸化が進んでいる。こうした上意下達の学校体制と日の丸・君が代の強制が連動していることはいうまでもない。

2　「憂鬱な春」——入学式・卒業式はだれのもの？

毎年、卒業式・入学式のシーズンになると憂鬱になる。日の丸・君が代をめぐって職場に重苦しい空気が立ちこめるからだ。

日の丸・君が代強制は、思想・良心の自由を踏みにじるだけでなく、参加者一同で入学を祝い、卒業を喜びあうような温かみのある入学式・卒業式を私たちから奪ってきた。

君が代伴奏について県立A高校では、私が不起立をした二〇〇六年三月の時点ではまだCDを流すところでとどまっていた。しかし、二〇〇七年三月の卒業式では、ついに生徒がピアノ伴奏をするという事態になってしまった。伴奏者を生徒から公募するということだったが、実際は三学年主任が音大に進学予定の自分のクラスの生徒に声をかけて決めてしまったのだ。きちんと議論すべきことなのだが、もうその話はしたくないという重苦しい雰囲気が職場を支配した。

その後、校長が変わって二〇〇九年四月の入学式では、とうとう吹奏楽部に君が代の伴奏をさせることになってしまった。神奈川県内の県立高校で吹奏楽部に演奏をさせている例は現在でもきわめてまれである。

入学式の運営を担当する管理運営グループは、当初CDによる伴奏という原案を提出したのだが、企画会議の席上で校長の強い意向により吹奏楽部の伴奏（希望者を募るという形で部員全員ではないが）に変更されてしまった。職員会議で反対意見を表明したのはわずか三名、職員に対する意向確認もなく決定された。吹奏楽部顧問の教員は校長の教え子であり、今回の君が代伴奏の件についていてたびたび校長に呼びだされていたようだ。おそらく校長から圧力をかけられて苦悩していたであろう。

校長と教員、顧問と部員という上下関係を利用して生徒を儀式に動員させるというまったく教育的配慮に欠けた暴挙である。同調圧力の強い今日の日本の学校で「私、君が代は演奏できません」と生徒が意思表示をするのは大人以上に大変なことである。そうした生徒たちの思想・信条・信教の自由を守るという観点からも、こうしたやり方はひじょうに問題であるはずだ。しかし私たち現場の教職員はこうした事態を食いとめることができなかった。生徒だけでなく、不本意な依頼を生徒にせざるをえなかった吹奏楽部顧問にも多大な心労をかけてしまったことを本当に悔しく思う。

教職員に対する日の丸・君が代強制のつぎにやってくるのは、生徒に対する思想統制・人権侵害である。私たち教職員は、「日の丸・君が代強制」という人権侵害の被害者であるのみならず、生徒にとっては加害者にもなりうることを痛感させられる入学式となった。

3 「それ、私の個人情報です」――神奈川県個人情報保護条例を武器に

二〇〇六年卒業式では三十五校七十四人の教職員が起立しなかった。氏名を報告された不起立者の有志で、神奈川県個人情報保護条例にもとづき県教委に対して自己情報の開示及び利用の停止（氏名等の削除）を請求するとりくみがはじまり、私も参加した。

七月半ば、県教委から「自己情報の利用不停止決定通知書」が自宅に郵送されてきた。校長から報告された氏名等の報告書は「該当教諭氏名、目視した日時、事実確認等、指導の経過及びその内容の客観的な事実のみで、なぜ不起立であったのかというような内面に係わる情報は収集していない」ので、条例第六条のとりあつかいを禁止した「思想、信条及び宗教」には該当せず、利用停止にはしないというのだ。

かつてのように、式の開始前に生徒・保護者に対し、起立しなくても何ら不利益はおよばないと説明をすることも禁止され、管理職が職員席で監視するという息苦しい状況のなかで入学

式・卒業式が行なわれている。そうしたなかで自らの良心にもとづいて不起立という行動をとることが思想信条の表明としてとらえられないのであろうか。

そして、つぎの段階として八月に県教委に対して「自己情報の利用不停止決定についての異議申し立て」を行なった。

二〇〇六年九月二十一日の東京地裁における歴史的な「難波判決」の喜びもつかのま、同年十一月初旬に神奈川県情報公開課から「利用不停止等理由説明書」が自宅に送付された。「卒業式における国歌斉唱時に不起立をした氏名等の報告書（経過説明書）」は個人情報に当たるので利用停止にしてほしい、という私の異議申し立てに対する「不停止決定」の理由説明が以下の通り記されていた。

「本件情報のいずれの記載も、当該職員が不起立であった外部的行為およびその事実の確認、起立指導の経過とその内容を記載したものであり、当該教諭の思想、心情を了知しうるものではない」

九月二十一日、東京地裁判決では、「人の内心領域の精神活動は外部的行為と密接な関係を有するものであり、これを切り離して考えることは困難かつ不自然であり」、教職員に対する国旗国歌の強制は思想・良心の自由を侵害するという判断が示された。きわめて常識的な判断である。しかしこの判決が出た後にもかかわらず県教委の姿勢はまったく変わっていない。

十二月、県の「利用不停止等理由説明書」に対する意見書を神奈川県個人情報審査会に提出してその審査を待つ。結果を待っているあいだにも卒業式・入学式のシーズンがはじまる。神奈川県内で臨任・非常勤の音楽科教員にピアノ伴奏をさせようとする校長もでてきたという話も聞こえてきた。

二〇〇七年四月二十六日、五月二十五日の両日、私を含め十人の不起立者が神奈川県個人情報審査会で意見陳述を行なった。不起立者の氏名を県教委が収集・保管するのは、個人の思想・信条および宗教のとりあつかいを禁じた神奈川県個人情報保護条例第六条に反するという点を中心に、管理体制が強化され生徒の自主性を重んじた卒業式のあり方も否定されている学校の現状などをそれぞれの言葉で訴えた。

審査会の委員は五人（大学教員四人と弁護士一人）。思想・良心の自由と不起立という外部的行為は一体のもので、表現の自由が伴わなければ思想・良心の自由も保障されたとはいえない。高校生も授業で学んでいることだ。私は自らの日の丸・君が代に対する思想・良心の表明のみならず、現場で生徒を預かる教員としての良心からも不起立をしたことなどを述べた。

4 「不起立は思想・良心の表明」——神奈川県個人情報保護審査会・審議会の答申出る

神奈川の高校教職員有志は、君が代斉唱時の不起立者氏名を収集している神奈川県教育委員会に異議申し立てを行なってきたが、この件に関して神奈川県個人情報保護審査会（会長・矢口俊昭）は二〇〇七年十月二十四日付で県教委に対して答申を出した。

答申では「国歌斉唱時における不起立という行為は、異議申立人の思想信条に基づく行為」であり、神奈川県個人情報保護条例第六条で原則的にとりあつかいを禁止している思想・信条に該当する、という判断が示された。

県教委高校教育課は、「答申を尊重せざるを得ない」として二〇〇六年卒業式以降計四回にわたり各校長を通じて収集した延べ百九十三人分の氏名を破棄した。

今回の審査会答申では、東京をはじめ各地で提起されている日の丸・君が代訴訟における原告の主張をふまえ、教職員が「国旗に向かって起立し、国歌を斉唱することを拒否する理由の多くは、過去において日の丸・君が代が果たしてきた役割に対する否定的評価に基づくものであると考えられる」とした。また、教育委員会が不起立者に対して服務上の責任を問い、厳正に対処していく考えを示している状況下で「県立学校の教職員が、明確な理由に基づくことなく、入学式及び卒業式の国歌斉唱時に起立することを拒否するという場合は想定し難い」としたうえで、今回の不起立者の氏名等の情報は「異議申立人の政治的信念及び個人の人格形成の核心をなす人生観、世界観が発露した情報であって、条例第六条において原則取扱い禁止とされている思想信条に該当する情報である」という判断を下した。

しかし、この答申の最後には、不起立者の氏名が県教委の行なう「教職員の服務に関する事務に関わる情報としての側面」があるので、このような調査を実施する際はあらかじめ神奈川県個人情報保護審議会の意見を聞くよう附記されている。

県教委は十月三十日、不起立者の氏名収集が条例の例外にあたるかを諮問、これを受け、十月八日に同審議会（会長・兼子仁）が開催された。この日は結論が出ず、十二月に継続審議となった。県教委は諮問理由として「国歌斉唱時の起立は社会的マナーで、教職員の不起立は職務上極めて不適切」「不起立教職員を指導していくためには氏名の把握は必要」と主張した。県教委は憲法で保障された思想良心の自由・表現の自由の問題を「社会的マナー論」にすり替え、不起立者の氏名収集をあくまで続けようとする姿勢を示した。

たたかいの舞台は神奈川県個人情報保護審議会へと移った。県教委から不起立者の氏名収集を諮問された神奈川県個人情報審議会は、二〇〇七年十一月八日、十二月二十五日、二〇〇八年一月十七日と三回にわたって開催された。

審議会は法律の専門家の他にＰＴＡや商工会議所、消費者団体関係者など県内各界を代表する十五名の委員で構成されている。多くの教職員・市民が審議会の傍聴に集まった。

審議が始まると、県教委高校教育課職員に対して複数の委員から「校長の不起立教職員への指導は職務命令なのか」「氏名を収集するということは将来、処分をするつもりなのか」という質問がなされたが、高校教育課は「広い意味の命令だが、いまのところ処分は考えていない。ねばり強く指導していく」とくり返した。多くの委員からは、不起立者の氏名収集が憲法第十九条「思想良心の自由」に関わる問題であるという意見が出された。

そして、二〇〇八年一月十七日、不起立者の氏名収集は不適当であるという審議会答申が全会一致で決定した。同答申では不起立した教職員の氏名は「思想信条情報」であり、そのとりあつかいは「憲法上の人権に深くかかわる」問題であるという見解が示されたのである。

■5 「ルール違反はどちらだ」――県教委、審査会・審議会答申を無視

神奈川県高等学校教職員組合や多くの市民が審議会の答申を尊重するよう要請したにもかかわらず、二〇〇八年二月四日、教育委員会は不起立者の氏名収集を継続する方針を決定した。県が設置した神奈川県個人情報審査会・審議会の答申を県教委が無視するという暴挙である。松沢成文県知事（当時）も県教委の決定を支持する声明を発表した。

行政が県の個人情報保護条例を自ら形骸化し、教職員・生徒に「マナーを守れ」といいながら自らルールを守ろうとしない態度に、多くの人びとが反発や疑問の声をあげた。

二〇〇八年卒業式から県教委は毎年行なっている「卒業式（入学式）における国旗掲揚・国歌斉唱状況調査」に加えて、新たに統一された文書でもって不起立者の事実確認および指導経過報告書を提出するよう各校校長に求めた（それまでは任意の書式で報告）。報告書には不起立者の「職名・氏名」「発生日時」「職員への指導及び事実確認の状況（式以前の職員全体への指導、式当日の不起立の把握状況）」「指導経過（式以後の校長からの個別指導内容等）」を記入する欄が設

けられている。また報告書作成に当たって以下のような注意書きが付されている。

「本様式作成にあたり、神奈川県個人情報保護条例第六条（取扱いの制限）（1）思想、信条及び宗教に該当しないよう記載には注意する」「不起立であった理由を校長から問うことは、神奈川県個人情報保護条例第六条（取扱いの制限）（1）思想、信条及び宗教に抵触するので、聴取しない。例え、本人が自発的にその理由を述べたとしても、本様式には記載しない」

審査会答申では、不起立という行為そのものが個人の思想・信条の発露であり、「過去に日の丸・君が代が果たした役割を踏まえた、一定の思想信条に基づく行為と推測される」という見解を出しているのにもかかわらず県教委は、不起立の理由さえ問わなければ条例違反にはならないと考えているようだ。

さらに県教委は、この年の卒業式から県立高校十校に各二名の高校教育課指導主事を派遣するようになった。「教育課程調査」という名目だが、これは明らかに教育現場に対する監視強化であり、日の丸・君が代強制の動きはさらに露骨になってきたというべきであろう。また、不起立者への指導のために指導主事を学校現場に派遣することも検討しはじめた。こうした動きの背景には、県議会での小島健一議員（自民党）らの県教委に対する突きあげがあった。

すでに入学式・卒業式の来賓として県会議員が各校に割りあてられてきたが、さらには指導主事が学校に派遣されるというもののしさのなかで、生徒の入学・卒業を祝うという本来あるべき入学式・卒業式のあり方がゆがめられていった。二〇〇八年、県立高校卒業式での不起立者は二十七校四十三人、同入学式では二十五校三十三人。校内では圧倒的少数派である。

6 二つの裁判――最高裁で門前払い

神奈川県ではすでに「神奈川こころの自由裁判」が提訴されていたが、二〇〇八年十一月十七日、新たに「君が代不起立個人情報保護裁判」がはじまった（二〇〇八年十一月十七日、横浜地方裁判所に提訴）。この裁判は、県教委が個人情報保護審査会・審議会の答申を無視して不起立者の氏名収集を継続していることに対し、収集された情報の消去と本人の同意なく氏名収集したことに対する慰謝料の支払い一人百万円を求めるという内容で、十八名の教職員が提訴した。

「こころの自由裁判」は、入学式と卒業式の国歌斉唱時に国旗に向かって起立し国歌を歌う義務がないことの確認を求めたものであり、県立高校および県立特別支援学校に勤務する教職員百三十五名が原告になっていた。二〇〇九年七月十六日に横浜地裁で「請求棄却」の判決が出された。横浜地裁の判決は、二〇〇七年二月二十七日、最高裁が音楽科教諭に君が代のピアノ伴奏を命じた校長の職務命令を合憲とした判決に準じたもので、会場正面に向かって起立して歌うことは「儀式・式典において当然されるべき儀礼的行為」とした。また二〇〇四年十一月三十日付教育長通知について判決文では、「（学習指導要領の）国旗・国歌条項の内容を具体化する権限を有する県教委の権限によるもの」なので、教育基本法が禁ずる教育に対する不当な支配には該当しない、として原告の訴えを退けた。

その後、二〇一〇年三月十七日には、東京高裁で原判決をとり消し、「控訴人らの請求に係わる訴えをいずれも却下する」との判決がだされた。すぐさま原告団が上告したが、二〇一一年六月二十一日、最高裁はこころの自由裁判の上告棄却と上告受理申立の不受理を決定、東京高裁で出された却下の判決が確定した。

個人情報保護裁判は、二〇〇九年三月九日に横浜地裁で第一回口頭弁論が行なわれた。県教委は従来より「神奈川では不起立者を処分しない、ねばり強く指導する」とくり返し、国歌斉唱時の起立が職務命令であるかどうかについては審議会の席上などで曖昧な態度をとりつづけていた。しかし今回、県が提出した答弁書では各校長が国歌斉唱時に教職員の起立を求めた通知を職員会議で読みあげたりコピーを配布したりして教職員に指示することが「起立すべき職務命令」を発していることにあたるという見解がはじめて記された。

二〇一一年八月三十一日、横浜地裁は不起立者の氏名は思想信条情報に当たるとしながらも、命令にしたがわない教職員を指導・処分するには氏名の収集は必要であり「行政の裁量内」だとして原告の請求を棄却した。

二〇一二年、東京高裁では一転して思想信条情報ではないとして氏名収集を適法と判断した。

二〇一三年四月十七日、最高裁は原告の上告を棄却、これにより原告敗訴が確定した。

二〇一三年三月の神奈川県内卒業式における不起立者は、全日制高校（百四十一校）で十人、定時制高校（二十校）二人の計十二人、四月入学式では全日制高校（百三十九校）三人、定時制高校（二十校）一人の計四人と発表され、その激減ぶりは新聞でも報道された。

二〇一二年三月、卒業式より、「教育課程調査」の名の下に指導主事二名が学校に派遣され、管理職同席のもと不起立者本人に対して「指導」を行なうようになった。校長室で指導主事と管理職に囲まれて苦痛を訴える声も聞こえてきた。不起立を通してきた教職員もつぎつぎに定年退職をむかえている。こうして不起立者の数は減っていくのだろうか。

7　忖度による自己規制——沈黙していく職場

「団塊の世代」に属する教職員の大量退職時代を迎え、最近は職場に若い新採用教職員がはいってくるようになった。しかし、多くの職場で「若い人が組合にはいらない」という声を聞く。

東京都とは異なり日の丸・君が代でまだ処分者が出ていない神奈川県であるが、入学式・卒業式をめぐる職員会議での議論は低調だ。県立A高校で生徒にピアノ伴奏をさせるという「報告事項」が出てきたときに反対意見を述べるのは本当に限られたメンバーであった。君が代についてはいろいろな議論もあり、また上からの締めつけにより現場の声を無視した形で強制されてきたという経緯もあるので生徒に伴奏させるのはいかがなものか、という声は職場のなかにもある。しかし会議の席上では皆、沈黙してしまう。何をいってもむだという空気が支配する。

若い教職員は、日の丸・君が代の何が問題なのか、その歴史的背景を本当に知らないのかもしれない。かつては職員会議での議論が若い教職員にとって学びの場になっていた。しかし、いまはそんな機会も奪われている。しかも現場はさまざまな業務が増えて年々多忙化している。職員会議で日の丸・君が代を議論するよりも、はやく会議を終わらせたいのだ。組合の分会教研活動もほとんどできていないのが実情であり、日の丸・君が代について話しあう時間を確保するのはむずかしい状況だ。

神奈川県横浜市では二〇〇九年八月、市内八区の市立中学校で「新しい歴史教科書をつくる会」系の自由社版歴史教科書採択を決定、大きな衝撃が走った。神奈川県議会や県教委に対して国旗掲揚・国歌斉唱の強化を毎年のように誓願・陳情している団体である「神奈川県教育連絡協議会」が二〇〇八年横浜市教委に教科書採択についての請願を提出したことが、その背景にあった。二〇一一年には横浜市立の全中学校で「つくる会系」の育鵬社版歴史・公民の教科書が採択された。さらに、横浜市教委が市立中学の生徒全員に配布していた副教材『わかるヨコハマ』の関東大震災における朝鮮人虐殺に関する記述を『産経新聞』やこれに同調する横浜市議の攻撃を受けて改ざんするという事態も発生している。

こうした動きは高校現場にも波及した。二〇一二年八月横浜市教委は、次年度市立高校の日本史教科書採択で、九校のうち四校が希望していた実教出版の教科書を現場教員の意向を無視して不採択とし、山川出版の教科書を替わりに採択した。

二〇一三年七月十六日、「教育を良くする神奈川県民の会」は、「実教出版高校日本史の採択については、教育基本法、学習指導要領及び神奈川県教育委員会の教育方針に照らし慎重に行っていただきたい」という請願を県教委に提出した。七月二十三日、臨時教育委員会が開催され、その後非公式で開かれた「学習会」という名目の教育委員協議会で、実教出版日本史教科書に国旗・国歌法に関して「一部の自治体で公務員への強制の動きがある」という記述があることがとりあげられ、「記述は県教委の指導と相いれない部分がある」という意見が出された。そこで県教育局と教育長が「学校が希望しても不採択になる可能性が高い」と判断、学校側にすでに県に提出されていた使用希望の見直しを求めた。七月二十四日全校長が集められた県立学校・学校経営研究協議会の終了後、実教出版を希望した二十八校の校長が残され、教育局参事監から「公開の教育委員会で不採択になる可能性もあり、学校名が公になって混乱を招く。場合によっては、街宣車がくる可能性がある」と希望教科書の再考を口頭で促された。夏休みにはいってまもなくの時期で現場では十分に検討する時間もなく、当該校社会科教員の反対を押しきって、結果的には二十八校すべての校長が「再考」した別の教科書を学校希望教科書として報告しなおした。

二〇一四年も、徹底して実教出版の日本史教科書が排除された。県高校教育指導課課長は「今年も実教出版社で出したら再考させる、とはいっていないつもり。選定はあくまで学校の判断」と発言しているが、四月から五月にかけて実施された教育課程説明会に出席した管理職は、県教委の指示を「実教は選んではいけない」と受けとめ、「自主的」に実教教科書をはずすよう現場の教員に圧力をかけた。忖度するという形で権力にしたがわされる構図だ。このとき私が勤務していた県立Ｂ高校は、長いあいだ実教出版「日本史Ａ」の教科書を使用していたが、圧力に屈して事前に東京書籍の教科書を選定した。教科会で検討する前に日本史の担当者が一人だけ校長室に呼びだされ、教頭・副校長に説得されてしまったのだ。パワーハラスメントといってもよい行為である。

校長に抗議したところ、校長は「県から実教は採択するなといわれた」といって自らの責任を回避した。日本史担当者を励まして「実教でいきましょう」と声をかけても、混乱を恐れて応じようとはしない。他の社会科教員も押し黙ったままである。こうして「忖度する」という形の自己規制が進んでいく。

8　たった一人の不起立——神奈川の教育はどこへ向かっていくのか

神奈川県ホームページによると、二〇一五年三月の卒業式での不起立者は一校一名（前年度二校二名)、四月入学式でも一校一名(前年度も一校一名)とある。とうとう不起立者は県内でたった一人となった(ただし、これは校長が県に報告した数字である。なかには不起立者がいても報告しない校長がいる場合も考えられる)。

式の形式については、特別支援学校の約七割は「フロア形式」を維持しているが、県立高校(全日制・定時制・通信制、計百六十一校)は一〇〇%「ステージ形式」である。ステージ形式では、生徒・保護者がステージ上に張られた日の丸を仰ぎ、「礼」の合図で何度も日の丸に向かって頭を下げることになる。校長・副校長や来賓が日の丸に向かって深々と一礼してから演壇のマイクに向かい、スピーチが終わると再度日の丸に向かって一礼、自席に戻るという姿をくり返し生徒たちは見せられる仕組みになっている。

君が代伴奏では「テープ・CD等」がまだ大半を占めるものの、全日制高校では「ピアノ伴奏」が十一校(全体の七・九%)、「吹奏楽部等」が七校(同五%)となっている。かつては式参加者が君が代を歌う声はほとんど聞こえず、歌声つきのCDの音声ばかりが会場に響いていた。しかし、最近は年々参加者の歌声が大きくなってきたという印象をもっている。君が代を歌うことへの抵抗感もこの十年で薄れてきたようだ。

神奈川県では東京都のように入学式・卒業式で教職員一人ひとりの座席が指定されているわけではないし、君が代不起立をしてもまだ処分はされてない。県教委も処分を出して裁判闘争になるのを避けているようだ。しかし氏名を報告され、県の指導主事に指導されると思うと、たしかに気が重くなる。処分をともなう外部からの強制ではなく、「何をいっても変わらない」と無力化された教職員自身が、あきらめとともに日の丸・君が代を内面化しているともいえる。

人事評価システムの導入により教員の成績が給与・昇給に反映されるようになった。また職員会議は単なる上意下達の場となって形骸化し、学校経営にかかわることは管理職と総括教諭によって構成される企画会議でほぼ決定されてしまうようになった。あらゆる場面で説明責任が求められ、絶対にミスは許されないという雰囲気も強まっている。こうした動きがこの十年のあいだに日の丸・君が代強制と同時進行し、教職員間の協力・協働体制を分断してきた。

現場の意見は尊重されず、権力者にとって都合の悪い教科書が排除され、教育活動における教職員の自己裁量権もだんだん失われてきた。一律に生徒の学力を「観点別評価」で評価し、教員自らも「生徒による授業評価」を受けているが、いずれも形式的で徒労感ばかりが残り、職場の多忙化に拍車をかけている。さらに県立高校では、「『確かな学力』を身につけさせる組織的な授業改善の推進」のためのとりくみとして校内での同一科目の共通テスト化が強制されつつある。高校現場では一部の教科ですでに共通テストを実施している学校もあるが、国語科や社会科に関しては担当者ごとに定期試験を作成している場合が多い。共通テスト実施に反発する教職員の声は強いが、県の意向を受けて管理職が問答無用で実施させている例が増えてきた。

現在の学校のありようは日の丸・君が代の強制にとどまらず、多様なものの見方や考え方にふれながら自分なりに考える力を生徒からも、そして何より教職員からもそいでしまってはいないだろうか。

神奈川県では二〇一五年九月「県立高校改革実施計画【素案】」が発表され、高校再編計画が現在進行中だ。計画では二〇一六年度～二〇二七年度の十二年間で、現在百四十二校ある県立高校のうち二十～三十校を削減するという。改革の背景にあるものは今後予想される中学卒業生の減少である。過去二〇〇〇年～二〇〇九年に実施された再編では、約六万人の生徒減に対して二十五校を削減した。今回は十二年間で約八千人の生徒減しか見こまれていないのに二十～三十校の削減とはあまりに非現実的な数字である。県立高校では校舎の老朽化がすすみ、耐震工事も遅れている。大幅な学校削減は教育予算のカットが目的であるとしか考えられない。

さらに今回の改革では、各学校にそれぞれの「使命・役割」が課せられることになった。そのなかでも「学力向上進学重点校」「理数教育推進校」「グローバル教育研究推進校」「国際バカロレア認定推進校」など公立学校におけるエリート教育の推進を掲げている点が特筆される。とくに学力向上進学重点校は、高校入試における特色検査や県が実施予定の高二対象「生徒学力調査」の結果、英検二級七割以上、難関大学合格率といった成績に関する数値をみて十校が指定されるという。しかも三年ごとに指定が見直されていくというので、県内トップ校間での熾烈な競争に生徒・教職員が巻きこまれていくのは必至だ。

神奈川の教育はこれからどこへ向かっていくのであろうか。

II

学校への「日の丸・君が代」強制拒否の論理

君が代斉唱・日の丸掲揚を強制する〝教育〟で子どもたちはどうなる?

山田 昭次

はじめに

今日学校に対して行なわれている君が代斉唱・日の丸掲揚の強制が目指すものを明らかにするために、次の二点に焦点をあてて、これを分析する。

①君が代斉唱・日の丸掲揚の強制が、学校の教員組織の非民主化と相互に不可分の関係で進展している実態。

②君が代斉唱・日の丸掲揚の強制を卒業式・入学式・周年(創立記念日)行事などの儀式と結びつけて行なうことの狙い。

分析の材料としては、全国的な状況へ目配りをしながら、このような教育行政を現在最も典型的な形で推進している東京都教育委員会の教育行政を主としてとりあげる。

1　学校に対する君が代斉唱・日の丸掲揚の強制と教員組織の非民主化の展開

学習指導要領への君が代・日の丸の登場とその強制の開始

一九五〇年十月十七日、文部大臣天野貞祐は、国民の祝日行事として学校での日の丸掲揚・君が代斉唱を通達した。ついで一九五八年改訂の小・中学校学習指導要領に君が代・日の丸が登場した。小学校学習指導要領には「国民の祝日などにおいて儀式など行なう場合には、児童(中学校学習指導要領では生徒)に対してこれらの祝日の意義を理解させるとともに、国旗を掲揚し、君が代を斉唱させることが望ましい」と記された。

文部省はこの改訂に当たって学習指導要領には法的拘束性があるといいだした。学習指導要領に君が代・日の丸が登場すると同時に教育内容に対する統制が始まったことは、この問題の性格を考えるうえで念頭に置くべきことである。一九六〇年改訂の高等学習指導要領も同様だった。

この強制に対する不服従教員に対する処分が開始された。前橋市桂萱《かいがや》中学校校長が君が代を歌わない生徒には卒業証書をやれないといったので、同校教員小作貞隆《おさくていりゅう》は、彼から君が代の歴史を学んだ担任クラスの生徒が君が代を歌わないために受ける被害を自分が引き受けようとして、一九七〇年三月十六日の卒業式での君が代斉唱の際に、「三年一組回れ右」と号令をかけて免職となった。彼には瀕死の兵士が「天皇陛下万歳」と叫ぶことを強制されたのを目撃した戦争体験があった。

一九七九年三月一日、福岡県立若松高校の卒業式に際し、教員小弥《こや》信一郎は君が代を十六世紀の教会旋法によってアレンジして伴奏した。五月八日、福岡県教委は彼を分限免職処分にした。県教委はこの処分を機に一気に君が代・日の丸強制に乗りだし、校長が教員とのあいだで論議をつくさせずに卒業式・入学式の際の君が代斉唱・日の丸掲揚を強行するようになる。つまり、君が代・日の丸強制を梃子にした職員会議からの議決権剝脱が始まる。

文部省の君が代斉唱・日の丸掲揚徹底通知

一九八五年九月五日、文部省は都道府県・政令都市別の君が代斉唱・日の丸掲揚の実施状況の調査結果を発表し、実施率の低い地域を問題視し、初等中等局長名で「国旗と国歌の適切な取扱いの徹底」を通知した。この結果、小中高を通じて一九八四年度の日の丸掲揚率は、小中学校では七％弱、高校では〇％、君が代斉唱率が小中高ともに〇％の沖縄にまず攻撃が集中し、二年後の一九八七年の卒業式での日の丸掲揚率は、小中高ともに全国並みの九十％代に達した。

ただし、君が代斉唱の強制はあまり成功しなかった。

北九州市教育委員会は、一九八六年から毎年、卒業式・入学式に際して日の丸掲揚・君が代伴奏のやり方に関してつぎの四つの点を口頭で指示するようになった。①日の丸掲揚はステージ中央とし、児童・生徒は日の丸と正対するようにする。②式次第に君が代斉唱を位置づけ、その式次第にもとづいて進行を行なう。③君が代斉唱はピアノ伴奏で行ない、児童・生徒および教師全員が起立して、正しく心をこめて斉唱する。④原則として、教師全員が式に参列する。同市教委はこの「四点指導」を強行し、不服従教員を処分した。

こうした結果、市内の松ヶ江南小学校では一九九二年の卒業式では、在校生が卒業生のために作成した大きな絵がステージからはがされてしまい、日の丸がステージを独占した。卒業式は在校生が卒業生を祝うのではなく、専ら日の丸に象徴される国家の神聖さを子どもの心情に印象づけることを目的としたものに変えられた。

この四点指導方式は大阪府教委や神奈川県教委にも継承され、東京都教委によって体系化して整備されることになる。

この文部省の徹底通知以後、君が代・日の丸強制に対する処分は厳しく、以後十年間に停職、減給、戒告、文書訓告、厳重注意などの処分を受けた教員、教頭、校長は八百六十人を越えた（岡村達雄『処分論──「日の丸」「君が代」と公教育』インパクト出版、一九九五年）。

国旗・国歌法成立

一九八九年改訂の小中高の学習要領には、「入学式や卒業式などにおいては、その意義を踏まえ、国旗を掲揚するとともに、国歌を斉唱するよう指導するものとする」と記載された。「望ましい」が「指導する」に変えられた。一九八九年二月十日、記者会見に際して文部省側は、教師が指導しない場合は「校長が職務命令を出して、それでも違反すれば処分につながる」と述べた。「指導する」とは「強制する」ということを意味した。

それでも文部省の思うとおりにはならず、一九九八年十月十五日、文部省初等中等局長はまた徹底通知を発した。その結果、一九九九年春の高校の卒業式での君が代斉唱率がわずか一八・六%という広島県に集中攻撃がかかった。

この年の四月に参議院予算委員会で自民党議員がこれを問題視したことに端を発して、文部省が広島県教委を鞭撻し、同教委は県立高校長を鞭撻した。その結果、三月一日の県立高校の卒業式の際の君が代斉唱率は前年の約四倍の八八%へと急上昇した。しかしその前日に世羅高校長が自殺した。

事件直後の三月二日、政府は君が代・日の丸の法制化を検討する方針を急速に固めた。六月十一日、国旗・国歌法案の衆議院提出、七月二十二日衆議院本会議可決、八月九日参議院本会議可決、十三日に国旗・国歌法は公布施行された。これまで日の丸・君が代を強制するのにこれを国旗・国歌とする法的根拠の欠如の弱点を克服するのが狙いだった。

法制化の後、文部省はさらに圧力をかけた。九月十七日、文部省は都内で都道府県・政令都市教育委員会・教育長会議を開き、初等中等局長は日の丸・君が代の「指導」の徹底を求めた。またこの月に文部省は日の丸掲揚・君が代斉唱の実施率の低い東京都や三重県の教委を個別的に呼んで完全実施を求めた。

東京都教委による教育組織の徹底的非民主化と君が代・日の丸強制の強行

都教委は文部省に鞭撻されたためか、一九九九年十月に開催された都立学校校長会に通達を出し、教員に君が代斉唱・日の丸掲揚の職務命令を出すことや、妨害が予想される場合には都教育庁職員を学校に派遣することを解説した文書を渡した。また、二〇〇〇年一月八日に都立学校長二百七十名を召集して完全実施を求め、かつこれは職務命令と考えてほしいといった。都教委はすでに一九九八年に都立学校と区市町村立学校の職員会議の議決権を剝奪していた。

一九九七年九月、都立新宿高校が予算をとっておきながら習熟度別授業を行なっていないことが発覚すると、都教委は同年十二月十一日に「都立学校等のあり方検討委員会」を発足させた。同委員会は一九九八年三月二十六日、「都立学校等のあり方検討委員会報告書」をまとめた。この報告書は職員会議を議決機関から「校長の補助機関」に引き下げ、人事・予算の決定は校長の方針にもとづくこと、教頭の管理職権限の強化など、管理職の権限強化を提案するものだった。この年七月十七日、都教委は「東京都公立学校の管理運営に関する規則の一部を改正する規則」および「東京都区市町村立学校の管理運営の基準に関する規則の一部を改正する規則」を公布施行し、職員会議は校長の補助機関と規定した。

つづいて十月十六日、都教育長は前述の「改正する規則」の趣旨にもとづいて、都教委が作成した標準規定を範として各学校の内規に代わる「管理運営規定」を十二月までに策定し、翌年一月一日から施行せよと通達した。これによって学校に校長・教頭・事務（室）長、主任などによって構成された「企画調整会議」が学校全体の業務に関する企画立案や調整に当たることになり、職員会議は「企画調整会議」で策定された方針を校長が「周知する」場に引きさげられた。こうして職員会議は無力化され、管理職の権限が強められた。

二〇〇〇年度から人事考課制度が発足した。教員は年度初めに都教委の方針にもとづく校長の学校経営方針を踏まえて教育目標を設定し、年度末に校長・教頭は教員に対してS・A・B・C・Dの五段階の業績評価をする。この業績評価は教員の給与・異動に反映される。これは都教委や管理職が教育内容を統制しやすい制度である。

都教委は管理職体制をさらに強化するために、二〇〇三年度から主幹制度を設置した。主幹は「東京都立学校の管理運営に関する規則」によれば、「担当する校務の事項について、教頭を補佐し、所属職員（事務室所属の職員を除く）を監督する」ことを任務とし、「企画調整会議」の構成員となる。つまり、主幹は校長・教頭を補佐する下級管理職である。

10・23通達の登場

以上のように管理職体制を強化したうえで、二〇〇三年十月二十三日に都教育長は、都立学校長に対して「入学式、卒業式等における国旗掲揚及び国歌斉唱の実施について」と題する通達を発した。この通達には、日の丸や君が代の取り扱いを徹底的に重視するように、十二か条もの細かい指示のある実施指針を記載した別紙が添えられていた。これは前年度にすでに君が代斉唱・日の丸掲揚の実施率が一〇〇％に達したが、日の丸を舞台の脇の三脚に立てるといった形式の不徹底さを残している事態を克服して、児童・生徒の「愛国心」培養に向けて内実を徹底させようというものであった。

この通達による実施指針は、以後今日に至るまでに君が代斉唱時の不起立等で停職、減給、戒告等の懲戒処分を受けた教員が三百数十人に達する大量処分を伴って強行された。

2　君が代斉唱・日の丸掲揚の強制を卒業式・入学式という儀式と結びつけて行なう「教育」上の狙いは何か

東京都教委の10・23通達の内容分析

君が代斉唱・日の丸掲揚が卒業式・入学式という儀式と結びついた形態での強制の「教育」

上の狙いは何か。これを分析する手段として東京都教委の二〇〇三年十月二十三日付通達の別紙の実施指針をとりあげる。

「入学式、卒業式等における国旗掲揚及び国歌斉唱に関する実施指針

1 国旗掲揚について

入学式、卒業式等における国旗の取扱いは、次のとおりとする。

①国旗は、式典会場の舞台壇上正面に掲揚する。

②国旗とともに都旗を併せて掲揚する。この場合、国旗にあっては舞台壇上正面に向って左、都旗にあっては右に掲揚する。

③屋外における国旗の掲揚については、掲揚塔、校門、玄関等、国旗の掲揚状況が児童・生徒、保護者その他来校者が十分認知できる場所に掲揚する。

④国旗を掲揚する時間は、式典の当日の児童・生徒の始業時刻から終業時刻とする。

2 国歌の斉唱について

入学式、卒業式等における国歌の取扱いは、次のとおりとする。

①式次第には、「国歌斉唱」と記載する。

②国歌斉唱にあたっては、式典の司会者が、「国歌斉唱」と発声し、起立を促す。

③式典会場において教職員は、会場の指定された席で国旗に向って起立し、国歌を斉唱する。

④国歌斉唱は、ピアノ伴奏等により行う。

3 会場設営について

入学式、卒業式等における会場設営等は、次のとおりとする。
①卒業式を体育館で実施する場合には、舞台壇上に演台を置き、卒業証書を授与する。
②卒業式をその他の会場で行う場合には、会場の正面に演台を置き、卒業証書を授与する。
③入学式、卒業式等における式典会場は、児童・生徒が正面に向いて着席するように設営する。
④入学式、卒業式等における教職員の服装は、厳粛かつ清新な雰囲気の中で行われる式典にふさわしいものとする」

以下、分析に移る。注意すべき第一点は日の丸が会場の中心的位置に置かれることである。児童・生徒が作成した絵画を舞台に貼るとか、日の丸を三脚に立てて会場の端に置くことなどは排除された。しかも児童・生徒は日の丸が掲揚されている正面に向かされる。これにより卒業生（または新入生）と在校生・教職員・保護者が向かいあい、校長や来賓も同じ平面で見守る生徒中心のフロア形式が否定され、日の丸に象徴される国家の権威を強調する形式に変えられた。

第二に、校長が高い演台から卒業証書を渡すことになり、校長が同じフロア中央で卒業証書を渡す形式が否定されている。これは生徒中心主義から権威主義や縦の秩序を象徴する形式に変えられたことを意味する。

第三に、教員は指定された席にいることが義務づけられたことである。不起立で君が代を歌わない教員が誰か、すぐに判明するようにし、統制の強化を狙ったものである。

第四に、君が代のピアノ伴奏が指定されたことである。これはCDによる演奏とちがって、教員が伴奏すれば児童・生徒が君が代を歌わざるをえなくなることを狙ったものであろう。

第五に、教職員の服装を式典を厳粛かつ清新なものにするのにふさわしいものでなくてはならないと指定したことである。式を厳粛なものにすることによって、君が代や日の丸に象徴された国家の権威を表現しようとしているものと思われる。

一九八九年改訂の中学校学習指導要領には、次のように入学式や卒業式が果たすべき役割が規定された。

「学校において行われる行事には、様々なものがあるが、この中で、入学式や卒業式は、学校生活に有意義な変化や折り目を付け、**厳粛かつ清新な雰囲気**の中で、新しい生活の展開への動機付けを行い、**学校、社会、国家への所属感を深める**上でよい機会となる。このような意義を踏まえ、入学式や卒業式においては、『国旗を掲揚するとともに、国歌を斉唱するよう指導するものとする』こととしている」（強調は引用者）

つまり、「厳粛かつ清新な雰囲気」の入学式や卒業式で児童・生徒の国家への所属感を深めようといっているのである。都教委の10・23通達の別紙記載の卒業式・入学式の実施方式は、この目的を効率よく達成するように作成されたものといえよう。

今日の君が代・日の丸強制と戦時中の国民学校の儀式との連続性

ここで子どもの徹底的皇民化教育を目指して一九四一年に始まった国民学校の儀式を振り返ってみたい。国民学校はその目的からして儀式や行事を重視した。「国民学校令施行規則」第一条第六項には「儀式、学校行事等ヲ重ンジ、之ヲ教科ト併セテ一体トシテ教育ノ実ヲ挙グルニ力ムベシ」と記されている。また唱歌は儀式と抱きあわせに重視された。「国民学校令施行規則」第十四条には「祭日祝日等ニ於ケル唱歌ニ付テハ周到ナル指導ヲ為シ、敬虔ノ念ヲ養ヒ、愛国ノ精神ヲ昂揚スルニ力ムベシ」と記されている。唱歌を国家目的に利用して「愛国心」を情緒的に植えつけようというのであろう。「国民学校令施行規則」第四十七条は儀式で行うべきことを次のように規定した。

「紀元節、天長節、明治節、一月一日ニ於テハ職員及児童学校ニ参集シテ左ノ式ヲ行フベシ

一　職員及児童「君ガ代」ヲ合唱ス
二　職員及児童ハ天皇陛下皇后陛下ノ御影ニ対シ奉リ最敬礼ヲ行フ
三　学校長ハ教育ニ関スル勅語ヲ奉読ス
四　学校長ハ教育ニ関スル勅語ニ基キ聖旨ノ在ル所ヲ誨告ス（おしえつげる）
五　職員及児童ハ其ノ祝日ニ相当スル唱歌ヲ合唱ス」

これらの儀式は児童に情緒的に「愛国心」を抱かせようとした。当時、安藤尭雄は国民学校

の儀式の役割を次のように強調した。

「儀式を行うに際しては、その象徴性に着眼しなければならないのである。象徴性は非合理性を本質とするものである。儀式に於いては表現性によって教育効果を望むことは不可能である。（中略）儀式の教育的意義は学校長の訓辞の内容に存するのではない。儀式の全体的運行に存するのである」（『国民学校経営原論』教育科学社、一九四三年）

ようするに、儀式の本質は理性的なものでなく、非合理的で情緒的な訴えで「愛国心」を植えつけることにあるというのである。つまり、校長の訓辞の内容より、校長が教育勅語謄本を恭しくおしいただき、これを音吐朗々かつ厳粛に読むことなど、儀式の厳粛な全体的運営が大切なのである。

一九四二年当時、岐阜県各務ケ原第二国民学校初等科六年生だった人物は、儀式の際の校長の教育勅語の読み方を回想し、「お話のあまり上手でなかった校長先生でしたが、勅語の奉読は上手だと思いました。よく通る声で朗々と響いてきます。本当に有難いと思ったのです」といっている（坪内広清『国民学校の子どもたち――戦時下の「神の国」の教育』彩流社、二〇〇三年）。教育勅語の言葉の意味もまだわからない一、二年生でも、儀式の厳粛な雰囲気や校長のこうした演技によって教育勅語とその背後にある天皇制国家をありがたいものと思いこまされたのである。今日の君が代・日の丸強制の入学式・卒業式は、国民学校時代の儀式の狙いと方式を継承している。

■まとめ

分析した結果をまとめよう。君が代斉唱・日の丸掲揚の強制は、教員組織の非民主化、すなわち管理体制の強化と提携して進行した。前者を強行するために後者が行なわれ、また反面、前者の強行を梃子にして後者が行なわれたとも見られる。つまり「愛国心」養成の名の下に教員に対する管理体制の強化が行なわれた。

しかも、君が代斉唱、日の丸掲揚と結びついた「厳粛」で権威主義的な形式の卒業式・入学式は、情緒的、感性的に児童・生徒に国家を「聖域」内存在に思わせ、国家を理性的な思考や批判から遠ざける狙いをもっていると思われる。考えることがきらわれていることは、東京都八王子市立石川中学校教員・根津公子に対する抑圧に典型的に示されている。

彼女は一九九九年二月の三学期の最後の授業に際し、地下鉄サリン事件裁判の被告が「上からの指示は自分で判断すべきでない、無条件に従うべきもの、という思考が徹底していた」といった証言が記載された新聞記事を資料にして自分で考えることの大切さを訴えた。その際に彼女が被告の証言は「教委から指導された全国の校長の言葉と同じように聞こえませんか」といったことが、市教委にとがめられ、八月三十日づけで地方公務員法第三十三条（信用失墜行為の禁止）に抵触するという理由で文書訓告を受けた。

しかし校長が教委のロボット化している事態の指摘はいくらでもある。たとえば、都立高校教員・岡本重春は、「校長は、『都の指示どおり』『学習指導要領上問題ないので、それ以上は憲法上の問題に関しては答えられないし、答える意思もない』という形で、まともに話しあう姿勢を示さなかった。実際、校長自身が、自分で判断すべき部分をほとんど残されていないように感じた」という（柿沼昌芳・永野恒雄編著『検証・東京都の「教育改革」』批評社、二〇〇四年）。都立戸山高校卒業式に際し、都教委に対して「これ以上、先生たちをいじめないで下さい」と叫んだ卒業生永沼拓海も、「校長のいわば官僚化、イエスマン化の実態」を指摘している（「戸山高校卒業式——あの発言に込めた私の思い」『世界』二〇〇五年七月号）。

校長が自ら考える力がなく、教委の命令に諾々と従う姿こそ、教育が自立性を失って国家権力の道具に転落しつつある今日の教育の退廃を示すものではないか。根津が考えることの大切さを訴えたのは、今日の事態に対する適切な提言ではないか。君が代や日の丸が日本人や植民地支配下の朝鮮人の戦時動員のための思想統制の手段として使われた歴史を考えることこそ教育の本筋ではないか。

日の丸・君が代を使った権威主義的な儀式は、国家を聖域に祭り上げ、国家を児童・生徒の理性的な思考の対象から外すことを意味する。これはどんなに恐ろしいことか。皇民化教育によって自由な思考を束縛されて国策に従った結果、被害者であると同時に他民族に対する加害者になった戦前の日本人の歴史を忘れてはならない。

「愛国心」の養成のための小学校・中学校学習指導要領改定

山田 昭次

■小学生から「君が代」をたたきこめ

文部科学省は、去る（二〇〇八年）三月二十八日付け『官報』に、二〇一一年度から施行する小学校・中学校の改定学習指導要領を告示した。これには入学式や卒業式の方式について次のような指示がなされた。

「入学式や卒業式などにおいては、その意義を踏まえ、国旗を掲揚するとともに、国歌を斉唱するよう指導するものとする」。この指示は、一九八九年に改定された小学校・中学校学習指導要領の指示とまったく変わりはない。しかし、小学校「音楽」の左記の指示は、これまでになかったものである。

「国歌『君が代』は、いずれの学年においても歌えるよう指導すること」
つまり、「君が代」は小学校一年生のときからたたきこめというのである。戦後、文部省が最初に学校に日の丸掲揚と君が代斉唱を通達したのは、一九五〇年十月十七日だった。このときの文部大臣天野貞祐は、その狙いを次のように述べた。

「私がこういうことを唱えたのは別段大学生とかそういう人たち、あるいは知識階級を目あてじゃないのです。小学生なのです。……何か自分が、この国民であって、そうしてこの国というもののために自分が働くんだ、というようなことをだんだんと教え込みたいのですね。**何も理屈を教えるのじゃなくて、感覚的にそういう気持ちを持たせたいので、**それには旗とか歌というものがぜひ必要で……」（「君が代・日の丸・修身科――現代日本人の課題」『読売評論』一九五一年一月号、二〇頁。強調は引用者）

天野の狙いは、小学生のうちに、君が代斉唱や国旗掲揚によって、感覚的にいわゆる愛国心を植えつけるということだった。天野の念頭には戦前の小学校で行なわれた儀式の記憶があったのであろう。

戦争中の国民学校では紀元節、天長節、明治節、一月一日の四大節には、式場の正面に天皇・皇后の写真が置かれ、教員・児童は君が代を合唱した後、天皇・皇后の写真に最敬礼する。次に校長は壇上で教育勅語を恭しく読み、その間児童は直立不動の姿勢で頭をたれて静かに聴かねばならない。「天壌無窮の皇運を扶翼すべし」などという教育勅語の難解な文言は一年生や二年生にはとうてい理解できない。しかし彼らもこの方式の儀式が醸しだす雰囲気を通じて天皇や国家は尊いものという観念を植えつけられたのである。私のような国民学校世代には忘れられない体験である。天野が君が代や日の丸によって国とは尊いものという観念を感覚的に抱かせようとした考えは、こうした儀式への郷愁から発したのであろう。

ところが、現在の公立の小中高や養護学校の卒業式の方式は、国民学校時代の儀式の方式に近づいている。戦後の一時期には、卒業式場は児童、生徒の創意工夫によって作られた絵画や装飾品によって飾られ、楽しい雰囲気が醸しだされていた。しかし、君が代斉唱・日の丸掲揚が強制されてからは、児童・生徒の作品を式場に飾ることは禁じられ、かわって式場正面に日の丸が掲揚され、また同じフロアーから校長が卒業証書を卒業生に渡す形式から、校長は高い壇上から卒業証書を卒業生に渡す形式に変えられた。つまり、卒業式の儀式形態が、在校生が卒業生を祝う楽しい集いから権威主義的な儀式に変えられた。

この変化は、卒業式が児童・生徒本位のものから国家や天皇の権威を児童・生徒に植えつけることを目的とした国家本位の儀式へと変化したことを意味する。今回の改定小学校学習指導要領はこうした儀式の変化の上に立って、小学生の君が代斉唱を徹底的に行なわせようとするものである。その意味で五十年以上も前の天野構想が極めて具体的に実現されようとしている。とうとうここまで来てしまった。

■いわゆる愛国心の強調をめぐる問題

改定された小学校・中学校学習指導要領の「総則」には、次のようにいわゆる愛国心が強調された。

「道徳教育は……伝統と文化を尊重し、それらをはぐくんできた我が国と郷土を愛し……主体性のある日本人を育成する……」。これは二〇〇六年十二月十五日に成立した改悪教育基本法第一条第五項の「伝統と文化を尊重し、それらをはぐくんできた我が国と郷土を愛する」の文言をほぼそのまま挿入したものである。

国という言葉の意味は曖昧で、それは先祖以来人びとが住む国土、すなわち祖国（fatherland）という意味と、政治機構としての国家（state）の二つの意味を含む。前者は非政治的概念であり、後者は政治的概念である。愛国心とは本来祖国に対する愛を意味するのであろう。しかし現実には、愛国心はしばしば国家に対する忠誠心にすりかえられ、国家に対する批判や抵抗は非愛国的とか、非国民と非難される。

しかし、国家が人権抑圧や侵略を行なった場合、国家を批判し、抵抗することは、祖国に生きる人びとや外国との平和・友好のための行為であって、非難されるべきことではない。この点が小学校学習指導要領中の「社会」の部分では、どうなっているのか、点検してみよう。

第六学年の「内容の扱い」中の日本近・現代史の部分では次のような指示がなされている。

「キ　黒船の来航、明治維新、文明開化などについて調べ、廃藩置県や四民平等などの諸改革を行い、欧米の文化を取り入れつつ近代化を進めたことが分かること。

ク　大日本帝国憲法の発布、日清・日露戦争、条約改正、科学の発展などについて調べ、我が国の国力が充実し国際的地位が向上したことが分かること。

ケ　日華事変、我が国にかかわる第二次世界大戦、日本国憲法の制定、オリンピックの開催などについて調べ、戦後我が国は民主的な国家として出発し、国民生活が向上し国際社会の中で重要な役割を果たしてきたことが分かること」

右の指示を見ると、明治維新期の近代化、その後の日本の国力の充実と国際的地位の向上、第二次世界大戦後の日本の民主的国家としての出発、国民生活の向上、国際社会での地位向上と、日本国家のおめでたいことばかりが並べられ、日清戦争・日露戦争の日本の勝利は日本の国際的地位の向上の指標として扱われ、両戦争の日本の勝利によって植民地にされた台湾や朝鮮の民衆のさまざまな苦難には、まったく触れていない。

これでは日本の植民地支配の遺産である在日朝鮮人に関して日本人児童は何も理解できないではないか。その結果、日本人学校の在日朝鮮人の児童は日本人児童から理解されず、つらい思いをするだけではないか。また、近代日本の教育が国家の政策に従属させられ、多くの国民が皇国臣民化されたために、国家の対アジア侵略戦争に対して批判を欠き、侵略戦争に追随してしまったことに対する視点は、学習指導要領にはまったく欠けている。戦後半世紀以上経つ現在も朝鮮人・中国人・日本人戦争犠牲者に対する償いもいまだに完了していない現実にもまったく触れていない。

小学校学習指導要領では「社会」の目標として「社会生活についての理解を図り、我が国の国土と歴史に対する理解と愛情を育て、国際社会に生きる平和で民主的な国家・社会の形成者として必要な公民的資質を養う」と記されている。また六学年の「社会」の目標としては次のようなことが記されている。

「国家・社会の発展に大きな働きをした先人の業績や優れた文化遺産について興味・関心と理解を深めるようにするとともに、我が国の歴史や伝統を大切にし、国を愛する心情を育てるようにする」。ようするに、小学校「社会」の目標は愛国心養成に置かれている。

しかし、そこでいう愛国心とは、日本国家への無批判的忠誠心でしかない。なぜならば、学習指導要領は、日本国家が行なった侵略戦争や植民地支配の実態や国内の人権抑圧などに眼を向けさせる配慮はまったく欠けているからである。

つぎに中学校学習指導要領の「社会」中の〔歴史的分野〕での日本の扱いの指示を点検してみる。ただし、紙数の制約のために、とりあげるのは近・現代史の一部に限る。

「ウ　自由民権運動、大日本帝国憲法の制定、日清・日露戦争、条約改正などを通して、立憲制国家が成立して議会政治が始まると共に、我が国の国際的地位が向上したことを理解させ

る。（エ、オ省略）

カ　経済の世界的な混乱と社会問題の発生、昭和初期から第二次世界大戦の終結までの我が国の政治・外交の動き、中国などアジア諸国との関係、欧米諸国の動き、戦時下の国民生活などを通じて、軍部の台頭から戦争までの経過と、大戦が人類全体に惨禍を及ぼしたことを理解させる」

小学校学習指導要領に見られる問題点と変わりはない。日本の日清戦争、日露戦争の勝利は日本の国際的地位の向上の指標とされ、これによる台湾、朝鮮の植民地化が無視されている。第二次世界大戦については人類全体の惨禍が強調されて、日本が侵略した東アジアに対する日本の戦争責任がぼやかされてしまっている。

それは中学校学習要領でも「社会」の〔歴史的分野〕の目標は「我が国の歴史に対する愛情を深め、国民としての自覚を育てる」、すなわち「愛国心」養成に置かれているために、日本国家の加害行為は伏せられた結果である。

以上の点検が示すように、改定された小学校学習指導要領も、中学校学習指導要領も、国家に対する批判を欠いた「愛国心」昂揚を目指している。そして「社会」の〔公民的分野〕には「我が国の安全と防衛及び国際貢献について考えさせる」と記された。ここに「愛国心」は自衛隊の海外派兵を含むものにまで昂揚させられた。やがては「集団的自衛」の名の下に自衛隊の海外での戦争参加が学習指導要領で肯定されるときが来ないとは断言できないだろう。

関東大震災時の朝鮮人虐殺と日本民衆の「愛国心」

山田 昭次

関東大震災時の「愛国心」の乱舞

一九二三年九月一日正午近くに関東大震災が起こった。そして早くもこの日の晩から軍隊や警察による朝鮮人虐殺とともに、町や村の旦那衆に組織された自警団に参加した民衆による朝鮮人虐殺が行なわれはじめた。その最中の九月四日、埼玉県の本庄警察署を自警団員群衆が襲撃し、そこに拘束されていた朝鮮人に対して大量虐殺を行なった。その虐殺数は八十人から百人におよんだと見られる。その翌日のことである。ある人物が、本庄警察署の巡査新井賢次郎に向かって次のような大言壮語を吐いた。

「不断剣をつって子供なんかばかりおどかしやがって、このような国家緊急の時に人一人殺せないじゃないか。俺達は平素ためかつぎをやっていても、夕べは十六人も殺したぞ」

戦中世代の私は、この言葉を聞くと、小学校や中等学校で叩きこまれた教育勅語のつぎの一節が頭に浮かんでくる。すなわち、「一旦緩急あれば義勇公に奉じ以て天壌無窮の皇運を扶翼すべし」という一節である。この言葉の意味をやさしく表現すれば、「国家の危急、すなわち戦争が起これば、勇んで国家のために命を投げだして天地とともに窮まることのない皇室の運を助けよ」となろう。つまり、国家有事の場合の天皇に対する民衆の犠牲的献身を要求したものである。日本民衆はこのような「愛国心」を教育によって叩きこまれて、日清戦争からアジア太平洋戦争に至るまで国家によって動員され、アジアの人びとを殺し、自分も無意味な死を強いられたのであった。ともあれ、この農民らしい人物は、天皇制国家への「愛国」の精神で十六人も朝鮮人を殺したのである。

これは本庄にだけ見られたものではない。東京では電信柱や塀、掲示版などに次のようなことを書いたビラが貼られた。「武装して集まれ」「愛国の士は起て」「国家危急存亡の秋《とき》は来たれり。十六歳以上の男子は武器を持って起て！　起ってこの一大国難に殉ぜよ！」

九月二日、習志野騎兵連隊が東京の亀戸駅に来て、列車に乗っていた朝鮮人をひきずり下ろして銃剣で刺し殺すと、これを見ていた日本人避難民は「国賊！　朝鮮人は皆殺しにしろ！」と叫んだ。多くの民衆は、朝鮮人虐殺は愛国的行為と思ったのである。朝鮮人を国賊視した日本人民衆は、国家を超えて朝鮮人民衆との連帯を目指す社会主義者をも国賊視して迫害を加えた。これが教育勅語にもとづく教育の結果である。

■民衆は朝鮮人暴動流言をなぜ信じたのか

民衆が朝鮮人暴動流言を信じた原因は、当時の民衆の多くは、国家が流した情報にまちがいはないと信じていたからである。警察官は早くも九月一日の夕方から朝鮮人が暴動を起こしたと触れまわりはじめていた。証拠を挙げよう。寺田寅彦の九月二日の日記には、この日に浅草から彼の家に避難してきた親戚の人びとは「昨夜上野公園に露宿していたら巡査が来て、〇〇（朝鮮――引用者）人の放火者が徘徊するから注意しろ」といったと記されている。

もう一つ例を挙げよう。十月二十九日付『報知新聞』夕刊によると、同月に十五日に東京の本郷小学校で開かれた本郷区会議員・区内有志・自警団有志の会合で村田曙町自警団代表は、「九月一日夕方、曙町交番巡査が自警団に来て、『各町で不平鮮人が殺人放火しているから気をつけろ』と二度も通知に来た」と報告した。九月二日になると、警察署が朝鮮人暴動の流言を書いた張り紙を掲示したという証言が多く現われる。

中島健蔵の回想によると、震災時の九月二日に神楽坂警察署の板塀に張られた紙には、目下東京市内の混乱につけこんだ「不逞鮮人」の一派がいたるところで暴動を起こそうとしている模様だから、市民は厳重に警戒せよと書かれていた。喜田貞吉の『震災日誌』の九月二日の日記には、東京で「〇〇（警察――引用者）の名を以て、『放火せんとする無頼の徒ありとの風聞あり。各自警戒を厳にし、検挙の為に積極的後援を望む』というような注意書まで見え出した」と記されている。蜷山政道も、九月二日未明に東京市内を歩くと、「某警察署の入り口で、多数の人びとがそこに貼られてある掲示を見ながら、口ぐちに『不平鮮人』と呼ばわりあっているのを聞いた」と、証言した。

九月二日以後になると、警察署を支配する内務省が朝鮮人暴動を事実と認定して、その認定を道府県に伝達しはじめた。埼玉県の内務部長は二日に内務省に出張して帰って来た地方課長を通して受けた内務省の指令により、東京で朝鮮人と日本人社会主義者の暴動が起こったから、自警団を組織して対処せよとの指令をこの日の晩に郡役所経由で県下町村に指令した。

九月三日午前八時十五分に船橋海軍無線電信送信所から東京で朝鮮人が放火をしているので各地でも朝鮮人の行動を取り締まれという趣旨の内務省警保局長の電文が地方長官宛に送信された。

国家の治安当局が朝鮮人が暴動を起こしたと思いこんで、誤認情報を流した責任は重大である。多くの民衆にも朝鮮人に対して偏見があったから、民衆からも朝鮮人暴動の流言が発生したかもしれない。しかしそれだけだったら、流言が疑いもない事実と見なされるような深刻な事態にはならなかったであろう。

埼玉県本庄市の馬場道博は「当時日本の国民はお上の言うことに間違いないだろうという考

えと、朝鮮人はそんな悪いことをしたのかという意識を持っていました」と、戦後に回想している。吉野作造も『中央公論』一九二三年十一月号に掲載した論説「朝鮮人虐殺事件に就いて」で、民衆が朝鮮人虐殺に走った原因として民衆が「×××（警察官――引用者）の云うことだから嘘ではあるまいと、少なくとも一時鮮人の組織的暴行を信じた事は明白な事実だ」と判断した。国家の誤認情報流布が、流言を疑いえない事実と、国家に飼いならされた民衆に信じこませた。

■秋田雨雀の国民道徳批判

日本の民衆が自己も日本の国家によって抑圧されているのにもかかわらず、日本の植民地支配の下で苦しめられている朝鮮人を虐殺することが、国家への献身の国民的美徳と思いこんでいたことは、悲劇というほかかない。

この点に眼を向けて民衆の倫理感覚を国家の枠のなかに閉じこめている国民道徳からの脱却を訴えたのが、劇作家の秋田雨雀《うじゃく》（一八八三～一九六二年）だった。彼は一九二三年十一月二十六日付『読売新聞』に発表した論説「民族解放の道徳」で関東大震災時に起こった最大の問題点をつぎのように述べた。

「自然の圧迫に対しては人間は人間としてお互いに手を握り合わなければならない筈である。

然るに事実はそれに反して私達日本人は自然から受けた大きな損害に数倍するほどの残虐性を同じ人類である処の〇〇（朝鮮――引用者）人、その他および同民族に与えている」

秋田は、自然の災害に対しては人間は民族を超えて共同で対処すべきなのに、日本民衆は朝鮮人や中国人を殺害したことに日本人の「大きな欠陥」があるという。その「大きな欠陥」とは、「親切、無邪気、相互扶助的な精神さえも、それは全く自己の民族にのみ限られたものであって、一歩利害を異にした民族に対しては、あらゆる残虐、無残な行為を生んで来る」性質のものであり、それは「日本人の持っている国民教育、民族精神に大きな欠陥のある」ことを示したものと、秋田は見た。

それではどうしたらよいのか。彼は次のようにいう。

「民族の美徳を発揮することは民族を人類の生活から隔離することではなくて同じ民族の中に行われる迷信や圧迫からその民族を解放して、広い人類生活の上に働きかけてゆくことでなければならない」

つまり、秋田は、日本人は国家を超えた普遍的な倫理、つまりインターナショナリズムに立脚しなければならないというのである。秋田がいう「迷信」とは何か。『改造』一九二三年十月号に掲載された彼の詩「眠りから覚めよ」は、次のように日本民衆に呼びかけた。

「市民よ！／お前は何を血迷っているのだ／（三行伏字）／お前の敵はお前の迷信を利用しているのだ。／お前の追っているものはお前自身の憐れな影に過ぎないのだ。／お前のやったすべてのことはお前の身に帰って来るのを知らないのか？／お前の敵はお前の迷信の中に巣くっているのを知らないのか？　市民よ！／征服と屈従と野蛮と無反省とを美徳として教えたのは誰だ？　市民よ！／お前の敵は果たして誰だかよく見よ！／お前は何を血迷っているのだ！」

秋田は、日本人民衆に対して朝鮮人を圧迫・虐殺した行為はやがてわが身に帰ってくると警告した。そして他民族を征服しながら、他方では他者に屈従することを美徳とする迷信を教えたのが敵であり、その敵をしかと見極めなければならないといったのである。秋田のいう敵とは、日本国家の支配者なのだ。

一九二二年二月十日の彼の日記には次のように書かれている。

「国葬になった山県（有朋――引用者）の墓をみに行った。小学校の子供らが大勢お詣りにきていた。国民の獣であることを知らない。（中略）（日本国民は国民の圧迫者を偶像にして拝んでいる）」

つまり、日本国家の支配者が、他民族を征服しようが、自国の民衆を圧迫しようが、国家に対して無批判的な忠誠心をもつことを美徳とする迷信を教えこんできた現実に民衆が気づくように、秋田は警告したのである。

一九二四年一月に秋田が書きあげた戯曲「骸骨の舞跳」に登場する一青年は、自警団員を「他人の着せた衣服を大事に着ている」者と評している。「他人の着せた衣服」とは国家が民衆に植えつけた、いわゆる愛国心を指す。国家に対して無批判的に献身する者を「国民」というならば、秋田は日本民衆に対して非国民になることを訴えたのである。

いま、学校の教員は君が代斉唱・日の丸掲揚を強いられている。支配者たちは、いまも民衆に「有事」の際に国家への無批判的な献身をする国民になることを求めているからである。日本の民衆は、いま改めて秋田の訴えに耳を傾けてほしい。

なお「骸骨の舞跳」は、現代の会編『ドキュメンタリー関東大震災』（草風館）や『現代日本戯曲集8』（白水社）に収録されている。

都知事石原慎太郎と都教委の歴史観・思想を問う

山田 昭次

問題の提起――君が代斉唱・日の丸掲揚を強制する都知事と都教委の歴史観・思想を問う

学校において君が代斉唱・日の丸掲揚の強制は、憲法十九条が保障する思想・良心の自由に対する侵害になることは多くの論者が指摘してきた。しかし、都知事・石原慎太郎や東京都教育委員会がどのような歴史観ないしは思想にもとづいて君が代斉唱・日の丸掲揚の強制をしているのか、このことを論及した事例は管見の範囲で知らない。この点がはっきりすれば、君が代斉唱・日の丸掲揚の強制が特定の思想の強制であり、したがって思想・良心の侵害であることが一層明らかになる。この点が明らかでないと、裁判で敗訴にもなる。

たとえば、東京高裁は本年（二〇一一年）一月二十八日に日の丸への起立、君が代斉唱義務不存在の確認を求める東京都立高校教員の訴えに対して次のような理由で君が代斉唱・日の丸掲揚の強制は特定の思想の強制ではないと判定しているのである。いささか長文だが、判決書から引用してみる。

「完全な実施とはいえないにしても、都立学校の入学式、卒業式において、国旗である日の丸が壇上に掲揚されたり、国歌斉唱として君が代が斉唱されたり、ピアノ伴奏がされており、また、全国の公立学校では、入学式、卒業式等における国旗掲揚、国歌斉唱及びピアノ伴奏は従来から広く実施されている上、スポーツ観戦等における自国ないし他国の国旗掲揚、国歌斉唱に当たって観衆等が起立することは一般に行われていること等から、客観的にみて、入学式、卒業式等の国歌斉唱の際に日の丸に向って起立し、君が代を斉唱し、ピアノを伴奏する行為は、入学式、卒業式等の出席者にとって通常想定され、かつ期待されるものということができ、これを行う教職員が特定の思想を有するということを外部に表明する行為であると評価することは困難である」（八一頁）

ようするに、判決は君が代斉唱・日の丸掲揚は一般的に行なわれているから、これを行なうことは思想表明にならず、思想・良心の侵害にならないというのである。だが東京都立高等学校の場合、日の丸の掲揚率は一九八五年には三七・八％に過ぎなかった（田中伸尚『日の丸・君が代の戦後史』岩波新書、二〇〇〇年、二四三頁）。ところが、一九八九年二月十一日に文部省担当官は一九九二年度から小学校で実施することにした新学習指導要領の公表に当たって、教員が君が代斉唱・日の丸掲揚に従わない場合は「指導要領違反になる。校長が職務命令を出して、それでも違反すれば処分につながる」と言明した（岡村達雄『処分論――「日の丸」「君が代」と公教育』インパクト出版、一九九五年、六〇～六一頁）。

そして、都教委は二〇〇三年十月二十三日付け通達「入学式、卒業式等における国旗掲揚及び国歌斉唱の実施について」を発して、この実施に不服従の教員に対する戒告、減給、停職などの懲戒処分を行なった。これら上からの圧力を背景にして君が代斉唱、日の丸掲揚率が上昇した。判決はこれを無視している。

他方、スポーツ観戦などにおける自国ないし他国の国旗掲揚、国歌斉唱に当たって観衆らが起立することは強制されてはいない。判決はこのちがいを見落としている。裁判官の見識がこの程度であることは、嘆かわしい。

しかし、注意しなければならないのは、前述のように石原慎太郎知事や東京都教育委員会がどのような歴史観ないしは思想にもとづいて君が代斉唱、日の丸掲揚を強制しているか、ということである。また見落としてはならないことは、石原は都民の圧倒的支持を受けて都知事に四選もした事実である。彼の著書は極めて多く、現在国会図書館に所蔵されている石原の著書、もしくは共著は二百冊にも達する。ということは、彼の思想に共鳴し、これを支持する民衆は極めて多いことを意味している。

したがって都教委に君が代斉唱・日の丸掲揚の強制を止めさせるためには、裁判所に訴えるだけでは足りない。石原が、かつては理想であった社会主義国の現実への失望が生まれた状況に巧みに便乗して国家主義を平然として鼓吹し、その一環として君が代斉唱・日の丸掲揚の強制を行なっている実態を広範な民衆に向けて訴えなければ、問題の終局的な解決はできないだろう。私の報告はこのことを念頭において行なう。

■都教委や都知事がいう「日本人としてのアイデンティティ」とは何か

わかりやすくするために結論を先にいえば、都教委や石原が入学式、卒業式の儀式の一環として日の丸への起立や君が代斉唱を強制してねらっているのは、近代・現代の日本国家が犯した内外に対する過ちに眼をつぶって現存国家に対する無批判的な忠誠心をよしとする、いわゆる愛国心、つまり特定の思想の強要なのである。以下、この点を論証する。

横山洋吉都教委教育長は、都教委が二〇〇三年十月二十三日に開催した「教育課程の適正実施にかかわる説明会」で、「都教育委員会は、教育目標及び基本方針の中で、二十一世紀を担う児童・生徒に、世界の中の日本人としてのアイデンティティをはぐくむ教育が重要であることを示しております」といい、また「我が国の歴史や文化を尊重し、郷土や国を愛する心を培うということは、どのように時代が変化しても大切な教育、言わば『不易』の教育と言えます。改めて申し上げるまでもなく、学校における国旗や国歌に関する指導は、こうした教育の一環として行われるものです」といった（柿沼昌良、永野恒雄編著『検証・東京都の教育改革』批評社、二〇〇四年、二一三〜二一四頁）。

彼らのいう日本人としてのアイデンティティとは何か。石原慎太郎都知事は、二〇〇四年四月九日に都教委が開催した教育施設連絡会で、この点に関して次のように述べた。

「国歌の文言にはいろいろな解釈があると思うが、アイデンティティに対するひとつのきっかけ。決して排他的な民族主義ではなく、国家・民族に帰属せざるを得ない人間社会の中で、私たちが何に対して責任を持つか、何によって恩恵を受けているかということを考え、個人対他者、個人対社会というものを考えていく大きなきっかけだと思う」（『都政新報』二〇〇四年四月十六日）。

石原はここで「決して排他的な民族主義ではなく」といっているが、彼の発言をみると、彼が重視する価値は後に論証するように、国家や民族の枠に限られ、国家や民族を超える普遍的な価値を認めていない。換言すれば、日本の国家や民族の利害を超えて人間として共通する価値の実現を求める態度はまったくない。したがって、石原や都教委の歴史観や思想には、戦前日本が行なった植民地支配や侵略戦争への反省がまったくない、というよりは、反省を拒否している。石原のこの点に関する発言は、後にていねいに分析することにして、ここでは前記の教育施設連絡委員会での国分正明都教委委員の次の発言を紹介しておこう。

「明治時代、日本は欧米文化を取り入れて戦争を乗り越え、世界有数の豊かな国を作ってきた。しかし同時に多くの人は心の潤いを欠くと感じた。**戦後、歴史を自虐的に解釈して教えることさえ行われかねない状況があったが、一度失われた伝統・文化は回復できない。**東京都教育委員会の教育目標では歴史・文化を尊重する人間の育成を掲げている。日本の歴史、伝統、文化を大切にしてしっかり次の世代に引継いでいただきたい。**卒業式、入学式での国旗・国歌に反対する教員がいるが、私人の立場、教員としての立場をはっきり区別すべきだ」**（前掲『都政新報』強調は引用者）。

以上のように、国分委員は藤岡信勝たちの自由主義史観を奉ずる人びとと同じく近代日本のアジア侵略や植民地支配に対する批判的認識を自虐と罵倒し、自由主義史観を奉ぜず日の丸掲揚・君が代斉唱に服従しない教員の行為を「私人の立場」に貶めた。自由主義史観は都教委が認定する公的史観となった。その結果、二〇〇一年八月二十七日、都教委は都立特別支援学校中等部の三校の歴史および公民教科書として藤岡信勝たちが組織した「新しい歴史教科書をつくる会」が作成し、扶桑社から刊行された教科書を採択した。

都教委や石原がいう日本人としてのアイデンティティとは、近代・現代日本のアジアに対する侵略や植民地支配の認識を欠いた日本人像である。東京都の公立高校では二〇一一年度から近代史・現代史は選択科目から必須科目となった。石原はこれに関して「過去にこの国が行った戦争についていきなり戦争をすべて悪といった観念に依らず、その時の世界の状況をくまなく知らせることでその中での選択の是非については、それを教えられる者たちの判断選択にまかせたらいい」という(『新・堕落論——我欲と天罰』新潮新書、二〇一一年、二四頁)。

この石原の発言から推察すると、近代・現代日本のアジアに対する戦争は当時の世界の状況からしてやむをえなかったものとして描いて、戦争の加害を薄めて描く歴史教育が期待されているように思われる。

■石原慎太郎の歴史観・思想の問題点

①国家を超えない価値観

石原は戦後の日本人をきらい、戦前の日本人を本来の日本人の姿と考えている。彼は著書『亡国の徒を問う』(文藝春秋、一九九六年)でつぎのようにいった。

「敗戦という有史以来の出来事の屈辱を屈辱とも思わない、そう感じないですむ、という戦後日本の価値に関する安易な状況こそが今日の大方の日本人を生み出したといえます。その限りでいえば、世代論的に眺めて、あの敗戦を屈辱としてとらえた昭和一桁生まれ辺りまでの日本人がかつての日本人の原形をなんとか備えていて、その後に登場した国民は大方、価値の基軸が失われた後の、教育を含めて総じて戦後民主主義的発想と情操の中で育ってきた人種と言えそうだ」(二二頁)

つまり、石原は戦前に日本人の原形があったが、敗戦の結果、戦後そうした価値の基軸が失われたと見るのである。一九三二年に生まれた石原は日本人の原形を維持していると自負しているのである。彼は国家存立にとって不可欠の本質的価値として「垂直の価値」があると強調する。彼にいわせると、この「垂直の価値」とは、「いかなる時代、国家をふくめていかなる立場、いかなる民族をも超えて、同じ人間の形作る連帯の中で我々がいわばジャイロコンパスの指針として垂直に継承していくべき価値観」だという（「陛下、お願いします」、『日本よ、再び』産経新聞出版、二〇〇六年、一一四頁）。彼はこれが国家を支え、存続させる上に不可欠だと、次のように力説する。

「それはこの風土が培ってきた伝統文化への愛着、それらのアイデンティティへの正確な認識、それに発する友情と連帯感、そしてそこからかもしだされる自己抑制、自己犠牲をふまえた責任感といった、国家社会という巨《おお》きな群れを支え存続させるために不可欠な、本能に近い情念に他ならない」（同上、前掲書、一一四頁）

この垂直に継承していくべき価値観を表現したのが「靖国」だと、彼は次のようにいう。

「国家存亡の前に、もっと端的に自らの家族を守るため、その存続と繁栄のためにこそ敢えて死んでいった者たちの、時代や立場を超えて垂直に貫かれてもいくべき信条の唯一の証として『靖国』は在るのだ。それはいかなる外国も否定出来るものでありはしない。『靖国』は国家民族という枠をかまえて自らの生き方を思う者たちにとって垂直の価値、それを必要とする者にとってはいわば本質的価値の表象であって、歴史への解釈云々といった次元の価値観で左右され得るものでありはしない。かつての時代、どの国もどの民族もみんな死に物狂いに、生き残るために戦ったのだ」（「国家存亡の分岐点」、『日本よ、再び』産経新聞出版、二〇〇六年、一六八～一六九頁）

あるいは、彼は次のようにもいう。

「『靖国』参拝はむしろ日本にとっては内面的問題であって、国家という次元における自己認識のよすがに他ならない。今日の日本という国家が形成される過程で、戦争を含めていろいろな出来事がありさまざまな犠牲が払われて来た。それを正確にたどり熟知することでのみ健全な自己認識が生まれてくるのであって、戦争という国家最大の出来事のために生命を賭した先人を悼み感謝するという行為が、国家経営のための基本的行事であることを否定する者は誰もいまい」（「『靖国』を思う」、『日本よ』扶桑社文庫、二〇〇四年、一一四頁）

以上のように、石原は近代日本が行なった戦争の侵略性も問うことなしに、戦死者を殉国者として顕彰する靖国神社が歴史を超えて垂直に継承していくべき価値観の表現と見なすのである。つまり、彼がいう日本人の原形とは、このような価値観をもっている日本人を指すのである。

石原から見ると、戦後は継承していくべき価値観、つまり日本人の原形を失った、嘆かわしい時代なのである。彼はつぎのようにいう。

「敗戦の屈辱に発した日本人の変質はいよいよ来るところまで来てしまったような気がします。家族なり企業組織なり国家なりという、不可避の連帯の中にありながら過剰な個の主張は、戦後の悪しき所産である悪平等を生み出し、その中で努めることなしの甘えと無責任はマゾヒィスティックな他力本願をますます助長して来ました」（「溶けていく日本」、『亡国の徒に問う』、文藝春秋、一九九六年、一三三頁）。

戦後を堕落の歴史と見る彼は、現在の課題をつぎのように設定する。

「個々人の内から失われつつある国家なり家族というものへの連帯感を取り戻し、もろもろの物事の道理を見極めなおし、価値に関する基軸を取り戻してこの失速墜落に繋がりかねぬ激しいダッチロールから日本を立ち直らせるために、それぞれの不安不満の根底には実は歴然として在る価値の基軸の欠落を国民一人一人がまず自分自身のために問い直し取り戻すべき時期に来ているのではないでしょうか」（同前、前掲書、一三四〜一三五頁）。

石原がいう、歴史を超えて継承していくべき普遍的価値とは、その戦争が何であるかは問わず国家に身を捧げるということだから、その価値観には国家を超える普遍的な理念はまったくない。彼はつぎのようにいう。

「人間は一人で暮らしているわけでなく、必ず他者との関わりがあります。他者と関わるということは、社会つまり『国家』の中で生きるということであって、ある種の人間たちがどれほど個人主義に固執しようとも、『国家』を完全に否定しきることはできはしない」（『真の指導

者とは』幻冬舎、二〇一〇年、二六六頁）

彼はこの意味で国家主義者である。たしかに私たちは国家のなかで生きている。しかしそれだけではない。私についていえば、在日朝鮮人・韓国人との交流があるし、韓国の知識人や民衆との交流もある。他者を差別せず、人間らしく生きることを私に教えてくれたのは、彼・彼女らであった。そこには国家を超えた交流と理念があるのだ。石原はここに眼を向けない。

②アジアに対する日本の加害行為を痛みをもって受けとめない

国家主義者の石原はアジアに対する日本の加害行為を痛みをもって受けとめない。その非人間的感覚は驚くべきものがある。彼は、朝鮮に対する植民地支配についてはつぎのようにいう。「日本が朝鮮半島で行った植民政策は、オランダがインドネシヤで二百万を超す人々を殺戮し、アメリカがフィリピンで四十万もの独立運動者をバターン半島に閉じ込め餓死せしめ、イギリスが清国でアヘン戦争を通じて行なった膨大な数の殺戮侵犯に比べれば相対的に温和なものだったといえるものに違いない」（「メディアの狂気」、『日本よ、再び』産経新聞出版、二〇〇六年、七四頁）

また、朝鮮民主主義人民共和国の日本人拉致問題の解決を訴えて二〇〇三年十月二十八日夜に都内で開催された「同胞を奪還するぞ！ 全都決起集会」で、石原は朝鮮に対する日本の植民地支配に触れて「植民地主義といっても、もっとも進んでいて人間的だった」といった（『朝日新聞』二〇〇三年十月二十九日）。

一九二三年九月一日に関東大震災が起こったときには、官憲が朝鮮人が暴動を起こしたと触れまわり、さらには「朝鮮人と見たら、殺しても差し支えない」とまでいったので、日本人民衆も朝鮮人虐殺に加担する結果をもたらした。ところが、朝鮮人が暴動を起こしてないことが判明すると、司法省は十月二十日、朝鮮人暴動をでっちあげた発表をし、警察は虐殺された朝鮮人の遺体を隠匿して朝鮮人に引き渡すことを拒否するといった無情な行動をした。そして日本政府はこれに関して今日までも一度も謝罪したことはない。

この一事だけを見ても、日本の植民地主義がもっとも進んでいて人間的だったとはとうていいえない。

南京虐殺事件に関する彼の見解は次のようである。

「私は謝意をこめて我々がかつて南京で行ったことの非人間性を認め、その罪を認めはするが、そこで行ったことがナチスによるユダヤ人のホロコーストや、たった二発の原爆で今なお三十万に及ぶまさしく非戦闘員を殺し続けている行為とは等質等量のものでは決してないと思っている」（「歴史の改竄を排す」、『亡国の徒を問う』文藝春秋、一九九六年、一一五頁）

これで石原の論法が明らかになった。彼は他の帝国主義国の他民族に対する加害と比較すれば、日本のそれは大したことはないといって、日本の加害責任を過少評価するのである。彼は口先では「私は謝意をこめて我々がかつて南京で行ったことの非人間性を認め、その罪を認めはする」というが、日本が犯した加害を見極めようとする姿勢も見られないし、被害者の痛みを理解しようとする姿勢も見られない。

彼はアジアに対する日本の侵略や植民地支配を批判することを「歴史に対する日本人の自虐的な姿勢」と認定する（『真の指導者とは』幻冬舎、二〇一〇年、二五八頁）。つまり彼も自由主義史観のもち主である。それでは彼は歴史叙述の役割をどのように考えているのか。

彼は「歴史とは、本来、その国の風土を慈しみ、先人たちの功の部分を今後にどう生かすかを考えさせてくれるものです」という（『真の指導者とは』幻冬舎、二〇一〇年、二五八頁）。

彼や都教委は、日本のアジアに対する侵略や植民地支配を批判的に見ることと、先人たちの功を明らかにすることは相反することと思っている。そんなことはない。

金子文子（一九〇三〜二六年）は自己が受けた性的差別や父が彼女を戸籍にいれなかったために受けた差別の痛みを媒介にして、一九一二年から一九年まで朝鮮在住中に接した朝鮮人の受けていた抑圧と差別をわがことのように共感した。私は朝鮮に対する植民地支配を見ているうちにこの金子文子を発見し、一九九六年に『金子文子――自己・天皇制国家・朝鮮人』（影書房）を著した。

また私は、関東大震災時の朝鮮人虐殺事件の研究を通じて、秋田雨雀（一八八三〜一九六二年）の優れた思想を発見した。彼は国のためと思いこんで朝鮮人を虐殺した日本人民衆に向けて、朝鮮人は日本民衆の敵ではない、敵は日本人民衆を抑圧する日本の支配者である、民族のちがいのために朝鮮人を敵視してはならないと、日本人民衆に対して国民道徳からの脱却を説いた。私の見解は『統一評論』二〇〇九年三〜四月号に「関東大震災時の朝鮮人虐殺事件をめぐるナショナリズムとインターナショナリズムの相克──秋田雨雀の国民道徳からの解放論」と題して発表した（この論文は二〇一一年九月に創史社から出版された拙著『関東大震災時の朝鮮人虐殺とその後──虐殺の国家責任と民衆責任』に収められた）。

日本の近代・現代の歴史を批判的に見ることによって、世界に対しても誇れる優れた日本人を発見したのである。日本の近・現代史を批判的に見ることによってこそ、真に優れた日本人を発見できるのである。日本のアジアに対する侵略や植民地支配を批判的に見ることと、先人たちの功績を明らかにすることとは、相反するものではない。

しかし自己が受けた痛みを媒介にして他国の民衆の痛みを理解したのは、金子文子だけではなく、その他の日本人女性にも見られる。

福島県の野崎乙羽《おとわ》の夫・野崎庄助陸軍少尉は一九三八年五月八日、中国で中国兵が発射した狙撃弾に当たって戦死した。それから一年半ほどたった頃、野崎庄助の従兵が彼の墓参りに訪ねてきた。そのとき従兵は野崎庄助が南京で中国人捕虜の虐殺に加わったことを乙羽に語った。それから半年ほど過ぎた頃、乙羽は当時中学二年生だった息子の渡を仏壇の前に呼寄せて、「渡さん、あんたどう思うか。今からお母さんの話す事を聞いてちょうだい」といい、南京虐殺に触れて「あんたはお父さんが死んで地獄にいっているか？　極楽にいっているか、どっちだと思う？」といった。渡は「それは当然極楽でしょ。だってお父さんはお国のために戦って立派に戦死したんだもの」と答えた。

ところが乙羽は「そう思うかい。お母さんは違う。殺された中国人にも、私たちと同じく奥さんや子どももいれば、親兄弟もいる筈だ。その遺族は何と思っているだろうか？　おそらくお父さんを失った私達と同じように、嘆き悲しんでいるに違いない。お釈迦様は人を殺すことは一番悪いことだと教えている。お母さんもそう思う。だからお父さんは地獄に行かなければならない。地獄で苦しむことで、お父さんの罪は許されるのだと思うんだよ」（野崎渡「父の戦死・母の死　南京事件」、宮城県平和遺族会編・刊『戦禍中の青春――戦没者遺族の手記』ひかり書房、一九九〇年。七～一二頁）。つまり乙羽は夫を失った悲しみを媒介にして日本軍に虐殺された中国人捕虜の遺族の悲しみに想いをいたしたのである。

もう一つ似た事例をとりあげる。小栗竹子の夫は一九四四年に中国で戦病死した。その後、彼女はその悲しみをいやすために靖国神社に参拝したり、戦後に政府が一九六三年以降は毎年八月十五日に開催した全国戦没者追悼式に参加した。しかし彼女は一九六五年から靖国神社参拝を止めた。その理由を亡夫宛ての一九六五年四月二十八日付の手紙に次のように書いた。

「私が靖国神社にお詣りするということは、かつての軍国主義によって作られた観念であなたを思い出すことですね。そんなことであなたがおよろこびになるはずがありませんね。（中略）せめて『多くの可能性を秘めていた私の最愛の夫』として思い出してあげるのが本当だったと思います。（中略）無謀な戦争のために最愛の家族を捨て、嘱望されていた将来も捨てて応召し、否応なしに侵略行為をさせられた上に、無意味な死を強要された戦没者を、いまさら『英霊』と称え、戦後もこの苦渋に満ちた人生を、理不尽にも押付けられた戦争未亡人を『靖国の妻』と呼ぶ。そうした世俗的な風習に縛られてきた自分が、この頃つくづく嫌になりました。こんな欺瞞に満ちた呼称をも返上する時が来たのでしょう。私が長い間、靖国神社とあなたをむすびつけて考えてきたのは、最愛のあなたの死に、たとえ世俗的なものにせよ、何とか意義を認めないではいられなかった、私の無念さの故だったのでしょう。でも、今の私はそうまでして自分の心をごまかそうとは思わなくなりました。これからはありのままのあなたを、ありのままの戦争というものを、はっきり見極めていこうと思っているからです」（小栗竹子『愛別離苦――靖国の妻の歩み』径書房、一九九五年、三四〇～三四一頁）。

つまり、彼女は夫が侵略戦争に駆りだされて無意味な死を強いられた戦没者であることをつらくとも直視したのである。と同時に愛別離苦を苦しむのは自分だけでなく、日本軍に殺された中国人の遺族もまたそうであると気づき、一九八五年に中国に謝罪の旅に出た。

「軍靴にて君踏みし跡を老妻《おいつま》のわれ訪ねつ赦しを請うべく」（小栗竹子、前掲書、三四五～三四六頁）

石原には日本国家が行なった戦争のために肉親を失った悲しみを媒介にして、中国人犠牲者の遺族の悲しみに想いをいたす、国家を超えた日本人女性の共感にはまったく関心がない。彼は埋もれた民衆や女性の優れた遺産についてまったく無知である。

③戦争に対する無反省

石原は小林秀雄を高く評価する。その理由は、小林が戦争は歴史の必然性から起こるのだから反省しないといった点である。石原が引用する小林の文章を紹介しよう。

「僕は政治的には無知な国民として事変に処した。黙って処した。それについて今は何の後悔もしていない。大事変が起こった時には、必ずかくかくだったから事変は起こらなかったろう、事変はこんな風にならなかったろうという議論が起こる。必然というものに対する人間の復讐だよ。この戦争は一部の人達の無知と野心から起こったか、それさえなければ、起こらなかったか。どうもぼくはそんなおめでたい歴史観はもてないよ。僕は歴史の必然性というものをもっとも恐ろしいと考えている。ぼくは無知だから反省しない。利巧な奴は（お前らは）たんと反省してみるがいいじゃないかね」（『私の好きな日本人』幻冬舎、二〇〇八年、二八九頁）。

石原は小林のこの発言に関して「いいきり突き放している。これに対して居並んだ連中はぐうの音も出ない。戦後から今まで流行っている進歩的文化人なる手合いをこれほど無下に切り捨てた論もめったにない。（中略）そういい切られての連中のおどおどした沈黙はなんと惨めで無残というよりない」と、小林を激賞した（同上、二八九頁）。

小林のこの発言で沈黙してしまうような知識人ばかりではない。英米文学研究者で立教大学文学部教員だった富田彬は戦争中にも戦争への迎合的発言を一切拒否した（山田昭次「アジア・太平洋戦争下の時流に対決した立教大学文学部教授富田彬の論説」、立教大学立教学院資料センター『立教学院史研究』第六号、二〇〇八年）。しかしその富田が戦後に次のように自己の戦争責任を問うた。

「このづたづたに引きさかれた現実を背負わされてこれから永い間新日本の建設に努めなければならぬ青年の任務を思うと、私達年配の者の青春期は実に仕合せな時代だったと思うと同時に、おそらくその仕合せだった時代に既に今日の事態を引き起こすべき萌芽が育まれていたのではあるまいかと疑われ、それでもしそうだったとすれば、それを知らずにうかうかと暮していた私達の責任は実に容易でない事を痛感するのである」（「現実をみつめて」、『米英文学と日本文学』績文堂、一九四八年、二四八〜二四九頁）

戦艦大和の搭乗員であり、一九五二年に『戦艦大和』を著した吉田満は、自己の戦争協力責任について思索を重ねてつぎのような結論に達した。

「私はこれまでの論議を通じて、戦争協力責任の実体は、政治の動向、世論の方向に無関心のあまりその破局への道を全く無為に見のがしてきたことにあると結論した。したがって、もしこの責任を果す道が残されているとすれば、それはみずからの無力をいたずらに悔いることではなくて、この愚をただくり返さないために、現時点に立って戦争阻止のために為しうる限りの努力を傾けることでなければならない」（吉田満「一兵士の責任」、『戦中派の死生観』文藝春秋、

一九八〇年、一六四〜一六五頁）

だが、石原は次のようにいう。

「大切なことは近代の形成過程で人間たちがさらけ出した、『戦争』に象徴される弱肉強食の原理が、人間にとって不可避な属性であるということをまず知るしかない。そしてそれを強く意識することでしか、その回復のための良き手立ては見つかるものではない」（「溶けていく日本」、『亡国の徒を問う』文藝春秋、一九九六年、二四頁）

『戦争』に象徴される弱肉強食の原理が、人間にとって不可避な属性であるという考えに立って、彼はつぎのように戦争は技術を向上進歩させたと、戦争を肯定する。

「戦争は人間の技術を向上進歩させ、さらにそれを踏まえて全くカテゴリーの違う、とんでもない効力のある技術を開発する引き金になってきました」（『真の指導者とは』幻冬舎新書、二〇一〇年、一二二頁）

しかし戦争による科学・技術の発展は人間を効率的に殺戮する技術の発展であり、それを象徴的に示したのが原爆ではないか。南原繁は、一九四九年七月七日に開催された新制東京大学の入学式の際の演説で第二次世界大戦を踏まえて、科学の研究と利用をそれがもつ人間的意味を把握してこれを統制できる教養を身につけた知識人の養成を今後の大学の任務であると考えて、次のように述べた。

「近代世界の大学の教育がさように専門化し特殊化する以前、『大学』（university）はその名が示すがごとく、それ自身知識の有機的統一体たる使命を担っていた。これによって人々に世界と人間について全体の理念を与え、以て大学はよくその時代の文化の指標たり得たのであった。それが近代科学の驚異的発達に伴い、以前は全体の一要素でしかなかった個々の科学がそれぞれ絶対の権利を主張し、ここに『科学の分裂』『大学の転落』と、ひいては近代的『人間性の分裂』となって現われたことは、他の機会においても述べたところである。そのことは、これに現代の学問が、その新しい科学的発見と技術をば、全体のうちに包容し、これに精神的な力を浸透させるのに、いかに無力であるかという事実によって、暴露せられている。これを原子爆弾の例に見るときに、われわれがその研究と利用を、学問と人生との全体的秩序のなかに繋ぎ止めえなかったならば、遂に文明の崩壊と全人類の破滅を招かずにおかぬであろう。しからば、近代科学と人間性をその分裂から救い、大学をその本来の精神に復すにはいかにすべきか。それにはまず、ここの科学や技術が人間社会に適用される前に、相互に関連せしめて、その意義をもっと総合的な立場に立って理解することである。（中略）これが時代の教養であって、われわれが日常の生活において、われわれの思惟と行動を導くものは、個々の科学的知識や研究の結果であるよりも、むしろそのような一般教養によるものである。（中略）おしなべて現代人の共通の欠陥は、専門的知識や職業上の技能はあるが、根本においてかような教養を欠いている点にある」（「大学の再建——新制入学式における演述」、『文化と国家——南原繁演述集』東京大学出版会、一九五七年、二八七〜二八八頁）

これは第二次世界大戦を踏まえて、科学や技術の発展が人間の生命や文化の破壊をもたらさないようにするための大学関係者としての問題提起だった。石原にはこうした配慮はまったくない。それは戦後における戦争への反省やそれに基く提言を石原が無視するからである。

④家父長制肯定論と女性蔑視

石原は著書『私の好きな日本人』（幻冬社、二〇〇八年）で彼が好きな日本人として次の十人を挙げた。日本武尊、織田信長、大久保利通、広瀬武夫、岡本太郎、賀屋興宣、横山隆一、五島昇、小林秀雄、奥野肇。上記のように彼が好きな日本人に女性は一人もいない。彼は女性の役割を重視しないからである。彼は「母親より父親の方が重い存在だ」といって、子どもの成長にとっての母親の役割を重視していない（『「父」なくして国立たず』光文社、一九九七年、二六頁）。

彼は「母親と父親が平等では混乱する」という（前掲書、三七頁）。なぜか。「他から何といわれようと俺はこうなんだという、確たる価値観、つまり独自な価値体系です。一体誰がそれを与えるかといえば、父親でしかない、母親が何と言おうと、わが家ではこうなんだと常々父親が教えるべきなのです」（前掲書、五二頁）。

これが彼のいう「父性」であり、母親とちがった父親の役割だという。結論として彼は「私は父親と母親が均衡した家庭というものを理想とは考えていません」という（『真の指導者とは』

幻冬舎新書、二〇一〇年、二九四頁）

だが、私の体験からいうと、長男であろうと、次男であろうと、平等だという大切な価値観を私に教えてくれたのは母親だった。私が所沢商業学校を卒業したのは、日本敗戦の翌年である一九四六年の三月だった。私は卒業後は就職するつもりだった。なぜかといえば、父は私の兄を所沢商業学校卒業後、早稲田大学専門部商科に進学させたが、次男の私を進学させるつもりがないことを私は知っていたからである。当時は長男に比べて次男以下は格差をつけられるのが普通だったから、私は父の方針を受けいれていた。

ところが、卒業が迫った一九四六年一月頃だったと思う。母が「昭次、お前は本を読むのが好きだから、上の学校に行ったらどうだい。その気があるなら私がお父さんに頼んであげるよ」といった。私は就職するよりは上の学校に進学すれば本が読めると考え、母の勧告にしたがった。

その結果、私は立教大学文学部予科に進学して自由主義的な書籍の読書にふけり、戦前に国家から押しつけられた思考から脱することができた。母が次男の私を差別しなかった背景を推察すると、母には性的被差別体験があったと思う。母は私に「私は政略結婚させられたのだ」といったことがある。商才があった母の父親、つまり私の祖父は一代で大きな呉服屋を築いた。ところが、この呉服屋を二代目に無事に引きつがせるには、二代目を補佐する忠実な番頭を店につなぎとめておいて二代目を支えさせる必要があった。そこで母は忠実な番頭だった私の父と結婚させられたのである。つまり、母は呉服屋を維持するための政略に使われたのである。これは当時の娘にはありふれたことだが、母は政略結婚させられたことを自覚していたのである。母の性的被差別体験はそれだけではない。母の弟は早稲田大学商学部まで進学した。しかし母の成績は良かったが、母は女学校に行っただけだった。兄弟姉妹でも、男と女はこれだけの格差をつけられた。母はそうした体験の痛みをもっていたからこそ、弟の私も差別せずに私の個性を生かしてやろうとしたのであろう。

これは、私の母にだけしか通用しない傾向ではない。鹿野政直は「女の論理」を発見して次のようにいった。

「わたしが『女の論理』と言う場合、（中略）それは『女だからわかる』との視点の樹立を意味します。被抑圧者であっただけに女性には、抑圧者であった男性も見えない世界が見え、その角度からの世界像が発酵している。それの内的な理解に進むことにより、既成男性的な通念を否定できる、少なくとも揺さぶることができるとの立場の発見です」（『婦人・女性・おんな――女性史の問い』岩波新書、一九八九年、九頁）

まさに母には父とちがって「女だからわかる」ものがあったのであろう。金子文子が日本人から抑圧と差別を受ける朝鮮人をわがことのように感じたのは、「女だからわかる」ものがあったからである。

石原には「男だからわからない」ということにまったく理解がない。被抑圧者や被差別者に対する共感が彼にはまったくない所以である。それは彼が栄達の道を歩みつづけて、被抑圧者や被差別者の世界を理解する機会がなかったためであろう。

まとめ

以上論証したように、石原の価値観には国家を超えるものはない。これは天皇制国家の理念に由来する。「教育勅語」のなかの一節「一旦緩急あれば、義勇公に奉じ以て天壌無窮の皇運を扶翼すべし」が示すように、公とは天皇制国家であり、国家を超える理念は天皇制国家の下にはなかった。石原の価値観に国家を超えるものがないのは、彼の思想に戦前との連続性があるからであろう。彼はそれを日本人の原形の保持者として誇っているのである。

また彼はアジアに対する日本の加害行為に痛みを感じない。というよりは、彼は痛みを感じることを「自虐的姿勢」と非難する。したがって石原にはアジア・太平洋戦争に対する反省はない。

彼や都教委は、これを反省することは先人の功を無視することになると認定する。しかし近代の日本人にはアジアに対する加害行為に批判的だったために、優れた思想的遺産を残した人びとがいる。前述のように、金子文子や秋田雨雀がいる。また家族の死の悲しみを媒介にして日本軍に殺された中国人遺族に想いを致した野崎乙羽や小栗竹子のような女性もいた。彼はこうした民衆の貴重な遺産についてまったく無知・無関心である。しかしアジア・太平洋戦争や日本の植民地支配に対する批判・反省を通じて、こうした優れた民衆的遺産を発見できるのである。

アジア・太平洋戦争に対する批判・反省が先人の功を無視する自虐になるという自由主義史観は、天皇制国家の下で隠されてしまった民衆的遺産を無視したところから生まれたのである。石原は、日本は核武装せよという。「この東アジアでロシア人、中国人、朝鮮人が核武装している中で、なぜ日本人だけはそれに対抗して核による抑止力を持ってはならぬといい得るのだろうか」という（『新・堕落論——我欲と天罰』新潮新書、二〇一一年、九四頁）。

もちろん石原は憲法改定論者である。彼は現憲法の維持を次のように罵倒する。「そもそも占領軍がわずかな日数の内に即製して与えた憲法を拝領したまま、六十五年にわたって一行一句も修正できずにきた国家・民族の資質というのは一体何だろうか」（同上、一〇三頁）

日本が核武装すれば、東アジアの緊張はいっそう高まるばかりであろう。

しかし私たちは、それぞれの国の国家権力の担い手のみを見ていてはいけない。大切なことは、ねばり強く諸国間の民衆相互の交流を深め、相互の信頼関係を築くことである。その可能性は、先に私が紹介した民衆の遺産のなかにあるはずであるし、少なくとも現在日本と韓国のあいだの民衆交流は深まり、相互の信頼関係が生まれてきていると思う。これを全東アジアに拡大せねばならない。

ところが、石原は核武装を提唱するとともに、教育には刷りこみが必要だという。「垂直に継承されるべき価値の基軸が損なわれようとしているのなら、それを幼い者たちに、幼いからこそ効果のある方法として『刷りこみ』で伝えるべきに違いない」（同上、一〇六頁）

国家を超える価値を認めない石原イズムが幼児に刷りこまれてはならない。幼児に対する刷りこみがどんなに恐ろしい結果を生んだかは、祝日のたびに日の丸掲揚・君が代斉唱を小学生のときからさせた天皇制国家の教育が示した。日本人兵士は、内心はどんなに戦死を恐れても、天皇に生命を捧げるという規範から脱しえなかったのである。

今日の学校における君が代斉唱・日の丸掲揚の強制は、まさにこれを継承する刷りこみの一形態なのである。

戦前・戦後の学校教育と「日の丸・君が代」

藤田 昌士

1　岩手県農村文化懇談会編『戦没農民兵士の手紙』から

はじめに、岩手県農村文化懇談会編『戦没農民兵士の手紙』（岩波新書、一九六一年）のなかから、菊池武雄さんの遺書を紹介したい。本書によれば、菊池武雄さんは「岩手県稗貫《ひえぬき》郡湯本村出身、田畑合せて一町六反三畝（うち小作五反三畝）の農家の三男。昭和二十年八月十二日・フィリッピン・マニラ南方にて戦死。二十五歳。陸軍曹長」。その遺言書は次のとおりである。

「お母さんよさらば／私も愈々国家の為めお役に立つ時が来ました。／私は入営の際既に身は大君に捧げしものとして入営した私であります。男と生れ一世一代の死場所を求めることが出来、こんな嬉しい愉快なことは有ません。／私は喜こんで死んで行きます。／たゞ私の無きあとは一家挙って幸福に暮し行く事私は草葉の蔭から、祈って居ります。／それから私が来前に植付けて来た柿の木を大切にそだてゝ下さい。あとは何も言う事は有ません。／白木の箱が届いたら何うか泣かずに褒めて下さい」

菊池さんはこのような遺書を残し、敗戦を目前にして戦死された。当時、軍隊では遺言書の検閲があったから、ここには建前が書かれているともいえる。しかし、建前であっても、このような文章を書かせたところに戦前の学校教育、とりわけ義務教育があった。

2　戦前の学校教育とはどのようなものであったか

臣民の義務

大日本帝国憲法のもとで、教育は納税、兵役とならぶ臣民の三大義務の一つとされた。かつて大槻健氏がいわれたように、登校・下校という言葉にも歴史が染みついている。登城・下城の類。学校は「お上」のものであった。

教育勅語

教育勅語により道徳が国定化されて、忠君愛国の教育が行なわれた。教育勅語については、戦後、総理大臣や文部大臣など責任ある立場の人びとが折にふれて賛美するが、欺瞞もはなはだしい。その問題点の一つは内容である。「朕惟《チンオモ》フニ我カ皇祖皇宗」にはじまって、「爾《ナンジ》臣民父母ニ孝ニ兄弟ニ友ニ夫婦相和シ……」とつづく。それらはいまの時代でも大事な徳目ではないかという発言がなされるわけだが、国民学校期の修身の教師用書にははっきりと「皇国臣民としての道徳は、すべては天壌無窮の皇運を扶翼し奉らんとするところに帰着するものでなければならない」と書いてある。教育勅語にある様々な徳目はすべて「皇運扶翼」、つまりは天皇とその国家への忠誠という一点に収斂するという構造をなしていたのである。

もう一つは形式面の問題。戦後、丸山真男氏がいわれたように、教育勅語の発布は「日本国家が倫理的実体として価値内容の独占的決定者たることの公然たる宣言」（「超国家主義の論理と心理」一九四六年）であった。

あるいは、一九四八年、衆参両院で教育勅語の排除・失効確認の決議がなされる過程で当時参議院議員であった歴史家・羽仁五郎氏が述べたように、「教育勅語がいかに間違って有害であったかということは、道徳の問題を君主が命令したということにある」。こうした内容・形式両面にわたる教育勅語の問題性を確認しておく必要がある。

「忠君愛国」の教育――戦前の国定教科書から

この教育勅語にもとづいて「忠君愛国」の教育が行なわれた。まずは国定修身教科書『初等科修身三』（第五学年用、一九四三年）にある「大日本」という教材を紹介したい。

「わが大日本は、万世一系の天皇のお治めになる国であります。御代御代の天皇は臣民を子のやうにおいつくしみになり、臣民はまた先祖このかた心をあはせて天皇を大御親（おおみおや）と仰ぎたてまつり、忠孝一本の大道をよく守つて生生発展して来ました。これが大日本の世界に類のないところであります。／皇祖天照大神（あまてらすおおみかみ）は、御孫瓊瓊杵尊（ににぎのみこと）に天壌無窮の神勅をお授けになりました。大日本は、天照大神の御子孫がお治めになり、天皇の御位は天地とともに、きはまりなくおさかえになるといふことが、この神勅にしめされてゐるのであります。（中略）私たちは、このやうなありがたい国に生まれたことをよく考へて、皇国の臣民として、はづかしくないやう、日々のおこなひをりつぱにして行くことが大切です。私たちは、一生けんめいになつて、大日本をますますさかんにしなければならないのであります」（原文にあるふりがなは省略。括弧内のふりがなは筆者がつけたもの）

このような修身の教材と結びあって、「国史」（日本歴史）授業の冒頭「第一　神国　一　高千穂の峯」では、天照大神が神勅を御孫瓊瓊杵尊に与え、瓊瓊杵尊が文武の神々を従えて日向の高千穂の峯に下ってきたと教えられた（天孫降臨）。

国民学校五年生の私には何とも不思議だった。教室の窓から山にかかる雲を眺めながら「あの雲に乗れるんだろうか。でも先生が嘘を教えるはずはないし……」と思った。

国語の教材として「水兵の母」も紹介したい。「水兵の母」は一九〇四（明治三十七）年、国定国語教科書の使用が開始されてから国民学校期にいたるまで、すべての時期を通じて使用された教材である。ただし、第一期は「感心な母」という題だった。日清戦争のさなか、ある日、水兵が母からの手紙をもって泣いている。女々しいと叱りつけた上官に、「なぜおまえは豊島（ほうとう）沖の海戦にも出ず、一命を捨てて君に報いなかったのか」という内容の手紙を見せるという話である。国民学校期の教師用書は、この教材についてどのような解説をしていたか。

「巻頭の『明治神宮』の課で、明治天皇の御威徳をしのび奉り、わが国体の尊厳さに打たれた児童の心中に、『水兵の母』を鮮やかに描かせ、日清戦役の当初、高千穂艦上で起つた美談に感動させようとしたものであります。／大君の御楯として捧げた愛子（まなご）を励ます母からの手紙を読みながら感泣する一水兵と、偶然その場に来合せた上官を描いた崇高な軍国の母の精神に深く感動させるのであります。戦場に出た以上は、『一命を捨てて、君の御恩に報ゆる』ことを諄々と諭す母親、いひかへますれば、陛下の御ために、愛子が死ぬることこそ、愛子を永遠に生かす道であると固く信じて疑はない母親であります。さうして、わが子に死んでくれと訴へる母であります。そこに皇国の母としての考への正しさと、けだかさがあります」

このように、天皇のためにはわが子の死を望む母親像を描いてまで、子どもたちを戦争へ、死へと駆り立てた。まさに戦前の愛国心教育は「臣民の愛国心」、そして「戦争と死のための愛国心」を子どもに植えつけようとするものであったといわなければならない。

「日の丸・君が代」に関する教材

国民学校期でいうと、「日の丸の旗」という教材が『初等科修身一』（初等科三年生用、一九四二年）にある。その終わりの方に「敵軍を追いはらって、せんりゃうしたところに、まっ先に高く立てるのは、やはり日の丸の旗です。兵士たちは、この旗の下に集って声をかぎりに『ばんざい。』をさけびます」という記述がある。

他方、「君が代」という課は『初等科修身二』（初等科四年生用、一九四二年）で習う。「この歌は、／『天皇陛下のお治めになる御代は、千年も万年もつづいて、おさかえになりますやうに。』という意味で、国民が心からおいはひ申し上げる歌であります」という説明がある。

また、それに先立ち、『ヨイコドモ下』（初等科二年生用、一九四一年）には「サイケイレイ」という課があり、次のように述べられている。

「テンチャウセツデス。／ミンナギャウギヨクナラビマシタ。／シキガハジマリマシタ。／テンノウヘイカクワウゴウヘイカノオシャシンニムカッテ、サイケイレイヲシマシタ。／『君ガ代』ヲウタヒマシタ。／カウチャウ先生ガ、チョクゴヲオヨミニナリマシタ。私タチハ、ホンタウニアリガタイト思ヒマシタ」

このように天長節（天皇誕生日）等における学校儀式をも機会として、天皇崇拝の念が刷りこまれていったのである。

なお、日の丸の旗は一八七〇（明治三）年、太政官布告により、日本の商船は日の丸の旗を立てるようにということで、商船国旗として制定された。他方、陸軍国旗、海軍国旗も定められた。

このような状況のなかで一九三一（昭和六）年、議会に「大日本帝国国旗法案」が上程されたが、結局廃案になった。恐らく政府としては、商船国旗、陸軍国旗、海軍国旗とあるなかでどれにするのか決めかねたのだろう。しかし、教科書では「国旗」という題名を用いて、日の丸があたかも国旗であるかのような観念が学校教育をとおして広められていった。

「君が代」については、いったんはイギリス公使館軍楽長のフェントンが作曲したものの（一八六九年頃）、一八八〇（明治十三）年にドイツ人の音楽教師エッケルトの協力を得て、あらためていまの「君が代」が作曲された。これは天皇の送迎の歌として作曲されたわけで、当時の政府は、「君が代」がありながら、その二年後、文部省に国歌の選定を命じている。このことから考えると、「君が代」を国歌とする考えは当時の政府にはなかったわけである。しかし、これも、あるときには「国歌」という題名の課を修身教科書に設けるなどして、学校教育をとおして「君が代」が国歌であるかのような観念が広められていった。

3　戦後教育改革——教育はどのように改められたか

国民の権利としての教育

日本国憲法第二十六条は教育を国民の権利としてうたっている。教育は、臣民の義務としての教育から国民の権利としての教育へと百八十度転換した。これに伴って義務教育の意味も転換した。

従来は天皇とその国家に対する「義務」としての教育であったが、戦後は、権利主体である子どもたちに対して父母と社会が負う義務となった。このことを明確にしている判例の一つは、北海道学力テスト事件における最高裁の判決（一九七六年）である。その全体の評価はさておき、同判決には、憲法第二十六条の意味するところとして「子どもの教育は、教育を施す者の支配的権能ではなく、何よりもまず、子どもの学習をする権利に対応し、その充足をはかりうる立場にある者の責務に属するものとしてとらえられている」とある。

新しい教育の理念・目的

一九四七年に制定された教育基本法の前文は「個人の尊厳を重んじ、真理と平和を希求する人間の育成を期する」という新しい教育の理念を掲げている。第一条では「人格の完成」(原案は「人間性の開発」。人間の人間らしさを育むという意味)を土台として「平和的な国家及び社会の形成者」を育成するという新しい教育の目的が宣言された。

「立法者意思の書」といわれる教育法令研究会『教育基本法の解説』(国立書院、一九四七年)によると、「ここに『社会』とあるのは、国内における家庭、会社、地方公共団体等の各種のあらゆる社会、及び広く『国際社会』を含むものである。(中略)形成者というのは、単なる成員、構成者という消極的なものでなく、積極的に国家及び社会を形づくって行く者という意味である。民主主義の国家及び社会においては、国民並びに個人は、造られた社会に消極的に順応してゆくにとどまってはならない。積極的にそれを形成していかなければならないからである」と説明されている。

ちなみに、二〇〇六年、この教育基本法が「改正」されて新教育基本法が制定された。新教育基本法も第一条で「平和で民主的な国家および社会の形成者」という文言を掲げている。教育基本法は変えられたけれど、新教育基本法も日本国憲法にもとづくということをうたっているからには、日本国憲法にもとづいて制定された一九四七年教育基本法の右の趣旨とちがいがあってはならないと思う。

民主的な教育行政の原則

一九四七年教育基本法第十条がうたう民主的な教育行政の原則にも注目を要する。「教育は、不当な支配に服することなく、国民全体に対し直接に責任を負つて行われるべきものである」というところから、公選制の教育委員会制度が設けられた。そして「教育行政は、この自覚のもとに、教育の目的を遂行するに必要な諸条件の整備確立を目標として行われなければならない」として、国家は教育内容には介入しないという民主的な教育行政の原則が定められた（前掲『教育基本法の解説』参照）。

このような改革をうけて、戦後初めて文部省が出した『学習指導要領一般編（試案）』（一九四七年）は、次のように述べている。

「いまわが国の教育はこれまでとちがった方向にむかって進んでいる。この方向がどんな方向をとり、どんなふうのあらわれを見せているかということは、もはやだれの胸にもそれと感ぜられていることと思う。このようなあらわれのうちでいちばんたいせつだと思われることは、これまでとかく上の方からきめて与えられたことを、どこまでもそのとおりに実行するといった画一的な傾きのあったのが，こんどはむしろ下の方からみんなの力で、いろいろと、作りあげて行くようになって来たということである。（中略）この書は、学習の指導について述べるのが目的であるが、これまでの教師用書のように、一つの動かすことのできない道をきめて、それを示そうとするような目的でつくられたものではない。新しく児童の要求と社会の要求とに応じて生まれた教科課程をどんなふうにして生かして行くかを教師自身が自分で研究して行く手びきとして書かれたものである」

教師がそれぞれの学校と地域で自主的に教科課程（教育課程）を編成する手引きとして文部省が試案を出すというのである。このようにして戦後の新しい学校教育はスタートした。

4 戦後教育の再改革と「日の丸・君が代」

戦後教育の再改革

一九五〇年代以降、戦後教育の再改革（反改革）がはじまる。

中華人民共和国の成立（一九四九年十月一日）を契機とするアメリカの対日占領政策の転換と日本の事実上の再軍備の始まりがその背景にある。

そして一九五三年の日米相互防衛援助協定をめぐる池田・ロバートソン会談で「占領八年にわたって、日本人はいかなることが起こっても武器をとるべきではないとの教育を最も強く受けたのは、防衛の任に先ずつかなければならない青少年であった。（中略）日本政府は、教育および広報によって、日本に愛国心と自衛のための自発的精神が成長するような空気を助長することに第一の責任をもつものである」との申しあわせがなされる。このような申しあわせにもとづいて「自衛のための自発的精神」と不可分なものとしての「愛国心」が求められるにいたった。

五六年には清瀬一郎文相が衆議院で、教育基本法には「国への忠誠」が欠けていると発言、これが教育基本法「改正」論の発端となった。

筆者は、教育基本法が「平和的な国家および社会の形成者」を育成するとうたったそのなかに、新しい時代の愛国心が胚胎していたと考える。しかし、政府はそれとは別個のものを「愛国心」という名でもちこもうとしたことが清瀬文相の発言に現われていると思う。

教育の国家統制

教育の国家統制を意図して、一九五六年、教育委員会法に代わって「教育行政の組織および運営に関する法律」が制定された。これによって教育委員会が公選制から任命制に改められた。さらに教員を対象とする勤務評定の全国的な実施。一九五八年には文部省が小学校・中学校学習指導要領を改訂、「試案」という文字を削除し、学習指導要領は法的拘束力をもつものとされた。小・中学校に「道徳の時間」が特設されたのはこのときである。

学習指導要領にみる「日の丸・君が代」

学習指導要領に即して日の丸・君が代問題の経緯を見ると、一九五〇年十月十七日に当時の天野貞祐文相が「学校における『文化の日』その他国民の祝日について」という談話を発表して、来る文化の日その他国民の祝日には「国旗」を掲揚し「国歌」を斉唱するよう促した。

一九五八年の小・中学校学習指導要領の改訂で初めて「国民の祝日などにおいて儀式などを行う場合には、児童（中学校は生徒──筆者注）に対してこれらの祝日などの意義を理解させるとともに、国旗を掲揚し、君が代をせい唱させることが望ましい」という注意が登場する。六〇年改訂の高等学校学習指導要領もそうだ。この種の規定が一九六八〜七〇年の小・中・高等学校の学習指導要領改訂でも踏襲されていく。

一九六六年には中央教育審議会が「期待される人間像」なるものを発表した。そこには、「天皇への敬愛の念をつきつめていけば、それは日本国への敬愛の念に通ずる。けだし日本国の象徴たる天皇を敬愛することは、その実体たる日本国を敬愛することに通ずるからである。このような天皇を日本の象徴として自国の上にいただいてきたところに、日本国の独自な姿がある」とある。

こうして、かつての天野文相の発言（「国民実践要領」）を受けて、天皇を敬愛することと国を愛することとは不可分とされる。

一九七七年には小・中学校の学習指導要領が改訂され、「国民の祝日などにおいて儀式などを行う場合には、生徒（小学校は児童──筆者注）に対してこれらの祝日などの意義を理解させるとともに、国旗を掲揚し、国歌を斉唱させることが望ましい」とされた。従来の「君が代」という言葉が、このとき「国歌」に改められた。

通常、学習指導要領の改訂は教育課程審議会の議を経て行なうのだが、審議会には一言も相談がなく、最終段階で「国歌」という言葉に改められた。防衛庁（当時）の強い要望によるものといわれる。現に一九七七年十月、参議院予算委員会で三原防衛庁長官は「有事を考えると平素から教育の場で国旗・国歌を教えていくことが必要だ」と述べている。

一九八九年の小・中・高等学校学習指導要領改訂では、「入学式や卒業式などにおいては、その意義を踏まえ、国旗を掲揚するとともに、国歌を斉唱するよう指導するものとする」という重大な変更、当時のマスコミの用語でいう「義務づけ」、日本ペンクラブの批判声明によれば「強制」がなされた。

以来、この規定が、一九九八年から九九年にかけての小・中・高等学校学習指導要領の改訂、さらには二〇〇八年から二〇〇九年にかけての小・中・高等学校学習指導要領の改訂でも踏襲されている。一九九九年には「国旗及び国歌に関する法律」が制定されている。

なお、文部省（当時）は『小学校指導書社会編』（一九八九年）で「我が国の国歌の意義の指導に当たっては、憲法に定められた天皇の地位についての指導との関連を図りながら、国歌『君が代』は、わが国が繁栄するようにとの願いをこめた歌であることを理解させる」としている。

戦前、それが天皇の統治を讃える歌として歌われたという歴史的事実を無視して、その解釈を変更する権限が、一行政機関である文部省にあるのだろうか。さらに「君」は象徴たる天皇、「代」というのは国、したがって「君が代」は天皇を象徴とするわが国の繁栄を願う歌であるということが、国旗国歌法の制定に際して国民に押しつけられた解釈である。

5 教育基本法はどう変えられたか

二〇〇六年十二月二十二日、教育基本法が「改正」公布された。

新教育基本法の一つの性格は、教育の全面的国家統制（旧法第十条から新法第十六条へ）、つまり法律によりさえすれば、国は教育の内容にも介入できるということである。二番目には、国が定めた道徳（国定道徳）の押しつけ（旧法第一条から新法第一・二条へ）。国定道徳強制法といえる。三番目に、競争の教育の一層の推進。「教育振興基本計画」（新法第十七条）にもとづいて全国一斉学力テストが行なわれている。

参考として「二十一世紀日本の構想」懇談会最終報告書『日本のフロンティアは日本の中にある——自立と協治で築く新世紀』（二〇〇〇年）を挙げる。小渕首相の諮問機関として設けられた同懇談会は二十一世紀を展望して、どういうことをいっているのか。

「国家は常に注意深く、統治行為としての教育とサービスとしての教育の境界を明らかにしていかなければならない。そして、必要最小限度の共通認識を目指す義務教育については、国家はこれを本来の統治行為として自覚し、厳正かつ強力に行わなければならない」日本国憲法第二十六条のもとで、「義務教育は国家の統治行為である」との発言がなされていることに驚く。その「国家の統治行為」の眼目として「愛国心」がある。

ちなみに、教育基本法「改正」後に発表された日本経済団体連合会「希望の国日本」（二〇〇七年一月）には「学校や家庭での教育を通じ、歴史的に形成されてきた国民、国土、伝統、文化からなる共同体としての日本を愛する心と、その一員としての誇りと責任感を培っていくことが求められる。美しい薔薇が健やかな枝に咲くように、美徳や公徳心は愛国心という肥沃な大地から萌え出る」とある。

6　「国体護持」の路線と「日の丸・君が代」

「国体の護持」

ふりかえってみると、一九四五年九月十五日の「新日本建設ノ教育方針」は「今後ノ教育ハ益々国体ノ護持ニ努ムルト共ニ軍国的思想及施策ヲ払拭シ平和国家ノ建設ヲ目途」とするとしていた。「国体ノ護持」と「平和国家ノ建設」がまことに無造作に並べられている。その「国体護持」の路線が、一九五〇年代以降、象徴天皇制のもとで装いを変えながら、政府の教育政策の前面に立ち現われてきたといえる。

すでにみた中央教育審議会「期待される人間像」は「日本の歴史をふりかえるならば、天皇は日本国および日本国民統合の象徴として、ゆるがぬものをもっていたことが知られる」といい、「このような天皇を日本の象徴として自国の上にいただいてきたところに、日本国の独自な姿がある」という。このように象徴天皇制をあたかも日本の歴史をつらぬく事実であるかのようにみなしたうえでの新「国体護持」路線のなかに日の丸・君が代の復権・復活が位置しているといえる。「国体護持」に固執する日本の政府は、同じく枢軸国として第二次世界大戦を戦ったドイツやイタリアと比べると極めて異質な対応を示している。

イタリアは王政から共和制に変わり、国旗も変わった。国歌も変えられた。ドイツは、従来のナチスの党旗からワイマール共和国時代の三色旗に改められ、ハイドン作曲の国歌も「世界に冠たるドイツ」の文言が入る一番二番は歌わない、とした。

しかし、日本政府はイタリア・ドイツと対応を異にし、かつて侵略のシンボルとして利用された日の丸を国旗として復権させた。戦前、天皇の統治を讃える歌として歌われた「君が代」を国歌として復活させた。

思想・良心の自由と日の丸・君が代

さて、日の丸・君が代には、それが戦後、平和国家、民主主義国家として再出発することを決意した日本の国旗・国歌としてふさわしいのかという問題と同時に、われわれの良心の自由を無視してそれを押しつけることが許されるのかという問題がある。

この点と関連して、ルイス・フィッシャー、デイヴィッド・シンメル共著『生徒と教師の権利　学校社会における紛争の解決』（一九九四年）のなかに、アメリカの「権威ある判例」の示すところとして、つぎのような要約的な説明があることを紹介したい。それらは、バーネット事件における合衆国最高裁判決（一九四三年）に代表されるものである。

「法廷は、もし生徒や教師が信仰あるいは良心に関わる問題として反対するならば、彼らは国旗に敬礼することを免除されてよいと判断してきた」

「宣誓（国旗に対する忠誠の誓い——筆者注）の間、生徒が起立することを求める学校当局の要求は、法廷によって却下されてきた。起立は『敬意と承認の身体的表現』であるからである。そのような状況における起立の拒否は、合衆国憲法修正第一条によって保護されている。さらに、国旗への敬礼に参加すること、あるいはその間起立することを拒否する生徒を教室から退去させることはできない。それは憲法的権利の行使を罰するに等しい事柄であるからである」

良心の自由と表現の自由とは不可分である。良心の自由といい、表現の自由といい、他者の人権を損なうものでない限り、両者を切り離すことはできない。この平明な道理をアメリカの判例は「起立は敬意と承認の身体的表現である」として確認している。

他方、「予防訴訟」（国歌斉唱義務不存在確認訴訟）における東京地裁の第一審判決（二〇〇六年）

は別として、日の丸・君が代訴訟における数々の判例は、内心の自由を、それが内心にとどまるかぎり絶対的なものとしながら、外に現われるときは職務命令に従属するものとしている。なぜ、このような「面従腹背」を強いる判決がまかりとおっているのであろうか。

良心条項

また、一九九六年、筆者が訪問したカナダ・オンタリオ州にも次のような規定がある。オンタリオ州の法規によれば、公立学校は、その一日を opening exercises（朝礼）で始めるか closing exercises（終礼）で終わることとされているが、それらの行事は国歌（O Canada）の斉唱を含んでいる。しかし、法規によれば、十八歳未満の児童生徒は、その親もしくは保護者が学校長に免除を申し出た場合には歌うこと、あるいはその行事に出席することを免除される。十八歳以上の生徒は、本人の申し出により免除される。「良心条項」という言葉は、もともとはイギリスの公立学校において子ども・教師が宗教教育に出席することを免除する規定として設けられたものであるが、それが形をかえて、右のようなアメリカにおける判例やカナダにおける規定としても存在しているといえる。

日本の学習指導要領、また東京都教育委員会の10・23通達（二〇〇三年）も、最低限この良心条項を明記することが必要だと思う。その良心条項を明記しないところに学習指導要領と10・23通達の反人権性がある。

なお、カナダ・オンタリオ州の場合、教師に即しての明文の規定はないが、筆者がオンタリオ州各地の教育委員会に問いあわせたところ、ある教育委員会から「学校長の判断に委ねている」との回答があった。学校長の判断ということであるが、イギリス・アメリカとの文化的な親近性から考えて、教師の良心の自由も保障されているものと推測される。

日本の場合、学習指導要領や都教委10・23通達による教師に対する強制は、生徒に対する強制を意図したものだ。両者は不可分の関係にある。

大田堯氏の『証言』（一ツ橋書房、二〇〇六年）にもあるように、生徒の良心の自由と教師の良心の自由とは響きあうものだ。象徴天皇制のもとで装いを改めながらも戦後を戦前的価値につなげようとする「国体護持」の路線に対して、憲法にうたわれている自由と民主主義・平和主義の路線を徹底させていくという課題を、あらためて確認したい。

付記

本稿は藤田『学校教育と愛国心——戦前・戦後の「愛国心」教育の軌跡』（学習の友社、二〇〇八年）をもとにしている。同書をも参照していただければ幸いである。

「日の丸・君が代」強制と良心的不服従
――「君が代不起立」の思想史的意義

安川寿之輔

1 はじめに――「思想・良心・信教の自由」が根づかない日本

いわゆる「予防訴訟」は、都立学校の教職員たちが原告となって、東京都と東京都教育委員会を被告として、国歌斉唱の義務がないこと、ピアノ伴奏義務のないこと等の確認と、損害賠償を求めた訴訟である。

二〇一一年一月二十八日、東京高等裁判所第二十四民事部は、一審判決を覆し、原告の請求をいずれも認めない判決を言い渡した。これは予想できる最悪の判決だった。作家の池澤夏樹さんの表現を借りれば、「歌わない自由もあるということを教師はどうやって教えればいいのか？　国歌を歌わない者は非国民である、というドグマを東京高裁は本当に支持するのか？」（「朝日新聞」二〇一一年二月一日付夕刊）ということになる。なぜ日本では、「思想・良心・信教の自由」という中核的な基本的人権が二十一世紀になっても根づかないのか。

司法権の独立を貫けない裁判官の腐敗・堕落もあるが、丸山眞男さん（一九一四〜九六）に代表される戦後民主主義時代の日本の代表的な学者・研究者の姿勢にも大きな問題があったのではないか。

2　二項対立史観の誤りと「丸山諭吉」神話

内に大逆事件、外に韓国強制併合の一九一〇年から数えて百年、私たちは（丸山眞男・司馬遼太郎流の「暗い昭和」の満州事変以来ではなく）日清戦争以来の過去の日本の戦争責任と植民地支配責任に向きあうことが求められている。この時期に、あろうことかＮＨＫは、司馬遼太郎の映像化拒否の固い遺言に反して、「栄光」の「明るい明治」を描きだすドラマ『坂の上の雲』の三年間放映を開始した。

『坂の上の雲』は、批判する文献が十数冊もあるほどの超問題作である。また、ＮＨＫは財力に任せて世界中でロケを行ないながら、日清・日露戦争の舞台である肝心の韓国でのロケはない。これはＮＨＫに確かめたのでまちがいない。ロケを「やっていない」のでなく、現地でロケの「やれない」内容、そういう問題作だ。放映によって、日本近代史総体を〈「明るい明治」と「暗い昭和」〉に分断する誤った近代史の捉え方が固定化するのではないか、と懸念する。

司馬遼太郎の『坂の上の雲』や戦後日本の丸山眞男流の福沢諭吉研究（「丸山諭吉」神話）では、なぜ「明るい明治」＝〈明治前期の「健全なナショナリズム」〉が、わずか二十数年で天皇制軍国主義の「暗い昭和」＝〈昭和前期の「超国家主義」〉につながったのかが理解できない。二つの時代がどうつながるのかが見えない。

福沢諭吉についての日本人の常識は、「天は人の上に人を造らず人の下に……」という天賦人権論を主張した明治の偉大な先覚者であるというものである。私が名古屋大学に勤めていた当時、新入生にアンケートをとると、九二％もの学生が福沢諭吉はそう主張した人物である、と誤って教えられていた。

福沢自身は『学問のすすめ』の冒頭句を、学者的誠実さでもって、「天は人の上に人を造らず人の下に人を造らずと云へり」と、断定文よりはインパクトの弱くなる伝聞態で結ぶことによって、この句が（アメリカ独立宣言に借りた）自分の言葉でないことを示すとともに、自分はその天賦人権論に同意・同調していないという大変重要な意味を厳密に表明していた。

しかし、丸山眞男は伝文態問題を一切無視して、冒頭の句と肝心の『すすめ』の内容が思想的に乖離しているという重要な問題を検討しないまま、「天は人の上に人を……」の句が『すすめ』全体の精神の「圧縮的表現」「福沢イズムの合言葉」と解釈・主張した。丸山眞男が戦後日本を代表する著名な学者・知識人であったという事情もあり、まず、『すすめ』冒頭句についての「神話」ができあがってしまった。

二〇一〇年十二月に大分市に講演に呼ばれ、福沢の旧居のある大分県中津市を訪れた。福沢は一八三五年に大阪で生まれて、三六年から中津で幼少期を過ごした。この中津で配布される福沢関連のパンフレットからJR中津駅の扁額、さらに「壱万円札お札せんべい」の包装紙まで、すべて「と云へり」がない。この二年後の中津市での講演の際には、皆さんが「ふるさと自慢」の思いで、福沢の意に反して「と云へり」を削除されていることは、人の常として許せますが、学者、それも東大教授がそれをやっては失格です、と語って聴衆の笑いを誘った。

司馬遼太郎「史観」にもとづくNHKスペシャルドラマ『坂の上の雲』第一部第一回「少年の国」(二〇〇九年十一月二十九日)は、原作から予想され、また懸念していたとおり、「丸山諭吉」神話ではじまった。司馬の〈「明るい明治」対「暗い昭和」〉は、近代日本を〈明治前期の「健全なナショナリズム」対昭和前期の「超国家主義」〉と捉える丸山眞男の誤った二項対立の分断史観を、分かりやすい表現にいいかえて踏襲したものである。

丸山が解明した福沢諭吉像は、虚構の「(丸山の願望で勝手に読みこんだ)丸山諭吉像」であると、近年では丸山門下生も認めている。しかし、いまなお日本のマスコミと学校教育は虚構の「丸山諭吉」神話の圧倒的な影響下にある。

3 「一身独立・一国独立」の誤読と問い直し

第一回のドラマでは、主人公の秋山好古が「この世で一番偉いと思うとる人の本じゃ」といって弟の真之に『学問のすすめ』第三編の「一身独立して一国独立する」を見せる場面がある。しかし、この「一身独立して一国独立する」という定式については、『学問のすすめ』の福沢は「一身独立」を可能にする政治的・経済的・社会的な条件は何も論じておらず、もっぱら「一国独立」を支え可能にする国民個人の「独立の気力」のことだけを論じている。

字面から国語的・常識的に理解した〈人、ひとりひとりの「独立」〉や、丸山眞男の解釈・主張する「個人的自由」「個人の自由独立」「個人の内面的自由」などとはおよそ関係なく、福沢自身が主張している「一身独立」の中味は、ズバリ「国のためには財を失ふのみならず、一命をも抛《なげうち》て惜むに足ら」ない国家主義的な「報国の大義」のことである。この「一身独立・一国独立」についての丸山流の解釈は「福沢諭吉研究史上最大の誤読箇所である」と『福沢諭吉のアジア認識』（高文研、二〇〇〇年）で指摘して十年余がたつが、誰からも反論がない。

問題を鮮明化するために、あえて先取り的に指摘しておこう。司馬遼太郎は、日清戦争の「勝利の最大の因は、日本軍のほうにない。このころの中国人が、その国家のために死ぬという観念を、ほとんどもっていなかったためである」とする（『坂の上の雲』第二巻、一一九頁）。

これに対して私は日本の勝因を、『学問のすすめ』に始まる福沢らの啓蒙によって、維新後二十数年にして、日本兵が（不幸にして誤った）「国家のために死ぬという観念」のマインドコントロールに成功させられていたための事象と見る。

　初期啓蒙期の福沢は、弱肉強食の国際関係認識を前提にして、『文明論之概略』終章において、「今の日本国人を文明に進るは此国の独立を保たんがためのみ」として、「自国の独立」確保を至上・最優先の民族的課題に設定した。その際の福沢の優れていた点は、「人類の約束は唯自国の独立のみを以て目的と為《な》す可らず」と書いて、「一国独立等の細事に介々たる」態度は「文明の本旨には非ず」という、「文明論」についての正当な認識を表明していたことである。福沢本人は「先づ事の初歩として自国の独立を謀り」「一身独立」などの課題は「他日為す所あらん」と明確に先送りしているのに、丸山のように「一身独立・一国独立」が「見事なバランス」だの「美しくも薄命な古典的均衡」がとれている云々と解釈するのは、お粗末の極みである。

　信じがたい事実であるが、服部之総《しそう》（一九〇一～五六）、遠山茂樹（一九一四～二〇一一）、一時期の家永三郎（一九一三～二〇〇二）、岩井忠熊（一九二二～）、加藤周一（一九一九～二〇〇八）、ひろたまさき（一九三四～）など、戦後日本を代表する有名な学者たちが、『すすめ』第三編の「一身独立して一国独立する事」の目次の字面に惑わされ、さらには「あの丸山さんがそういっているのだから」と、そろって丸山の決定的な誤読に追従した。

結局、福沢自身は「一身独立」の課題を生涯先送りし続けた。後に唱える自発的な天皇への忠義と親への孝行を意味する「独立自尊」の場合は、天皇のもとでの「臣民の一身独立」にすぎない。中津には「独立自尊」碑という七〜八メートルもの石碑が立っている。

丸山眞男は、初期啓蒙期の福沢を「デモクラシーとナショナリズム」の結合した「国民主義」的ナショナリズムとした。そして、『すすめ』における〈個人と国家〉の関係についても丸山は、「福沢において政府或は政治権力の存在根拠は……（国民の）基本的人権の擁護にあった」と勝手に把握しているが、これも「丸山諭吉」神話そのものである。たしかに福沢は、アメリカ独立宣言を一か所の誤訳を除いて見事に訳出・紹介していた。しかし問題は、『学問のすすめ』において肝心の日本の人権宣言を行なった場合には、福沢は、政府が国民の基本的人権を擁護する組織であるという、「独立宣言」の肝心要の政府の存在理由を紹介せず、したがって基本的人権から「抵抗権・革命権」を（意図的に）除外していたのである。

以上の国民主義的でない国家構想に対応して、福沢は同じ『すすめ』第二編で「今、日本国中にて明治の年号を奉ずる者は、今の政府に従ふ可しと条約（社会契約）を結びたる人民なり」という明白な虚偽を前提にして、国民の国法への一方的な服従・順法と自発的な納税の義務を説いた。本来は革命的な（フランス革命につながる）「社会契約」思想を巧妙に骨抜きにして紹介していたのである。

重要な結論を提起したい。福沢が「一身独立」の課題を先送りしたことで、明治の国民（臣民）はもともと近代国家の主権者ではなく、国家に自発的に服従を求められる客体、一方的に一命を投げだす存在として位置づけられていたのである。あえていえば、日本の国民は、近代化の出発点から「君が代・日の丸」を強制される政治的な客体として位置づけられていたのである。こうした観点から『学問のすすめ』の基本的な問い直しをすることが必要だろう。

二〇一一年一月十五日に札幌で講演したが、主催した北海道歴史教育者協議会は私の講演に「『学問ノススメ』は戦争と格差のススメ⁉」という刺激的な副題をつけた。「あなたの本をしっかり読めば、こういう結論になるじゃないか」ということであり、なるほどそういう大胆な解釈も成りたちうると私も認識した。私は、その刺激的な解釈に刺激されて新聞「思想運動」二〇一一年一月一日・十五日号に「『学問のすすめ』の問い直し」という表題であらたな『学問のすすめ』論を書いた。

4　中期福沢の保守思想の確立と同時代人の評価

自由民権運動と遭遇した福沢は、他日「一身独立」の課題にもとりくむという啓蒙期の貴重な自らの公約に背を向け、一八七五年の「国権可分の説」で「今日は政府も人民も唯自由一方に向ふのみ」という明白な虚偽を主張するとともに、『学問のすすめ』のような「無智の小民」「百姓車挽」への啓蒙継続の断念を表明した。

以後、生涯で百篇をこす論稿によって福沢は、自らは宗教を信じないのに、「馬鹿と片輪に宗教、丁度よき取合せならん」という下層民衆への侮蔑的な宗教教化路線にのめりこんでいった。それについては内村鑑三が「宗教に対する最大の侮辱なり」と怒りを表明している。

一八七八年の『通俗民権論』『通俗国権論』の同時刊行で、福沢は民権陣営を「無智無識の愚民」「無頼者の巣窟」と非難・敵対し、七九年『民情一新』、八一年『時事小言』、八二年『帝室論』の三者によって不動の保守思想を確立する。これは、自国独立確保は「瑣々たる一箇条」にすぎぬという歴史認識の上に「一身独立」を「他日為す所あらん」としていた啓蒙期の唯一貴重な公約の生涯にわたる放棄宣言である。

「一身独立」(国内の民主化の課題)を放擲《ほうてき》する保守思想の確立は、必然的にアジア認識の転換と「(「富国強兵」ではない)強兵富国」の対外強硬路線と、「内国の不和を医するの方便として故さらに外戦を企て、以て一時の人心を瞞着《まんちゃく》するの奇計を運らす」(『民情一新』)、権謀術数的な「内危外競」(田口卯吉)路線の選択を、福沢にもたらした。

福沢は一八八四年の甲申政変を好機到来と迎え、天皇「御親征」と北京攻略まで要求する、あまりに激烈な開戦論のため「時事新報」紙は発行停止処分さえ受けた。

『時事小言』で「無遠慮に其地面を押領」するアジア侵略路線を提示した福沢は、八二年の「朝鮮の交際を論ず」において、「朝鮮国……未開ならば之を誘ふて之を導く可し、彼の人民果して頑陋《がんろう》ならば……武力を用ひても其進歩を助けん」と主張して、「文明」に誘導するという名目で武力行使と侵略を合理化した。つまり朝鮮が「頑陋」であることが、武力行使の容認・合理化につながるという帝国主義的な「文明の論理」である。その結果福沢は、アジア諸国への蔑視・偏見・マイナス評価のたれ流しを開始し、近年では「ヘイトスピーチの元祖」と評価されるようになっている。

なお、意外に知られていないが、福沢の「時事新報」の後継紙が現在の「産経新聞」である。いまから六～七年前の元旦の産経新聞が「時事新報の後継紙」であることを自負した記事を掲載していた。

一八八五年の「脱亜論」は、朝鮮・中国が「数年を出でずして亡国」となるのは必然として、「脱亜」日本が「西洋の文明国と進退を共にし」て、両国の帝国主義的「分割」に参加することを提言した内容であるが、丸山眞男は、「脱亜論」は福沢が支援・関与した甲申政変が失敗して落ちこんでいたときに書いた例外的な論説であると弁明している。しかし、この時期の福沢にとっては、アジア侵略がむしろ不動の国策ともいうべきものになっていた。そのため当時の福沢は、明治の同時代人たちからは「法螺《ほら》を福沢、嘘を諭吉」と嘲られた。この言葉は私の福沢論のインタビュー記事〈虚構の「福沢諭吉」論と「明るい明治」論を撃つ〉を掲載した『週刊金曜日』二〇一〇年八月二十七日号の表紙にもとりあげられた。

また、吉岡弘毅（元外務権少丞、一八四七～一九三二）は、「我日本帝国ヲシテ強盗国ニ変ゼシメント謀ル」福沢の道のり（つまり、日本の強兵富国の近代化路線）は、「不可救ノ災禍ヲ将来ニ遺サン事必セリ」と厳しくかつ適切に批判していた。福沢に代表される日本の近代化の道のりへの見事な批判だったと評価できよう。

「戦後民主主義」期の日本人の甘い福沢諭吉評価と、福沢の発言を直接見聞している明治の同時代人の評価とを対比すると、一体どちらの目のほうが節穴なのか、興味ある問題である。同時代人は、福沢には哲学や原理原則がなかったという認識で共通していた。むしろ福沢は原理原則にこだわらず、融通無碍に変節を重ねていった人物としている。ところが、戦後民主主義を代表する羽仁五郎・丸山眞男・遠山茂樹らは、そろって福沢を原理原則ある哲学者と評価しているのである。

啓蒙期の冷静で批判的な天皇制認識から見れば、明らかな虚偽の主張を始めた福沢は、一八八二年『帝室論』で「国の安寧」維持のためには、日本国民が「数百千年来君臣情誼の空気中に生々したる者なれば、精神道徳の部分は、唯この一点に依頼する」外ないと主張した。まさに「愚民を籠絡する」欺術《ぎじゅつ》としての神権天皇制を、福沢諭吉は主体的かつ積極的に選択したのである。そして福沢は、「帝室の爲に進退し、帝室の爲に生死する」天皇制ナショナリズムを鼓吹した。「暗い昭和」の時代の日本の兵士たちは、福沢の欺術に見事に誑《たぶら》かされて、戦死者の過半数が餓死という貧血侵略戦争を担わされた。

■5 「良心的兵役拒否」と「日の丸・君が代」拒否

小松茂夫さん（一九二二～八〇）は、『すすめ』冒頭の句と内容が思想的に乖離していることを最初に指摘した人物である。その小松が「暗い昭和」期の日本人の政治意識の状況について見事な分析を残している。「暗い昭和」期の日本人男性は、労働者・農民だけでなく、知識人までが召集令状一枚によって自己の生命と人生をいかようにも左右される、そういう惨めな「国民国家」に生きていた。それにもかかわらず、むしろだからこそ、そういう巨大な力をもつ「国家」とは一体何か、いかなる原因や理由によって国家は存在・存続しているのかという、「『国家』の本質、起源、存在理由」への「問いは、人々の意識の上に絶えて浮ば」なかったという衝撃的な事実を、小松茂夫は解明した。この成果に私は衝撃を受けて『十五年戦争と教育』（新日本出版社）を執筆した。

もう一つの衝撃は、第二次大戦における日本と連合軍における「良心的兵役拒否」をめぐる巨大な格差の問題である。日独伊のファシズム枢軸三国の侵略との戦いという「大義名分」をもちえた第二次世界大戦の連合軍のアメリカで一万六千人、イギリスで五万九千人もの国民が徴兵制による兵役を拒否して、「良心的兵役拒否」のたたかいを選び、獄中生活を選択していた。一生懸命に探したが、侵略戦争を遂行している側の枢軸国であったのに、日本で「良心的兵役拒否」に類する行動を選んだ人間は十人を超えない。「日の丸・君が代拒否」と「良心的兵役拒否」は、近代の日本人を考察するうえでの格好の共通するテーマである。

『きけわだつみのこえ』は、日本の学生がこんなみじめな青年にマインドコントロールされていたのかという思いで、何度読んでも悔しくて涙が出る著作である。市島保男の沖縄での神風特攻隊出撃の五日前の日記は「自己の人生は人間が歩み得る最も美しい道の一つを歩んで来た」と書いている。

「良心的兵役拒否」は、自らの宗教的信条や市民的信念・ヒューマニズム思想にもとづいて、徴兵制に背いて参戦を拒むことである。「良心的軍務拒否」は、徴兵制・志願兵制にかかわりなく、国家や上官の命令や指示に背いて、殺人の軍事訓練そのものを拒んだり、自らの指示された軍務を拒否したり、戦場からの離脱・逃亡を図る行為である。

日本は「憲法第九条」をもつ国であり、七千を超す「九条の会」が組織されていながら、私の年来の日本の大学生アンケート調査結果では、第一次世界大戦以来の貴重な世界的な「良心的兵役拒否」の思想と運動を、一貫してほぼ九割もの学生が教えられていないという残念な「平和教育」の現状にとどまっている。

良心的兵役拒否の先進国であるイギリスの場合も、「良心的兵役拒否」は宗教者の宗教的信条にもとづく良心的兵役忌避・拒否から始まっている。韓国でも現在、「ものみの塔」などの一千六百人の青年が徴兵を拒否している。

日本最初の拒否者である一九〇五年の矢部喜好も宗教者だった。被差別部落に生まれ育った佐藤政雄（芸名・三国連太郎）は、自らの被差別体験ゆえに、権力者の求める「愛国心」の欺瞞を見抜き、徴兵を忌避して国外脱出を図った。「長男の政雄が拒否しては一族郎党が大変なことになる」という思いで、母が政雄の手紙を憲兵隊に届けて、国外脱出寸前に逮捕・投獄され、佐藤は中国戦線で死んでくるように送り出された。また、農民作家・山田多賀市《たかいち》（一九〇七〜九〇）の場合は、死亡診断書の偽造で徴兵を忌避し、米軍による甲府市役所の空襲・炎上に助けられて生き残った。山田さんは、日本が戦争放棄して自衛隊が復活していない時代に、憲法第九条があるから「戸籍を復活してはどうか」といわれたが、「まだ今の日本は信用できない」と答えた。

かつて日本と一緒に侵略戦争をした（西）ドイツは、徴兵制を復活した際に「良心的兵役拒否」を憲法に規定した。代替業務、たとえば老人ホームの介護などを担って良心的兵役拒否を選択する青年が近年では六割をこえているという。そのドイツの現実は、世界的な徴兵制廃止の趨勢とともに、人類が戦争を克服する可能性を示唆している。

国家の名において国民に殺人を強制することにはもともと無理がある。また、今日は総力戦の時代でなくハイテク兵器のため、国民を十把ひとからげに徴兵する必要もない。そこで徴兵制廃止が身近なものになっている。良心的兵役拒否の広がりと徴兵制廃止の世界的趨勢は、人類が戦争を廃絶・克服するジョンとヨーコの「イマジン」の曲の世界が夢想や妄想でない可能性を示唆している。「Nothing to kill or die for」とは「お国のために死んだり、人殺しを強制される」という非道なこともなくなるということである。

6 帝国憲法＝教育勅語賛美の福沢の先駆的罪業

福沢は、一八八二年の連載社説「東洋の政略果して如何せん」で「印度支那の土人等を御することと英人に倣《なら》ふのみならず、其英人をも窘《くるし》めて東洋の権柄を我一手に握らん」と書いて、大英帝国に比肩する帝国主義強国日本の未来像を描き出していた。また、「暗い昭和」期の時代のキャッチフレーズとなった「満蒙は我国の生命線」論の原型は、一般に一八九〇年の山県有朋首相の「外交戦略論」とされている。しかし福沢は、その三年も前の一八八七年の論説「朝鮮は日本の藩屏《はんぺい》」で「最近の防禦線を定むべきの地は必ず朝鮮地方」と指摘していた。『坂の上の雲』は、この福沢の先駆的な侵略発言は見落としながら、「日本は維新によって自立の道を選んでしまった以上、すでにそのときから他国（朝鮮）の迷惑の上においておのれの国の自立をたもたねばならなかった」（第三巻、六八頁）と、手前勝手で帝国主義的な「大国主義」のアジア侵略路線を、自明の前提にしていた。

しかし、日本最初の対外出兵である台湾出兵に反対して海軍卿を辞職した勝海舟が生涯「日清韓三国合従」を主張したように、明治の同時代に小国主義やアジア連帯を主張する者はいた。

保守派の論客は「明治日本は帝国主義の時代だったから、アジア侵略の道のりが必然だった」と説明する。しかし「日本の行動の環境として帝国主義が存在したのではなく、日本の行動そのものが帝国主義を展開させる原動力の一つとなった」（木畑洋一）ととらえなければならない。

福沢の死後百年以上にわたって、「丸山諭吉」神話のために、福沢は「大日本帝国憲法」に批判的で、とりわけ「教育勅語」には一貫して反対だったと定説的に信じられてきた。しかし実際には、福沢は一八八九年の大日本帝国憲法を「完全無欠」「完美なる憲法」と手放しで賛美した。また、翌九〇年の教育勅語の発布を「感泣」をもって歓迎し、学校で「仁義孝悌《こうてい》忠君愛国の精神」を貫徹させるよう要求する社説を書かせた。さらにその翌九一年の内村鑑三の教育勅語拝礼忌避事件を契機とする「教育と宗教の衝突」大論争の時期には完全沈黙を通すことで、福沢は、弾圧によるキリスト教の退潮と神権天皇制の確立に大きく寄与した。

これは東京都政下の学校現場における暴力的な日の丸・君が代の強制に象徴される、いまなお精神的な「一身独立」を達成できない、過剰集団同調の現代日本の精神的風土に道を開いた福沢諭吉その人の先駆的な罪業である。

過剰集団同調は政党、特に革命政党にもみられる。日本人は、日常の生活において、自分なりのものの見方・考え方、自分なりに固執する原理・原則にもとづいて、その主体的判断に依拠して自主的に行動することが、なおきわめて不得手である。その結果、自らの所属する集団や組織の方針や教え・指示を介してのみ社会に向きあい、『二十四の瞳』の大石先生のように、

「歴史を空行く雲のように眺めている」だけで、歴史や社会や教育の主体的な担い手としての直接的な個の自己責任意識に目覚めようとしない。その伝統を受けついだ「KY（空気が読めない）」なんて言葉は、最低ではないか。

当時は一週間や十日間の連続社説はざらだったが、福沢は、憲法発布翌日から九日間にわたる重要な連載社説を執筆した。日本人は封建社会以来の歴史によって「従順、卑屈、無気力」の性格・気質を「先天の性」として形成しており、この「順良」な性向はむしろ「我日本国人の殊色《しゅしょく》」であると賛美した。福沢はこの国民性に依拠して、以後の近代日本の資本主義的な発展を楽観的に展望していた。だからこそ翌年の教育勅語も積極的に受容したのである。

前述のとおり、内村鑑三の一八九一年一月九日の教育勅語拝礼忌避事件、いわゆる「不敬事件」において時代を代表するジャーナリスト福沢が沈黙を守ったことが、近代日本の進路の大きな分水嶺になった。また、もう一つの大きな学問弾圧の文化史的事件として、九二年の久米邦武「神道は祭天の古俗」事件があった。

帝国憲法の天皇の神権的絶対性と近代的歴史学との衝突を象徴するこの事件を、宮地正人さんは「日本における近代史学の青春を挫折させる大転換の契機となった」と解説する。この解説自体はすばらしいが、宮地さんも「丸山諭吉」神話の熱心な信奉者である。福沢が学問・教育の政治からの独立と自由の主張者であったという共通の厄介な「神話」が存在するため、この事件の際の福沢の対応を理解するために、もう一つの回り道が必要となる。

丸山眞男たちは、福沢を「学問・教育独立論」者と把握・主張している。また同じ丸山は「福沢の性格からいっても、また著作を読んでみますとおわかりになりますように、福沢は何がきらいといって、そのときの大勢に順応したり、あるいはすでに定まった世の中の方向をあとから弁護したり、画一的な世論に追随するということくらい彼の本意にそむいたことはなかった」としている（『丸山眞男集』第七巻、岩波書店、一九九六年、三七四頁）。

丸山眞男を通して福沢諭吉を学んだ読者の大半が、〈福沢諭吉が大日本帝国憲法や教育勅語に賛成し同意するはずがない〉という福沢神話を信じたように、右の引用文を読めば、少数意見の尊重を説き、なによりも大勢順応を嫌い、「学問・教育独立論」者でもあったはずの福沢が、「思想・良心の自由」「信教の自由」と「学問の自由」があらわに否定・弾圧された内村鑑三と久米邦武の二つの大事件に積極的に論陣をはり、反対しなかったはずがない、と大半の読者が考えたり、そう予想するのはまったくの当然であろう。

しかし福沢は、事件の発端の一八九一年一月九日から九三年末まで九一年は三百四十回、九二年は三百四十四回、九三年は三百二十九回、「社説」か「漫言」の健筆をふるっているのに、この二つの大事件については一切発言せず、かたく口を閉ざしている。

丸山は、福沢が帝国主義者になったことを「これをたとえていうならば、思春期に達した子供が非常に悪い環境に育ったために性的な方面で、他と不均合にませてしまった様なものではないかと思うのであります」（『丸山眞男集』第四巻、岩波書店、一九九五年、八九頁）ととらえている。このお粗末な論法は、福沢の保守化をもっぱら国際環境のせいにすることで、思想家福沢の主体的責任をすべて棚上げし免責する手法そのもので、多くの研究者から批判されており、明らかに思想史研究からの逸脱である。

内村鑑三の行為は現代日本の「日の丸・君が代拒否」の先駆的事例といえる。しかし、内村鑑三のような偶像崇拝とかかわる「内面的自由」や「人格の内面的独立性」への固執は、社会体制をみだし脅かす行為であり存在であるというのが、神権的天皇制の「大日本帝国憲法」＝「教育勅語」体制に積極的に同意し、とりわけ「教育と宗教の衝突」大論争に断固沈黙を通した福沢自身の主体的な判断であった。

7　個人のたたかいと民主主義の成熟

これまで一貫して異端に近い少数派の安川の福沢諭吉論が、韓国強制併合百年を転機として、いささかの脚光を浴びようとしている。この事実は、一万円札の肖像からの福沢諭吉の引退が実現する、遠くかすかな可能性を示唆している。私は残りの人生で、福沢諭吉を「民族の敵」と批判・憎悪しているアジア諸国と日本のあいだに横たわる歴史認識の深淵・亀裂を少しでも埋めることに寄与したいと、せつに願っている。

稲垣真美さんは「孤独な人間はなにもなし得ないどころではなく……ほかならぬ個人こそ

もっとも自由な立場で闘い得るものであり、じつは孤独な個人の確信乃至内面の自由のなかにこそ、国家の一見巨大にみえる権力をもってしても冒し得ない、抵抗の核があったのではあるまいか」と書いている（『兵役を拒否した日本人』岩波新書、一九七二年）。

今日の学習会のチラシに「『日の丸・君が代』問題の本質は、戦後日本の社会と国民がかつての侵略戦争・植民地支配の戦争責任と誠実・真剣にとりくんでこなかった事実と、不徹底な戦後民主主義が差別の総元締めの象徴天皇制を許容・放置してきた事実の象徴そのものである」としたうえで、「国民の心を権威主義的に支配する掲揚・斉唱反対の運動は、横並びの組合運動ではなく、個人の良心的拒否を軸に組み立てるべきであると気づくのが遅かった分が私の戦後責任である」という私の文章が引用されている（「『日の丸・君が代』法制化と戦後民主主義教育」『季刊中帰連』第十二号、二〇〇〇年）。

一九八九年二月二十四日の「大喪の礼」のとき、名古屋大学で弔旗掲揚に対する抗議集会を開催したら、二百人が集まる大集会となった。みんなで「我々は弔旗掲揚を認めないぞ」とシュプレヒコールしながら、目の前の弔旗はばっちり認めている。最後に「他に誰か発言は？」と言われたが、一瞬の迷いで名大に転勤してきたばかりの私は「弔旗をていねいに取り外して学長の所に届けたらいかがですか」と提案できなかった。

次の日の講義において二百人の学生に自分の罪責にかかわる自己批判の話をして以来、組合の抗議行動とは別に、個人で全学にチラシをまいて、私は日の丸撤去の有志による実力行動をはじめた。しかし九三年六月九日の皇太子の結婚式の前夜に、五階建ての名大事務棟屋上にポールが立てられ、結婚式当日に幹部職員がビルに立てこもって、名古屋大での日の丸の実力撤去行動は以後できなくなった。

アメリカの国旗敬礼拒否の一九四三年の「バーネット」事件や八九年の「星条旗焼却事件」の経緯を見ると、国民の権利はそれを侵害するものとのたたかいの積み重ねによって初めて確立していく。その意味でむしろ国旗・国歌の強制とのたたかいを通して、日本の民主主義はこれからようやく芽生え鍛えられ成熟の道を歩みだすチャンスを迎えていると考えたい。

茨木のり子さん（一九二六〜二〇〇六）は「もはや／いかなる権威にも倚りかかりたくはない／ながく生きて／心底学んだのはそれぐらい」といった（『倚りかからず』筑摩書房、一九九九年）。ここでいう「権威」は、組合や革新政党の党中央の方針などともなって私たちの自立・「一身独立」を脅かす。

野田正彰『戦争と罪責』（岩波書店、一九九八年）は、二〇一〇年に亡くなった中国帰還者連絡会の湯浅謙さんの罪責を見事に分析した。周恩来の戦犯管理所に対する指導は人類史上稀にみる人間変革の教育実践であったと思う。自分の行為を戦争という非常事態のもとで、上官の指示で「させられた行為、皆で行なったのだから仕方がない」と弁明している限り、還元すれば、日の丸の掲揚・君が代斉唱は管理職の職務命令であり、同僚の皆も余儀なく同調していることであるからと弁明している限り、そうすることは「単なる集団のなかの一人としての（借り物の浮世の）人生」を送ることであり、ほかならぬ自分自身の一回限りの固有の人生を主体的に生きたことにはならないのである。

元東京大学教授でコミュニストの五十嵐顕《あきら》さん（一九一六〜九五）は、日本の思想に「もっとも欠けているものは、良心にしたがって立ちあがる抵抗の精神です」と晩年に書き残した。最後に魯迅の言葉を結びとしたい。

「思うに、希望というものは本来あるとも言えないし、ないとも言えない。それは地上の道のようなもの。実際、地上にはもともと道はなかった。歩む人が多くなれば、おのずと道ができていくのだ」

Ⅲ　「日の丸・君が代」の強制と処分が進む学校で

「もの言える」自由裁判と都立高校の現在

池田 幹子

私は二〇〇九年三月に都立高教員を定年退職しました。二〇〇三年に10・23通達が出された後、いろいろな形でさまざまな攻撃を受けましたが、音楽教員として君が代伴奏をしなかったためにあわせて四回の処分を受けました。「十分の一減給六か月」というのが最後に受けた処分です。しかし、自分としては弾くことができないと思った君が代を弾かずにすみ、定年退職にこぎつけたことにほっとしています。解放されたという思いです。

私が来賓として出席した卒業式での短い祝辞によって処分を受けたことに対して起こした「もの言える自由裁判」は最高裁まで闘いましたが、「君が代裁判」は東京地裁で進行中です。私は10・23通達後の二年度目に処分を受けたので、「君が代裁判」では被処分者の会の二次原告に当たります。さらに二〇〇七年度の処分は先日、公開審理が人事委員会で行なわれたばかり。裁判は今後も抱えていくことになります。

「もの言える自由」裁判を提訴するまで

都立羽村高校で、私は二〇〇四年四月から二〇〇九年定年までの五年間を勤めました。その前の五年間（一九九九年四月～二〇〇四年三月）は杉並区にある豊多摩高校に勤めました。そのときに10・23通達に遭遇し、職員会議で「君が代を弾かない」と発言したため校長が私を異動させました。当時は一年生の担任をしていたので担任学年が卒業する年に異動年限が来るはずだったのに、君が代不伴奏のために担任途中で異動させられました。

普通、異動した教員には担当していた学年が卒業を迎えるまでは卒業式の招待状がくるので、私も来賓として招待されました。私は、来賓紹介の場で、十秒もかからず一言、「おめでとうございます。いろいろな強制のもとであっても、自分で判断し、行動できる力を磨いてください」といいました。本当にいったことはこれだけでしたが、これがふさわしくないとみなされたのです。

豊多摩高校の木部貞善校長がまず祝辞を問題視して、その日の午後に都教委に報告しました。さらに週休日にもかかわらず羽村高校の清原敬一校長の自宅にも連絡し、私が調査されることになりました。土曜日に卒業式があったのですが、週明けの月曜日に校長室に呼ばれました。「週休日で、出張でもなく個人的に出席したものについて、校長に聞かれて答えねばならない理由がわからない」と答えました。校長は「休みの日でも事故があれば校長が聞かねばならない」といいます。そこで、放課後に、羽村高校の組合の委員会の人に立ち会ってもらい、「職員の人権問題として答えられない」と話しました。校長はまた聞きたいといってきましたが、「理由がわからないので、答えられない」と対応しました。

これでこの話は終わったと思ったら校長から四月半ばになってあらためて聞かねばならないといわれました。羽村高校の校長は報告書を書いて四月十八日に東京都教育委員会（以下、都教委）に提出しています。豊多摩高校の校長も四月十九日に「来賓の不規則発言について」というタイトルの報告書を出しました。四月に豊多摩高校は都教委から来た間瀬友典校長に代わったため、報告書を書いた校長は直接その場に居あわせた人ではありません。「生徒の一部にざわめきが生じた」と報告していますが、実際にはざわめきなどはなかったのです。

私はこの年四月の入学式で君が代を弾きませんでした。そのため、都教委の事情聴取があり、校長と私が呼ばれました。私は弁護士の立会いを求めたために事情聴取が行なわれませんでしたが、校長は残されて二〜三時間事情聴取されたようです。その後校長から「じつはあの発言（豊多摩高校卒業式での発言）の問題も教育委員会に報告しなければならなくなった」といわれました。「君が代」不伴奏との関連で都教委が私の祝辞を問題視したことははっきりしてきましたが、この祝辞について都教委は、当初は君が代の問題だとはいわずに調べていたのです。

その後、五月六日の連休明けに都教委から二名の指導主事が羽村高校に調査に来ました。都教委と学校との関係が非常にぴりぴりしており、副校長が教員全員のメールボックスに「（指導主事が）来校しますので皆様ご注意ください」と連休直前に流しました。私はあわてて指導主事の調査に立ち会ってもらうため弁護士に学校に来てもらうことにしました。

二時間近く「なぜ弁護士を立ちあわせないのか」「根拠は何か」とやりとりしました。こちらは「事情聴取の職務命令を拒否した」といわれないよう神経を使いました。指導主事に調査の理由を聞くと「職員課長に聞いてくれ」というので、校長が「職員課長が説明してくれるなら応じますか？」と私に聞いてきます。拒否はしなかったのですが、結局時間になり指導主事は帰って行ってその日は終わりました。

その後、なんともいってこないまま、都教委は私に「指導」を行なうことを五月の教育委員会で決めて、「卒業式・入学式での不適切な指導等」として五月二十七日に公表しました。ピアノ伴奏拒否での戒告も同じ会議で決まりました。校長は私をどのように指導したものか一か月以上困っていたようです。「事実関係がはっきりしていないのに、指導しようがないのではないか」と私はいいましたが……。

七月二十日の終業式の日に「校長指導」は実施され、校長が「ＴＰＯの観点からすると来賓としてふさわしくない」といったので、私は「事実とちがう」と返して、ごく簡単な「指導」が実施されました。

「もの言える自由」裁判　この国に思想・表現の自由はないのか

私は、この指導のあとに中川明弁護士のところに、「裁判を起こしたい」と相談に行き、その後、樫尾わかな弁護士を中心とする弁護団が組まれました。

二〇〇六年二月に東京地裁に損害賠償請求を提訴しましたが、〇八年三月二十七日に東京地裁で棄却判決、東京高裁も〇九年二月十八日に棄却判決で、しかも判決のたびに内容が悪くなっていきました。最高裁でも〇九年七月二日に上告棄却という結果で終わりました。

判決の問題点は、「なぜ、憲法上の問題ではないのか」にまったく答えなかったことです。訴えの内容は以下のようなものでした。

「本件訴訟は、原告が、都立豊多摩高校の卒業式に来賓として招待され、週休日に卒業式に出席し、来賓として祝辞を述べたこと（表現行為）に対して、都教委が行なった指導決定等の行為につき、控訴人の憲法上の権利（言論・表現の自由二十一条一項、思想・良心の自由十九条、私的領域に干渉されず自律的に自ら決定する権利十三条、名誉権十三条）及び勤務関係上の権利ないし法的利益を侵害するものとして違憲性・違法性を問う憲法訴訟である。この表現行為について、憲法上の権利保障が及ぶことは明らかである。

原告は公務員であるが、現行憲法下においては公務員も個人として基本的人権の享有主体となり、憲法上保障された権利に対する制約は正当な根拠なく許されないことは当然である。週休日における職務外の行為である本件祝辞は、私的行為として、憲法上の権利保障が及ぶもの

である」（控訴理由書より）

しかしただ単に「当裁判所が採用しない見解に立脚するものであるから、いずれも採用できない」と退けられてしまいました。「なぜそういう見解を採用しないのか」にはまったく触れていません。

事実誤認

都教委は私が実際に述べた言葉とはちがう言葉をもとに、「不適切」との指導を校長に行なわせました。「『おめでとうございます』とはいっていない。『様々な強制が強まる中、皆さんは自分の考えを大切にできる人間になってください』」と述べた、と報告されました。

しかし、地裁での尋問において金子一彦指導主事（当時）は、仮に実際に述べた言葉とちがっていたとしても「不適切なことに変わりはない」と証言しました。私は「様々な強制が強まる中」とはいわなかったけれど、都教委と校長は強制を強めているからこそそう聞きとったのでしょう。

私は生徒にどうこうしてくれともいいませんでした。「豊多摩高校の生徒が培ってきた自主・自立の精神を確認し、自信をもっていってほしい」というエールだったのであり、何かをしてほしいという意味のことはいっていません。

地裁の審理は、普通は三人で合議するのですが、篠原淳一裁判官の単独審理でした。そして、都側が主張しなかったことまでつけ加えて、「本件発言が、生徒に対して国旗掲揚・国歌斉唱に対する対応は個々の判断に委ねられる旨の指導に類する可能性があるとみたものと推認できる」「疑義が生じ得るものであったことは否定しがたい」、つまり不適切であると判断されても仕方ないとまで判決で述べました。

裁判のなかで、弁護士が「なぜ不適切か」と釈明を求めても都教委は「答える必要がない」と述べつづけていたのに、裁判所は都教委が説明しないことまで認めるような判決を書いたのです。

表現の自由、公務員の権利、思想の自由の問題とこちらは主張してきたのに、地裁は都教委さえ主張することをためらった理由をもちこんで判決を下したのです。

高裁で見せた都教委の本音

このままでは恣意的な規制で表現行為を萎縮させる効果が高いと考えて控訴審では憲法、教育法、行政法の三人の学者に意見書を出してもらいました。教育学の見地から佐貫浩教授が「今回の発言はなんらの社会的害悪を引き起こすものではない」とする意見書を出されました。また、中島徹教授（早稲田大学法学部、憲法）の意見書も「卒業式が混乱に陥る等の具体的危険はない」とし、「具体的な理由を述べずに制約を認めているのは憲法二十一条の解釈を誤っている」と主張されました。

控訴審の最終段階、二〇〇八年十二月八日、都は準備書面で「そもそも、本件指導の背景にある『10・23通達』をめぐる対立状況については、まさに控訴人は当事者であるのであって」といいだしました。それは、「(発言が)不適切という(都側の)理由が明らかでない、行政指導の『明確性の原則』に反している」という高木光教授(京都大学法科大学院、行政法)の意見書に対して、「本人にとって理由は明らかである」と主張する必要が生じたのでしょう。残念ながら控訴審判決はこの都教委の言い分をこのまま受けいれてしまいました。

控訴審判決は「控訴人は豊多摩高校に勤務していた当時から、本件施策の実施に反対しており、本件卒業式の国歌斉唱時に起立しなかったことが認められる」。「本件発言が、『強制』という言葉を使用することにより、列席者に本件施策をめぐる対立状況の一端を想起させ、(略)対立状況の一端を持ち込むかのような印象を与えかねないことに照らして、卒業式という式典における発言としては不適切であったことを指摘する趣旨であると明確に理解できたものと認められる」と判示しました。

まわりくどいいいかたですが、「国旗・国歌に反対する思想そのものを問題視して都教委が処分したことを本人は理解できていたのだから問題ない」といって、「本人の思想が悪かった」ために都教委が発言を問題視したことに裁判所が判決でお墨つきを与えたようなものです。

最高裁の「三行半」

最高裁に出した「上告理由書」では、①表現の自由（憲法二十一条一項）、②思想・良心の自由（十九条）、③生徒への教員としての指導だとすれば、教員としての教育の自由（二十三、二十六条）④自律的に自ら決定する権利（十三条）、⑤本人の名誉権の侵害（十三条）、⑥行政の適正手続の保障（三十一条、七十三条）に違反すると主張して、憲法が保障する表現の自由の根幹にかかわる訴訟であることを強調しました。とくに、①表現の自由については、まさに表現の内容そのものに対して行なわれた処分であり、「社会的な害悪が引き起こされる」と具体的に証明できないまま規制することは違憲・違法です。

これまでの判例などを見ても、表現の自由を争った憲法判断は非常に限られています。公務員については猿払《さるふつ》事件（一九七四・十一・六最高裁判決）があります。北海道の猿払村の郵政事務官である被告が、衆議院選挙の際に候補者の選挙用ポスターを掲示・配布したため、国家公務員法第百二条第一項の政治的行為の禁止に違反したとして起訴された事件です。「上告受理申立て理由書」では、内容が政治的でなく規制の対象に当たらないと主張しました。さらに「不適切」との評価や、「印象を与えかねない」というのは単なる主観に過ぎないうえ、具体的な弊害を生じさせるものでないと主張しました。

盗聴法集会で発言した寺西和史裁判官の分限裁判の一九九八・十二・一高裁決定と比べても、具体的な発言内容を行政が規制した例がこれまでなかったと主張しました。しかし明確性の原則に反しているという点についても、最高裁は「単なる誤認であり、憲法上の理由でない」とまったく問題にせず、「三行半」をつきつけてきました。

生徒への強制

この判決は、生徒への強制を容認するという恐ろしい問題を含んでいると思います。二〇〇六年の3・13通達で生徒への指導が教員への職務命令に盛りこまれました。式の進行台本に「起立しない生徒がいたら再度起立を促す」と書かれるようになりました。つまり生徒の不起立、思想・良心の自由も認めないということです。このような状況のなかで地裁判決は「生徒に対し、国旗掲揚・国歌斉唱に対する対応が自らの判断に委ねられる旨の指導と同旨を述べるものではないかとの疑義を生じさせる」から不適切、「列席者に本件施策をめぐる対立状況の一端を想起させる」ので不適切とみることは不合理とはいえない、と述べ、高裁判決もこれをなぞり、最高裁も追認しました。これでは教育本来の、考える力を育てるという目標自体を問題視していることになるのではないでしょうか。

政府見解では、一貫して個々の問題について、「生徒の判断にゆだねられる」と認める政府答弁をしています。しかし、本件判決でまったく正反対のことをいっています。たとえば、一九九九年七月二十一日の衆議院内閣委員会で「人権というものをむしろケーススタディとして教えたらいいのではないか、このように思いますが、どのようにお考えでしょうか」と河合正智衆議院議員（公明党）が質問したのに対して、有馬朗人文部大臣は「おっしゃるとおりだと思いますね。確かに、幼稚園、小学校、中学校、高等学校で教え方は変わると思います。（中略）しかし、高等学校ではおっしゃるように自我が発達してくる、社会性が発達してまいりますから、そういうことはきちっと教えていかなければいけない。そういう上で、みずから判断するという力は高等学校になりますと十分つきますので、そういうことは考慮していかなければならないと思っております」と答弁しています。つまり、入学式・卒業式における国旗・国歌の問題をケーススタディとして、思想・良心の自由を教え、高校生がみずから判断するようになることを積極的に推奨しているのではないでしょうか。

裁判所の判決は政府答弁による歯止めをむしろ切り崩す方向で動いてきています。

東京都の「教育改革」と服従の構造

都教委による二〇〇三年の10・23通達以後、これまで延べ四百十六人が懲戒処分を受けました。このほか、①嘱託再雇用取消、戒告＋嘱託・講師任用・非常勤教員合格取消、被処分者の嘱託・再任用・非常勤教員不採用。②「再発防止研修」未受講による処分として減給二名、「再発防止研修」時のゼッケン等の着用による処分が減給一か月一名、戒告九名。③「不適切な指導」「不適切な指導等」（学習指導要領にもとづいて、国歌斉唱時には起立し、国歌斉唱するよう指導するべきだったにもかかわらず、生徒に「内心の自由」の説明など不適切な指導等が行なわれた）として、教員に対して「厳重注意」「注意」「指導」などにより厳重に注意する方針を発表し、その後、これらの「注意」が執行されています。式典当日の保護者への説明、事前の生徒会主催の討論会での発言なども対象とされました。二〇〇四年六十七名、二〇〇五年五名、二〇〇六年七名。「厳重注意」「注意」「指導」の三段階で指導が行なわれており、校長が処分を受けた例すらありました。

二〇〇四年の「不適切な指導」六十七名のショックがあって、みんな「こういうのに該当しないように」と自主規制するようになり、二〇〇五年五名、二〇〇六年七名と減っていきます。これは「生徒たちに『内心の自由』を教えられない」ということを意味しています。さらに問題なのは、東京都の「教育改革」がどう進んでいくか、です。国政レベルの改革の弊害が指摘されていますが、東京都も君が代問題だけでなく、制度全体を駆使して教職員全体に服従を迫る構造が進められています。最終的なターゲットはもちろん生徒です。

まず、一九九七年に「都立高校改革推進計画」が出されました。これは職業的な自覚をもたせていくことなど生徒を振り分けるのが狙いです。それまでは「どの学校に行っても普通教育が保障されるように」と進めてきたものが、「学校の個性化」といって種類別に分けていき、定時制高校も就職している生徒のための学校に絞っていきました。こうして学校を少なくし、縮小していく。

普通科高校は本当に少なくなってきています。たとえば、私は三十三年間で四校に勤めましたが、一番目の小松川高校は普通科に特色ある学科として英語科が併設されました。ちがいを強調することで予算のつけ方を変える。反対に小松川の定時制課程は二〇〇九年三月三十一日に閉課程（閉鎖）されてしまいました。二番目の荻窪高校は定時制と併設でした。しかし、荻窪高校のように駅から近い「名門定時制」はどんどん閉鎖されてしまい、二〇〇七年から「チャレンジ校」という、昼も夜もやっている単位制の新しいタイプの定時制高校になりました。三番目の豊多摩高校は、私が赴任した時点で定時制はなくなっていました。普通科の高校として、都教委の進学指導推進校に手を挙げている状態です。四番目の羽村高校のとなりの青梅東高校は普通科がなくなり青梅総合高校になっています。

一九九八年に「都立学校のあり方検討委員会」の報告が出ますが、これは職員支配が狙いです。つまり「都立高校改革推進計画」に反対する職員をなくしていきたいというものです。主任は教員たちで選んでいて形骸化しているとして、都が任命することとしました。鍋蓋型組織からピラミッド型へ学校運営体制を変え、学校運営にかかわる研修も強化しました。また、一九九八年に「都立学校管理運営規則」を改悪します。職員会議を補助機関にして、審議や採決を行なわせない。また、各校の人事委員会や予算委員会を廃止し、予算なども含めて意思決定を縛っていく。教員のなかには実態を残そうというさまざまな努力がありましたが、それを崩すことが都教委の次の目標になりました。

一九九九年には「国旗・国歌法」が制定されます。日の丸・君が代の実施率が最低に近いことがわかったのは、一九八五年に文部省が日の丸・君が代について全国の学校の悉皆調査を行なったからです。調査時点では「調査するだけ」といっていましたが、その年に文部省は「徹底通知」を出し、その後十年で一千人を超える教員が日の丸・君が代問題で処分を受けていきます。とくに沖縄など実施率の低いところにひとつひとつ処分を出してつぶしていきました。

東京はとくに高校での実施率が低かった。また、小中学校では国立市が突出して低かったので、一九九九年度卒業式と二〇〇〇年度入学式に国立市に右翼の街宣車まで出て徹底的につぶしていきました。

一九九九年に都教委が教員への「人事考課規則」を制定します。「学校経営方針」を校長が作り、それに沿った自己目標を教員に作らせて、自己申告制度もとりいれます。校長が面接して五段階で評定する。同時に管理職の勤勉手当に成績率を導入します。上位者に手厚くします。特別昇給制度は勤務評定にもとづく手当ですが、それまでは教員が抵抗して順番に代わっていたのを業績評価にもとづく推薦に変え、都教委が「何を根拠にこの人を評価しているのか」を文書で確認しやすくしました。さらにそれを人事異動に活用していきます。二〇〇〇年から「自己申告書を出さない者は、異動を一任したものとみなす」としていきました。

二〇〇一年には「指導力不足等教員」の要項を制定しました。そして、二〇〇三年には七生養護学校の性教育を攻撃しました（本書、河原井純子さんの報告参照）。これは校長への攻撃を含んでいます。つまり「教員の側に立つ校長は許さない」ということです。同じく二〇〇三年に全部の都立高校に「週案提出」を義務づけました。さらに二〇〇三年に主幹制度を全国に先駆けて導入します。また「教員人事異動要項」を改訂し、原則四年から六年で強制異動することにしました。校長が残したいと思う、ほんの一部の人だけが残るようになります。六年なら、担任する人と、前にその学校で担当したことのある人が組んでいく。一〜二年目は担任しないで三年〜五年目で担任するとか。異動していきなり入って担任ということは少なかった。しかし、一回か一回半しか担任しないのでは、その学校らしいベテラン教員は育ちません。ベテラン教員は管理職より学校や生徒のことを良く知っているので、意見をいう。すると校長の学校経営方針のとおりにはならないので困るということになるのです。

二〇〇四年に「教頭」を「副校長」に変更します。「教員の頭」でなく、「校長のもとにいる」ということでしょう。副校長が二名になった学校もあります。二〇〇六年に都教委が職員会議での挙手・採決禁止通知を出しました。じつは一九九八年の「都立学校等のあり方検討委員会」報告から規制していたが、校長へのヒアリングで採決が行なわれている実態を都教委がつかんだのです。職員会議の司会も校長が任命しなければならないと徹底していきます。同じく二〇〇六年から「キャリアプラン」が作られました。管理職コースを希望しない人も授業面で上昇すると教科主任となるし、「教員は上昇していかねばならない」とされます。二〇〇九年からはこのキャリアプランを「自己申告書」と一緒に出さねばならなくなりました。

二〇〇八年に「教育管理職等の任用・育成のあり方検討委員会第二次報告」が出ます。検討委員会といっても第三者は入らず、教育庁の課長などが入って報告を出しました。これが二〇〇八年の「東京都教員人材育成基本方針」になりました。同じく二〇〇八年に主任教諭制度の導入を決定します。いままでの主任とはちがい、教諭に主任教諭とヒラ教諭を設ける。給料で主任教諭になるよう誘導する制度です。新しい給料表では主任教諭になっても給料が減るが、さらにヒラ教諭は四十八歳くらいで給料が頭打ちになってしまう。ヒラ教諭に残るのは三割でよっぽどの変わり者とされてしまいます。昔は「生涯一教諭」が教員の誇りで、出世したい人は別の仕事を選ぶというのが教員の世界だったのに、それが通用しない世界になってしまいました。組合も「こう決まったのだからこれで行きましょう」という空気に流れています。こうして校長、副校長の下に主幹、主任教諭、教諭、「実習助手」と分化させられ、主任教諭への誘導は管理職による指導の要となっていきます。

このようにして本当にいろいろな制度が教員のまわりに張りめぐらされてきており、これから逃れるのは大変です。若い人もこのなかに放りこまれると上昇志向の方向で育たざるをえないという教員体制になってきています。全部はひとつながりになっており、そのなかに君が代強制もあるといっていいのです。

司法のあり方の問題　憲法を恣意的にあつかう裁判所

裁判所は憲法を恣意的にあつかっているのではないかと思います。裁判所は「憲法問題に答えられなくていい」と本気で思っているのでしょうか。

「ピアノ裁判」二〇〇七・二・二十七最高裁判決の多数意見は、上告人のピアノ不伴奏を上告人自身の思想・良心にもとづくものと認めながら、ピアノ伴奏強制が当人の思想・良心を抑圧することを考慮せず、「一般論として思想・良心とピアノ伴奏拒否とが不可分に結びつくものということはできない」という奇妙な論理で憲法十九条違反と認めないと判断しました。この論法ではあらゆる少数者の基本的人権が認められないことになります。

また、多数意見は、具体的な検討もなしに、「公務員としての地位の特殊性及び職務の公共性、学習指導要領等の趣旨から本件職務命令が不合理ではない」としました。しかし、具体的な内実の検討をともなわない職務の公共性や全体の奉仕者性がそれ自体で人権制約原理になることはありえないのではないか。多数意見の憲法十九条論は、入学式におけるピアノ不伴奏と思想・良心の自由に対する誤った解釈といわざるをえず、厳しく批判されるべきです。

また、「公務員の職務の公共性」などが理由に挙げられていますが、なぜピアノ伴奏が教育者の良心を侵害してもよいほどの公共性を有するのかまったく検証していません。公共性とは裁判官が勝手に決めてしまえることなのでしょうか。

藤田宙晴裁判官は、思想・良心の内容として、「公的儀式で『君が代』斉唱を強制すること自体に反対である」という考え方も含まれるとし、また、人権を制約する理由として「公共の福祉」を挙げる場合には、その具体的な内容が何かを慎重に検討する必要があるとし、「人権の重みよりもなお校長の指揮権行使が重要なのかが問われなければならない」とする精緻な少数意見を残していますが、この少数意見こそ高く評価されるべきです。ピアノ裁判の最高裁判決に少数意見がついたのは、敗訴だったとはいえ大変よかったことです。

付記

その後、職務命令違反のみを理由とする停職・減給処分は都教委の裁量権濫用として取り消される判決が続き、報告者の減給処分三件も二〇一五年一二月に取り消しが確定した。しかし最高裁が戒告処分を容認したため、都教委は減給処分が取り消された現職者に戒告の再処分を科し、10・23通達にもとづく処分による強制の構造を変えていない。

「君が代解雇」を許さない!

根津 公子

▩本当のことを教えているだけ

私は現在五十七歳で定年まであと三年残っています。都教委は「停職六か月のつぎはない」といっています。このままいくと(二〇〇八年)三月末で解雇になるのでしょうか。では、解雇まで覚悟して、なぜいまこういう行動をしているのか。処分について多少の覚悟はもってきましたが、どちらかというといままでしてきたことができなくなり足踏みをしているだけであり、とくに積極的に何かをしているというつもりもありません。それを権力側が何か特別なことをしているかのようにあつかっているだけです。

私は三十六年前に教員になったときから日の丸・君が代強制に反対してきました。何も変わっていないのです。では、なぜいまこういう行動をしているのかといえば、私自身が学校教育で本当のことを教えられてこなかったからです。まったく事実に蓋をされたまま教えられ、私自身も、本当のことを教えられなかったことに気づかなかった。そのことに気づいたとき、「本当のことを教えてほしかった」と悔しい思いがつのりました。

また、父が戦争に行っていたのだから、戦地で何をしていたのか、考えてみればわかるはずだったのに、私は考えてこなかったし、気づかなかった。それに気づいて、私は教員になろうと思いました。子どもたちに事実を、とりわけ「よく見ないと見えないこと」を、授業でも特別活動のなかでも提示しようと思って教員をつづけてきました。

以前、勤務していた学校で出会い、後に別の学校で再会した生徒は、私がボールを見せて「何に見える?」「表は見えるけれど裏は見えないよね」「表の見える部分だけを見るのではなく、見えない部分に想像力を働かせよう」と話したことを覚えていて「すごく印象に残った」と伝えてくれました。いまは、そんな想像力が奪われるような教育しかされていないのではないでしょうか。教員は考えるきっかけを作ったり、資料を渡したりする役、そのあと行動する力につなげていくのは、子どもたち自身です。

一九八九年に学習指導要領で「国旗を掲揚し、国歌を斉唱するよう指導するものとする」となり、強制が強まった。それまでは日の丸・君が代は、いわば「大人だけ、職員室だけ」の問題だったのが、生徒に直接関係する問題になりました。文部省が学習指導要領に明記し、教育としてとりあげたのだから、教員の私も教育としてとりあげようと考え、最初はプリント、やがて副読本にふくらませて授業をつづけました。そうしているうちに、日の丸・君が代の強制が強まっていき、一九九四年に第一次処分を受けました。

職員会議で日の丸・君が代を実施しないと決定していたのに、校長が日の丸を揚げました。私たち教員の数人は日の丸旗をもって走る校長の後を追い、説得を試みましたが、校長は理性を失っている。やりとりに気づいた生徒たちが、はじめは「校長先生、降ろして」といい、ついには「降ろそう」といいだした。それで私が日の丸を降ろして処分を受けました。

八王子市立石川中学校で三回処分を受けましたが、処分を通して子どもたちは「なぜ自分たちの卒業式に教育委員会が介入してくるのか」がわかってくる。処分されてもかえって「良かった」と思いつづけたのが二〇〇〇年まででした。

しかし、二〇〇〇年に多摩市立多摩中学校に異動させられてからようすが変わってきます。それまでは八王子市内の学校に異動していたのですが、「根津を市外に出す」といっていろいろ工作があったと聞きました。異動先の地域には、一九九九年八月の訓告処分を報じた新聞記事と一緒に「教育委員会に逆らう困った教員」という前宣伝が出回っていました。大人がそういっていたためか、子どもたちからも「非国民」といわれました。

私は担当する家庭科で従軍「慰安婦」の問題を三年生の三学期にずっととりあげてきました。それまでは何の問題にもならなかったものが、「授業をしないでくれ、子どもが気持ち悪がっている」という保護者からの「一通の苦情」が届いたと校長から伝えられました。それをきっかけに一年にわたる「攻撃」を受け、「指導力不足等教員」にされそうになりましたが、大勢の多摩市民が立ちあがってくれたおかげでそれを免れました。

河原井（純子）さんがいた七生養護学校に対する二〇〇三年の攻撃もおなじですが、「これをつぶす」というピンポイントで都教委は攻撃をしかけてきます。そのうえに二〇〇三年十月二十三日の「入学式、卒業式等における国旗掲揚及び国歌斉唱の実施について（通達）」というわゆる10・23通達がありました。

二〇〇三年四月に調布市立調布中に異動した年に10・23通達が出ました。私は子どもたちには「起立できない」ということを話し、日の丸・君が代についての副読本を使った授業はずっとつづけていました。多摩中では最初の一年のみであとの二年はなかなかできませんでしたが、調布中に異動して再開しました。

私が起立しないのは直接子どもの思想・良心の形成にかかわる問題だったからであり、私の思想・信条の問題で起立しない選択をしたのではありません。私が処分されないために立つという選択は、戦後の教育を否定することになるからできません。私は、子どもたちに事実をしっかり伝えることが私の仕事だと考えてきました。だから、私は日の丸・君が代についてきちんと時間をかけて教えてきました。その延長上に不起立以外の選択はありません。

私が勤務した学校のどの校長も、「当日休んでほしい、休めないなら診断書をとってあげる」

とまでいってきます。しかし、それは問題を曖昧にするだけなので、断わりました。子どもたちには「生徒にもそれぞれの考えや事情がある人がいるのに、私だけが特権を与えられるならごめんだ」と話しました。

調布中では二〇〇四年三月の卒業式で不起立でしたが、処分はされなかった。「職務命令が明確ではなかった」という理由でした。起立をしなかった私の気持ちが卒業式当日の朝日新聞夕刊に掲載されましたが、保護者たちも子どもたちも起立しなかったことに拍手を送ってくれました。ＰＴＡの役員が一人は電話で、他の一人は子どもを通じて伝えてくれました。「自分は日の丸・君が代に反対ではない。しかしこういうかたちで強制されるのはおかしい」「（不起立は）子どもたちへの一番のはなむけのことばです」と、たった四年前ですが、当時はそういってくれる人たちがいたのです。

二〇〇四年四月に立川市立立川第二中に異動となりました。二〇〇〇年以降は担任をまったくやらされない。都教委にものをいうとすべての仕事をとりあげられるということでしょうか。しかも過員配置、余計な人として配置されます。立川二中ではＴ１とＴ２によるティーム・ティーチング（Ｔ・Ｔ）のＴ２とされ、「授業をさせない」と校長はいいました。授業をしない教員が学校にいるなんて、どういうことでしょうか。たたかいの末、やっと二人で分担して授業を担当することになりました。

二〇〇五年三月の卒業式のころ、都教委が「三回不起立したら免職」と発言したと校長から聞かされました。卒業式の前に校長に「起立できないことの思い」を伝えました。校長は私の監視に来ているため、最初はひどい言葉を浴びせひどい対応をしました。しかし、半年ほどたつうちに、私と教育委員会のあいだで苦しんできたことを私に吐露するようになりました。人間性を少し回復してきたのではないかと思いました。日の丸・君が代を授業でとりあげることについてもオーケーを出すようになりました。

日の丸・君が代の授業の最後に生徒たちに、「私は君が代自体にも反対ですが、強制することに反対します。強制によって自由が奪われることに反対。自分で考えて結論は出していいはずです」「起立できない私の気持ちを話したけれど、でもクビが怖くて立ってしまうかもしれない。そしてそのときは『根津はきれいごとをいったって、いうこととやることがちがう、情けないやつだ』と思ってほしい」と話しました。

私は自分のクビを三〇パーセントくらいは気にしていましたが、もっと気になっていたのは校長の体のことでした。二〇〇〇年に広島の世羅高校の校長が自殺したことがあったので、気になっていました。そこで卒業式前日に校長に「市教委にたいして『私は根津を指導した。根津は立つといっている』と報告してもらってかまいません」と話しておきました。校長や教頭と、どこまで立っているかも打ちあわせました。教育委員会の職員が一メートル後ろで現認しているのですが、それは私だけでなく、校長と教頭が私を現認し注意をしているのかをも現認しているのです。

式が始まり「国歌斉唱」の発声、前奏が流れると、私の頭には中国大陸で初年兵が上官から銃剣をもたされて中国人の捕虜を「突け」と命令されている情景がパッと浮かびました。「起立」と「突け」が私の頭のなかで一緒になったのでしょうか。とにかく早く座りたい。約束したところで座り、本当にほっとしました。突かなくてよかったと思いました。「(歌のはじめとなかごろ、終わりの三回現認し、注意をするよう、校長、教頭は教育委員会から指導を受けていましたが)三回目は注意しに行かない」ということにしていました。でも、教頭は注意に来ました。都教委に見張られているなかで、約束を貫くことができなくなってしまったのでしょう。

「おかしい」と思いながらやってしまうのが人間の恐ろしいところ。このとき、途中まで立っていたことを後でひじょうに後悔しました。「二度とこんなことは私にはできない、こんなことをしていたら、私は私でなくなる」と、もう立たないと決めました。

校長・教頭だけでなく、教員のほとんどが起立の強制はおかしいと思いつつ立っているはずです。その気持ちは変わっていないはずですが、不起立の教員は問題にならないほど少なくなってきています。このまま日の丸・君が代容認が既成事実になってしまうのでしょうか。

二〇〇五年の入学式の不起立で停職一か月の処分を受けました(第六次処分)。校門の前でみんなに見てもらおうと思い、「停職出勤」をはじめました。一か月、子どもたちからいろんな声をもらいました。前年度、私は三年生担当だったので、私がなぜ起立しないのかを知っている子どもたちは、みんな卒業してしまっています。残った子どもたちは、私がなぜ反対するかを知る生徒はあまりいなかった。だから、いろいろ聞いてきました。とりわけ最初の一週間は毎日毎日遅くまで、六時くらいまで生徒たちの質問にこたえ、意見交流をしました。一種の門前授業です。子どもたちからもいろんな言葉をもらって勇気づけられました。

一人の生徒が後に「(停職中、校門前に)先生が立っていたことで、私はおかしいと思ったときには人は立ちあがっていいんだと知りました。私はそう生きていきます」と伝えてくれてびっくりしました。その子は私が停職になったときに「なぜか」と校長室に聞きにいったと後で聞きました。中学生がこんなふうに自分のこととして捉えているのかと感動しました。ほかの子どもたちも、いつか自分が人権侵害にあったときに、それを自己責任と思ってあきらめてしまうのではなく、「私は悪くない」ときちんと自己主張できるのではないか、と思いました。

二〇〇六年三月の卒業式での不起立で停職三か月(第八次処分)を受けました。

前年に都教委は、私を一年で異動させるといっていました。でも校長が「根津を置いておきたい」と都教委に意見してくれたおかげで異動はしないですみましたが、校長への配慮から二年目には私から申し出て異動しました。そこで、二〇〇六年四月に町田市立鶴川第二中に異動となりました。ここでも停職中だったため、校門の前に「出勤」しました。

二〇〇四年三月までは「強制はおかしい」という声が強かったのに、二年で世の中は変わってしまった。町田は「革新市政がわりと長く続いていたのでよりましでは」と思いましたが、ちがいました。これは「鶴川の局部的な動きか」とも思いましたが、世の中全体の動きでした。まず、どういう教員が来るのかを調査され、「ルールを守らない教員」という宣伝が浸透していました。だから子どもたちが、「なぜルールを守らないのか」といってきます。ＰＴＡは私の校門前「停職出勤」を監視し、地域では「都教委に返そう」という署名まで検討されました。その集まりでたまりかねた高齢の人が、「その教員にあなたたちは会ったことがあるのか」と発言し、署名は実行されなくなったということでした。でもバッシングは止みませんでした。

子どもたちも私を攻撃してきて、身の危険を感じるほどでした。そのまえ、二〇〇一年から〇二年の多摩中での「攻撃」でも子どもたちが使われました。しかし「ここで生きねばならない」「なんとか生きていこう」と思うと、少々の体裁などは全部吹き飛んでしまう。「私はまちがっていない」「しっかり闘うことでしか私が誇りをもって生きつづけることはできない」「それしか私の行く道はない」という確信をもつことにしました。トラウマになるほどのものでしたが、闘うなかで回復し、鶴川で同じように子どもたちからバッシングを受けても、前のことがあったから乗りこえることができたのです。

また、二〇〇〇年三月までいた石川中での子どもたちとのメールや電話でのやりとりで、私たちが力を注いできたとりくみがまちがっていなかったことを確認できたから「攻撃」にも、自分自身にも負けずにすみました。

二〇〇七年三月の卒業式で起立せず停職六か月（第九次処分）を受けました。卒業式に市教委だけでなく都教委までが監視に来ました。そして〇七年四月から都直轄の都立南大沢学園養護学校に異動させられました。都教委と私のあいだに市教委があると手続きに手間どるので、直接私を免職にするためではないでしょうか。

「停職出勤」中の二〇〇七年六月から、八王子の夜間中学教員・近藤順一さんが南大沢学園養護学校に駆けつけ、一緒にプラカードをもって門前に立ってくれました。校長や子どもたちに語りかけてくれた。ものすごく心強かった。

停職になって、黙って家のなかでおとなしくしていれば問題にならなかったのでしょう。見たくない人に見せてきたからバッシングが起きたのだと思います。鶴川第二中の保護者も、自分が右翼的だとは誰も思っていない。「子どもたちを救うために何とかしなければ」と思っている。自分は中立だと思っていても、世の中自体の中立の軸が変わってきているなかでは、子どもたちは確実に「少国民」に導かれていきます。

二〇〇三年の10・23通達が出た頃の意識はいまの中学生にはない。だから「国旗・国歌を尊重するのは日本人として当たり前のこと。先生たちはみんな立った。根津はなぜ立たないいんだ」となり、「なんで教育委員会に従わないのか」といってくる。本当に子どもたちが「少国民」になっていると実感しています。

「中国への侵略が始まっていくあの時代の歴史がそのままくり返されている」ととくに二〇〇七年は日々憂鬱でした。人びとは後になって気がつくのでしょうか。権力の横暴に抵抗する権利は自然権としてもっているはずなのに、抵抗する気持ちを奪われている状況です。「『君が代』が流れたらとにかく立ちなさい、『なんで』なんて考えるな」。そういう無思考への強制が入学式・卒業式だけでなく、毎日を侵食している。だから、私は子どもたちに「抵抗していいんだ、抵抗する大人たちがいるんだ」ということを示したい。

教員の九九パーセントは、日の丸・君が代の強制に対して消極的にせよ積極的にせよ反対という気持ちをもっているはずです。でもなぜ黙ってしまうのか。「おかしいことはおかしい」といおうと思うと、とりわけ保護者から異端視されることを覚悟しなければならない。また、処分がだんだんと重くなるからでしょう。私も二〇〇八年は背水の陣です。結論は決まっていますが、ぶれないで「起立しない」とはいえない。

元旦に「ああ、年が明けちゃう」と思いました。「どうすることが、私にとって最終的に幸せなのか」「子どもたちに対して責任ある行動とは、何をすることなのか」と考えざるをえません。そのなかで、「やはり起立はできない」と、免職への階段を一つひとつ登ってしまったのでしょうか。

教員仲間に私と一緒に行動するのを無理強いするつもりはありませんが、それでも一緒に考えようといいたい。私たちがこのようになってきたのは、一つひとつを見過ごしてきたからです。一九八九年の学習指導要領、一九九九年の国旗国歌法、二〇〇三年の10・23通達、そして二〇〇六年九月二十一日の予防訴訟判決。そのどこかで「みんなで座ろう」となればいまの状況はなかった。節目での闘いを回避してきたことがこの状況を招いてしまった。「組合の方針がないから私も」と安易な方向に流れてしまった。手をこまねいてきたことで、この状況を自分たちでつくり出してしまったのではないでしょうか。

その一つひとつの総括がされないと、このままずるずると二〇〇八年三月まで行ってしまうでしょう。全体の状況が都教委に加担することになり、究極的には子どもたちを戦場に送ることへの加担につながっていく。

教員になったということは初心があったはずです。その初心を忘れてしまってはいないでしょうか。子どもたちを再び戦場には送らない、と私の年代の多くの教員が思っていたはずです。その初心を貫き、曖昧にせず、正しいことはやろうといいたい。

私の免職を許すことになったら、それは教育基本法改悪の具体化であり、教員免許の更新制の問題も出てくる。免許更新制に関係のない五十代の教員が一斉に声を出したら、いまの状況は変えられるかもしれない。根津解雇を食い止めることが、先ほどいったすべてを止めるきっかけとできるかもしれない。

東京から見ると神奈川はまだいい状況だと思います。二〇〇三年のときは東京もそうだったけれど、いまは危機的な、寂しい状況になっています。そんなに人間の精神構造は変わらない。神奈川の教員も、いま、逃げるのでなく、しっかり直面すること、向きあうことで展望を切り開かないと東京の二の舞、戦前の二の舞になってしまうと思います。

「茶色の朝」を迎えないために
――「イエス・ノーをはっきりいおう」「自分らしく生きよう」

河原井 純子

■イエス・ノーをはっきりいおう

私は一九五〇年生まれで教員生活三十三年目、定年まであと二年です。実は、若いころは、教員は「口先ばかり」と思って大きらいな職業だったので学校を出た後は、「知的障がい」の子どもたちが生活する施設で三年間施設労働者として働いていました。その施設の労働組合が命にかかわる問題や人権無視に対してはハンストも辞さなかったので、その三年間にいろんなことを学びあうことができました。

私はあたり前のこととして、どの子も地域の学校で学ぶ運動のなかにいましたので、養護学校義務化には大反対でしたが、一九七九年の養護学校（現特別支援学校、以下同）義務化の影響で通園施設が閉園になったとき、友人が学校教員入都試験の願書をもってきました。施設で働いていて教員免状をもっている者に対し、当時は諸手を挙げて歓迎という時代でした。いままで就学猶予・免除で自宅や施設にいた子どもたちや青年たちは続々と入学してくるからです。そんななかで教員の道に進み、「知的障がい」、またあるときは「視覚障がい児者」が学ぶ学校などで教員生活を送ってきました。

そのなかで私は二つの大切なメッセージをもち続けてきました。一つは、「お互いにイエス・ノーをはっきりいいあおう」ということ。一方的に教えるだけの教員をやめたかったのです。「私もおかしなことをいったらノーといってほしい、そんな関係を結びたい」と日常の話しあいを大切にしてきました。「いやなとき、おかしいときは『ノー』とはっきりいっていい。そして逃げていい」というメッセージを大切にしてきました。もう一つは「女らしく、男らしくではなく、自分らしくとはどういうことなのか模索していく」ということ。この二つが、大きらいな口先だけの教員にならないために子どもたちや青年たちに伝え続けたメッセージです。

都立七生《ななお》養護学校は都のなかでは特異な学校でした。小中高の三学部から成ります。子どもたちや青年たちの半数は、併設された七生福祉園で生活しながら七生養護学校に通っていました。私は高等部に長くいたので、どの学校でも性教育や「こころとからだの学習」を実践してきましたが、とりわけ七生は保護者と施設と学校の三者が、それらの学習を大切にしていました。

授業前に保護者や施設の職員に知らせる通信「さわやかＵＰ事前号」を出すと、保護者から「ここは苦労しているのでていねいに教えてくださいね」という返信が返ってきます。授業後に「さわやかＵＰ事後号」を出すと、「夕食の話題にこんなことが出ました」とまた返信が返ってきます。決して一方的でなくとことん論議しながら進めてきた実践でした。

ところが二〇〇三年に学校に激震が起こります。七月二日の都議会で土屋敬之都議が質問し、二日後には土屋、田代ひろし、古賀俊昭の三都議が急に「視察」にやってきました。七生は具体的な教材づくりが盛んで、保健室は教材の宝庫でした。その三都議と都教委が保健室で写真を撮り、人形は性器のついている部分だけを露わにさせるような形にして写真を撮り（授業では、このような人形の使い方はしません）、産経新聞が「まるでアダルトショップのよう」と全国報道しました。お互いに情報交換しながらやってきたものを、一度も授業を参観することなく、一方的に「やり過ぎ」「過激」とレッテルを張ったのです。本当に驚きました。

そこで「都の行動はおかしい」と感じた保護者たちが都教委に駆けつけました。「日頃『保護者との連携』と都教委はいっているのに、こういうときは聞く耳をもたない」と怒り、保護者たちは産経新聞にも「誤報」と抗議に行きましたがとりあげられませんでした。

七生でそうした実践が行なわれた背景には、性被害・性加害が多発・頻発していたからです。これを教員がなんとしても未然に防ぎたいと受けとめて試行錯誤でたちあげた授業でした。子どもたちや青年たちの「先生、助けて」の叫びに応えたのです。「過激」でも「行き過ぎ」でもなかったのです。

私は厳重注意を受けましたが、顕著だったのは、このとき全都的に管理職が非常に重い処分を受けたことです。「二回処分を受けたらヒラ（一般教諭）に降格」という脅しを受けていました。実際に実践を共にした金崎満校長はヒラに降格され、再び組合に入りました。いまは裁判闘争をしています。（※七生関係の裁判はのちにすべて勝訴しています。）

その三か月後に10・23通達が強行されました。七生は職員会議が自由闊達でした。卒業式・入学式委員会が日の丸・君が代なしの式を提案すると、管理職が「日の丸を三脚で置きたい、君が代をテープで流させてほしい」と対案を出し、「これはお願いです」といってきました。卒業式・入学式はフロア式で、壁面に子どもたちや青年たちの作品があふれる手作りの式でした。教職員は「日の丸・君が代は一切いらない」という視点で激しい議論をしていました。会場で、「思想・良心の自由のあること、賛同する方はお立ちください」と管理職が発言することが苦肉の妥協策でした。

ところが10・23通達が強行されると、フロア式はまかりならず、子どもや青年たちを壇上に上げるために突然スロープがつき、壁面は紅白幕を張り、君が代はピアノ生伴奏、服装は厳粛であれとなってしまいました。私が子どもたちや青年たちと大切にしてきた「イエス・ノーをはっきりいいあおう」や、「自分らしく生きる」というメッセージからも10・23通達にそのまま従うわけには決していきません。従わないことは特別なことではなく、私の授業実践の一部でした。

通達を受けて校長が一人ひとりに職務命令を渡すことになりましたが、みんな受けとらないことにしたので、校長や教頭（現副校長、以下同）が名簿片手に教員を追いかけるという事態になりました。

ところが「あんなに自由に意見を述べあっていた仲間たちなのだから、ほぼ全員が不起立するのは当然だ」と思っていたのですが、当日はみんな立つのでそれが信じられず、ほっぺたをつねるぐらいにびっくりしました。通達前から立っている体育科の教員が三名いましたが、その一人が私のところに来て「本当に反対だったのは河原井さん一人だったんだね」といってきました。彼らは命令ではなく自分で判断して立っていたので、その点では三人に共感してしまいました。そのうちの一人は握手を求めてきました。立った人たちに聞くと、経済的理由でした。また、自分で判断せずに「組合が判断したから」と伝えにきた人もいました。

校長・教頭も同じで「都教委が判断する」といいます。同世代を生きてきた校長・教頭たちに「『教育現場に職務命令はなじまない、不要である』といってきましたよね」と確認すると、管理職はどの人も「都教委がいっています」「職務です」の一点張りです。

かつての七生ではとことん対話して、教職員全体が「こんな職務命令受けとれるか」という気迫がありました。しかし二〇〇五年四月に調布養護学校に異動して驚いたのは、「皆さん職務命令が発令されています。校長室にお越しください」と校内放送で呼ばれます。なんとみんな校長室の前に並ぶのです「ああ、『見過ごす、抵抗しない、あきらめる』とはこういうことか」と目を見はる想いでした。そして無念でした。

調布養護の三十周年記念事業での不起立で停職一か月処分をされましたが、停職中も「荷物の整理です」と言いはって職場に行き続けました。

二〇〇六年四月に異動した八王子東養護学校ではもっと驚くことがありました。卒業式予行に日の丸があります。同僚たちに「みなさん、今日は職務命令は出ていませんよ」といってもみんな下を向いて立っています。まさにフランク・パブロフの『茶色の朝』（大月書店）です。

一人ひとりがおかしいと思っても口に出さない。そういう教員に私はなりたくない。都教委が期待していたのは、命令なしに自ら立つ人間ではないでしょうか。そういう教員に私はなりたくない。口だけ格好よくて何もやらない教員になるつもりはない。私が教員として大切にしてきたものの根幹を譲り渡すことはできない。私は死を迎えたときに後悔したくない、等などの想いがこみあがってきました。

当時、都教委は「三回服従しなかったら懲戒免職」といっていたが、全国の市民の「ノー」といううねりが私たちへの処分を保留させている面があります。そんななかで全国行脚をしたいと思い、三重から京都に入ったときに、京都で教育基本法改悪反対の全国集会がありました。そこで「東京の根津・河原井のことは、個人のことではない。明日は私のこと」と参加者全員が確認しました。力強いことでした。

いろんなところから「東京で何が起こっているのか、来て話をしてほしい」と呼ばれることがあります。そうした場で「河原井さん、がんばってますね」といわれますが、「すとん」とこない。「私はがんばっていないが、あきらめていない」といっています。集会の後に「もう疲れてなにもかもやめたいと思ったけど、お話を聞いてもっと私のできそうなことがありそうな気がする」といってくれる人がいると、全国行脚してよかったなと思います。

組合方針や諸状況があって立っている人もいる。東京だけで止めるのでなく、全国規模で止めていくことが大切なのではないでしょうか。二〇〇三年に教員の手で10・23通達を白紙撤回させることができたはずなのに私たちは逸してしまいました。二〇〇六年の東京地裁判決（画期的な予防訴訟難波判決）のあと、三ケタの不起立が出ると確信していたのに、私たちはこれも逸してしまいました。

養護学校は卒業式が二回あります。高等部が三月十九日、小・中等部が二十四日にあります。二回続けて不起立となると、すぐ私の解雇阻止運動につながっていきます。「君が代解雇」阻止が全国規模で大きな大きなうねりになるといいと思います。

私は「がんばらない」「あきらめない」「たのしみたい」「つながりたい」を大切にしながら、全国行脚を続けていきます。

「日の丸・君が代」に押し潰される障がい児教育

渡辺 厚子

■はじめに

韓国で囚われていた在日韓国人良心囚救援をしていたころ、立教大学の山田昭次先生とは日本で会うよりも韓国で、裁判所とかキリスト者の団体めぐりをしていて、よくお目にかかりました。「最終的に一人でも」という私の抵抗の根幹を作ってくれたのは、韓国政治犯救援運動での色々な人との出会いでした。七〇年代前半の渡韓は極度の緊張を強いられました。累々とした屍を越えて次の世代のために闘い続けられてきたという現場にいたことは幸せだったし、そうした闘いを続けた人を見ると、私の闘いなどは命をすぐにとられるというものではなく、大したことはないともいえます。厳しい状況に直面すると、韓国での闘いを進めてきた人びとを思い浮かべ、これくらいのことなんて、と思いながら闘っています。

今日は障がい児教育のなかで、日の丸・君が代がどのような意味をもっているのかをお話しします。なぜ、障がい児学校をとりあげるかというと、まず自分の足もとを見ることは基本であるため、そして、日の丸・君が代強制の人権侵害の実態が障がい児学校に顕著であり、なぜ矛盾が顕著に表れるのかも含め、実態を知ってもらいたいからです。

■養護学校ガイダンス

二〇〇七年四月一日の「改正」学校教育法によって、今年度から学校の名称が養護学校から特別支援学校に変わりました。国立の養護学校は去年すでに名称が変わっています。これは盲ろう養護学校から特別支援校へ一元化するという規定にもとづいています。また「発達障害」とされる児童に正式に教育を開始する、特別支援校は、普通学校を含めた障がい児教育のセンター的な機能を果たす、というのが今回の「改正」の中味です。

現在、障がい児学校は、盲学校・ろう学校・養護学校という区分がされていますが、東京都の養護学校はさらに肢体不自由・知的・病虚弱の三つに区分されています。重度重複障害児と呼ばれる私がかかわっている人たちは、肢体不自由校に通学しています。

学籍の形態は通学籍、病院・自宅などへ教員が訪問する訪問籍、その中間的なもので施設などに設けられた分教室があります。北養護学校を例にとると、小・中・高・訪問で二百五十名の児童生徒、教員は百五十名いて、全国的にみて大規模校といっていい規模です。

障害児の多くは普通学校から能力によって分離されています。その養護学校のなかで、さらに能力別、発達別に学習集団を分けます。都教委の指導する教育課程では、教科に準ずるもの、知的代替、自立活動に分かれます。

北養護学校では、生徒の九五％が車イスを使用しています。車イスといっても大半は頭をもたれさせることのできる大型のものです。首がすわっていなかったりするためです。身体の変形にあわせたクッションがついています。大きいので、後ろから押すと背もたれで顔は見えないこともあります。体幹を起こすのが大変、あるいは呼吸が苦しい生徒のためにストレッチャー・タイプの車イスを使っている場合もあります。そのほか、ウォーカーやクラッチを使う子もいますが、独歩はまれで、五人ぐらいです。

さて、普通学校では想像できないことですが、教員が医療的ケアもやっています（三割〜四割の子どもが医療的ケアを必要としている）。たとえば、痰の吸引や鼻腔留置チューブでの水分や栄養の注入、導尿、酸素吸入の管理、胃ろう部衛生管理などです。一九九〇年頃から東京都の救急医療体制整備事業としてすすめられ、いまや「生活行為」として、二回ぐらい医師のもとでの研修を受けて、教員が行なうようになっています。

生徒たちのコミュニケーションはどのような具合かというと、表出言語をもっている人は少なく、表情・身体の動きなどでのノンバーバルコミュニケーションが主です。トーキングエイドのような機器を使ったりもします。身体の緊張を自分でとれない人がたくさんいるのでリラクゼーションや、呼吸介助、排痰の介助、運動機能の向上に向けたとりくみを行なっています。食事は、一時間ほどかけて摂食指導として行ないます。たとえば飲みこむことがむずかしい人に唾液やヨーグルト状の食事を飲みこむことができるよう訓練しています。誤嚥すると命とりになるので緊張を強いられます。教員はその合間に三〜五分程度で食べる。けいれんなどの発作への対応も求められます。こうしたことが、普通学校とは異なります。

体育館を使用する機会は、始業式・卒業式ばかりでなく、文化祭などでもあります。マット席を作り、抱っこなどでフロアにおりて行事に参加します。文化祭などでクラスによっては自主的な判断によって壇上を使うこともあります。

教員の一日の仕事の内容についてお話しします。八時半前に出勤してタイムカードを押して、着替えます。八時半から職員の打ちあわせ、四十分頃から教室の準備。生徒の人数分の布団を敷き、タオル、抱き枕やクッション、ネブライザー（吸入器）などの機器を設定します。お湯を沸かし、室温調節をする。とても忙しい朝です。遠いところだと一時間半かけて登校してくる子どもが乗ったスクールバスが五十分に到着します。認定学級という都に届け出をした学級での朝の会を十分間だけやります。これは七生養護学校への攻撃以後、都に届け出をした形で行なわなければならなくなったもので〇三年九月からはじまりました。

それから発達集団別の学習グループに移動します。おむつを替えて水分を補給し、排痰や呼吸の介助のために抱っこして身体を緩めます。体温や酸素飽和度を測り（バイタル・チェック）、必要な人には栄養補給なども行ないます。保健室スタッフが見回りに来るのでバイタルチェックの結果を知らせます。次に名前を呼んだり調子を確認するための朝の会をはじめます。そして、やっと十時五十分ぐらいから、音楽、トランポリン、フィンガー・ペインティングなど、三十〜四十分ぐらいその日のとりくみをし、終了後おむつを替え水分補給します。この間に必要な子どもには一対一で医療的ケアを行ないます。

十一時半から給食の準備、給食は学年集団の教室に移動して食べます。十二時から一時間ぐらいです。抱っこの姿勢のまま介助をするので、手や腰にひどく負担がかかります。子どもの食休みのあいだに保護者への連絡帳を書きます。トイレの介助をし、十三時半から再びグループ別の教室に移動してその日のとりくみをし、またトイレや水分補給などを行ない、十五時三十五分に帰します。

その後、教室を掃除し、物品の消毒、洗濯、トイレの清掃、使用済おむつの回収などをしてようやく休憩に入りますが、打ちあわせなどもあるので休憩はほとんどとれません。

十六時三十五分から会議がありますが、勤務時間十七時十五分に終了するのは職員会議くらいで、通常は十八時ぐらいまでかかります。その後、十九時、二十時まで働いている人も多く、新任教員の人などは二十三時まで、あるいは土日出勤して書類を作ることもよくあります。こうした実態が明らかになるので退勤のときのタイムカードはありません。教員は精神的にはもちろん、肉体的にも疲れています。

担任は小・中・高校に比して多く、一クラス生徒二名に対し一名程度、全員で集団授業を行なうので、すべて合議制で運営しています。諸事は学年集団の担任会で決めて、それを小学部・中学部などの部会にかけ、最後に職員会議で決定するというシステムでした。いまは急速にトップダウンのピラミッド化が進んでいます。

管理運営規定、10・23通達、教育基本法改悪以降、校長、副校長、主幹、主任、学年・グループの代表というトップダウンとなり、職員会議は一方通行の「指示伝達」の場所になってしまいました。北養護学校では四十分の会議時間のうち二十五分が校長などによる都教委報告です。知らないあいだにものが決まってしまうようになりました。

都立養護学校での日の丸・君が代強制のすすみ具合

私自身が実際に経験してきたことをお話しします。日の丸掲揚については、八九年の指導要領の改悪後に校長が「たった一つのお願いです」といって掲揚を求めてきましたが、当時、勤務していた学校では教員が反対したためにあげませんでした。八九年に大喪の礼で弔旗をあげろという指示がきましたが、教員の反対で断念させました。しかし、その後、校長室の三脚掲揚から校庭ポール掲揚へと、九九年までに少しずつ変えられていきました。

以前、式の正面はどこでも可能でした。舞台の緞帳は閉められていて、好きなところに装飾をし、子ども一人ひとりのパフォーマンスが式の中心でした。卒業証書も校長から子どものところへ渡しにきたこともありました。もちろんフロアー会場で対面式式卒業式でした。君が代はなかったので、起立も不起立も関係がありませんでした。

九九年の国旗国歌法が出たとたんに文部省と都教委から通達や通知が出て、日の丸が三脚で式場に入り、君が代がカセットテープではじめて流されました。その後、日の丸が正面緞帳の上に貼られるようになり、君が代も歌入りで放送室から流されるようになりました。それでも〇三年三月までは、緞帳は閉められ、かざりつけがされ、卒業生・在校生がロの字型に並んでフロアで式を行なっていました。卒業生がパフォーマンスを行なう余裕もありました。一方、少しずつ君が代で立つ教員も出てきて、〇三年三月卒業式では六、七割の人が立つようになりました。これが通達前の最後の状態でした。

■具体的に変えられたこと

10・23通達後、対面式・フロア会場卒業式は禁じられ、壇上での卒業証書授与しか許されなくなりました。車椅子ではあがれないというのでスロープが作られました。急勾配にしないようにすると体育館の入口近くまで伸び、カギの手に曲げられました。

ロの字型のフラットなフロア式会場なら電動車イスで動くことができましたが、壇上までは危険なので、よほどの達人以外そうしたことはいっさいできなくなり、教員が押すことになりました。練習して電動車イスの操作が可能になった生徒について、校長に、フロアで電動車イスを使用して証書の受けとりをしたいと親も担当教員もたのみましたが、以前はそうした生徒の努力を評価していた同じ校長が、絶対許さないという姿勢に変わりました。卒業式は子どもたちが「する活動」から「させられる活動」に変わったのです。

以前は在校生から卒業生の顔が見えましたが、通達後は全員前を向くことになり、車イスの背だけを見るはめになりました。在校生と卒業生とが向かいあう交流パフォーマンスは五分だけ。それが終わると壇上に向きなおらされ、日の丸に礼をさせられて終了します。生徒たちの一体感は失われました。自由に動いたり声を出せていたものが、厳粛にという命令でかた苦しい雰囲気に変わってしまいました。

子どもも教員の「君が代起立強制」にあわせた行動を強制されます。私がトイレット・トレーニングしてやっとオムツを外すことができた生徒が、たまたま君が代の最中にトイレに行きたくなりました。それで外へ連れ出すと教頭が追いかけてきてトイレへ連れて出ないようオムツをせよ、といいました。教員を起立させるために子どもの人権を侵害してはばからないのです。

また今年の三月の卒業式前に全員の前でいわれました。私が担当していたのは臥位姿勢で呼吸介助をしていなければならない生徒でした。私が介助のために座っていると、それが不起立の意思なのか子どものために必要だからなのか見極めるために事情聴取をするというのです。みんな驚がくしました。

ロの字型形式で行なっていたときは卒業生の顔は誰からも見えました。現在は後ろや隣にすわる担任教員以外わかりません。担任は車イスの後ろに座っているのでまわりこんで顔をのぞかないと舌根が下がり呼吸困難になっているかどうかわからなかったり、排痰の対応がむずかしくなりました。去年ある学校で人工呼吸器のアラームが鳴ったので保健室のスタッフがとんでいって緊急処置をしようとしたら副校長がきて、「(君が代斉唱中だから)起立しろ」といったという事件がありました。生命よりも君が代が優先なのでしょうか。教員は勝手に動いたら「職務命令」違反になるし、緊急だからと動けば後で事情聴取を受ける。離れている管理職にすぐに緊急を伝達相談することもできないから、緊急対応が必要でも処分を受けるのではと躊躇し自粛するようになっています。

子どもたちは主体性のみならず、生命や安全までもが侵害されています。養護学校では小・中・高十二年間同じクラスで過ごすことが多いので、親たちは自分だけが突出することはできないという同調圧力を非常に強く受け、また何が起きているのかわからないまま、卒業してしまっています。

以前、卒業式の実施案は、卒業学年の担任団が案を作り、卒業式実行委員会で原案にし、その原案を部会にかけて職員会議で決定していました。十月にはじまって一月に決まります。それがいまは教務が管理職の意向を聞いて原案を作り、報告として職員会議におろしてきます。それも「今日は役割分担について」など小分けにして報告し、全体の議論ができないようにしています。10・23通達後に入ってきた若い教員たちは、「上」の人がいうことだし、儀式だから当然だと思っているようです。

身体的に起立や礼の無理な子どもたちに向かって号令をかけ、反対に車椅子での動きを禁止し、生命安全のための介助まで制約させる通達や起立命令は、本当に子どもの人権を侵害しています。養護学校ガイダンスのところでお話ししたように、たくさんの介助・配慮を必要とする子どもたちのありようを全否定するものです。

■どうしてここまでしなければいけないのか

養護学校にも10・23通達を厳格に押しつけたのはなぜでしょうか。都内の養護学校の生徒を合算してもせいぜい二千五百―三千名しかいません。ですから、やらなくても影響力はないと考えて例外としていままで通り対面・フロアー式の卒業式を認める（「切り捨て」る）ことがあってもおかしくないのに、はずれることを許しません。エリートを頂点とする能力別教育には必ず「底辺」があり、養護学校教育は底辺として都合よく普通教育から切り捨てられています。切り捨てられていることでその構造を補完しています。その差別的階層構造を維持するために、差別の価値観を生みだす日の丸・君が代儀式についてはすべて例外なく底辺を含めて、行なうということが重要だったからではないでしょうか。

そして国家支配を、同じ形式に整えることで視覚化し、また、身体・行為を通して国家の支配を強めるという意味があったと思います。日の丸を貼ったのは御真影の代わりであって、そこには天皇像が透けて見える。敬う行為として日の丸に礼をする、積極行為として君が代を歌う、高みから与える、与えられるという関係をもう一度作り直す、儀式を通じて意識に埋めこむために、すべての子ども、すべての学校に日の丸・君が代が必要だったのです。

もう一つの大きな意味があります。どうしてここまでしなければいけないのか、教員の意識を従属的、無責任性へと変えるために、そして子どもを支配して当然の意識になるために、どの学校にも必要だったのだと思います。教員は教えるという形をもって子どもを支配してきたし、多くの決定権を握っていました。私はそれを変革しようとしてきましたが、この通達は再び子どもを支配する方向に意識を強化させるものです。

教員は、自分は不本意なんだけれど生活のために服従する、させられている意識で自分の責任を回避しようとします。もちろん、一番の問題は権力側にあるが、それはさせられる側の力量の不足でもあるし、させられているとはいえ、やっているのは自分という責任の問題があるわけで、加害責任を自覚しない限りひっくり返すことはできません。
学校は歴史的に見てファシズムの拠点となっていったところです。暗い歴史をくり返してはなりません。

■足下の一歩

どうしたらこれを変えていけるのか、悩みます。とりあえずいま考えていることを羅列します。

授業を「教える」から「学ぶ」へかえる。どんなに素晴らしい教材でも、与えるのではなく、たくさんの選択肢を用意して、子どもが何をやりたいのかから出発する授業にしたい。教員が出したものを子どもが食べるというなかでの子どもの主体性や決定ではなく、子どもが先に立って歩く、私たちは産婆役だという、こうした考え・実践が現在の教員と子どもの権力関係を変える根幹になるのではないでしょうか。

別学体制・能力差別の構造を崩すこと。知的能力を高めるために教育をするのだ、分ければ効率がいい、という教員がもっている信念をどうこわせるのかということを考えあいたいと思います。

卒業式・入学式をなくしていく。「民主的な儀式」というのはまやかしだと思います。入学・

卒業おめでとうを別な形で表していこう、そういう提起を続けたい。

みんなが小さな一歩、自分ができることから反撃する。いきなり不起立という不服従は自分には無理だと思ったら、職務命令書のうけとり拒否など「いやだ」と思うことを表面化・行動化する。どうせ蹴られるから無駄だと思っても、自分たちのやりたい卒業式の式場案を作り提案するなど、一人ひとりが日常的にいま、やれることをやる。

一人ひとりが当事者性を回復する必要があります。

日の丸・君が代に反対ではない隣の教員と日々の話を膨らませて、子どもにとって何が大切か、教員としてどうむきあうかの話を地道にやっていきたいと思います。

■最後に

私がなぜ不服従なのかは、この文章の最後にある資料の陳述書を読んでください。よく考えるのは、日の丸・君が代の反対運動は何で一部の人の運動にしかならないのか、多くの人の共感をなぜ得られないのか、ということです。

不起立しない人は勇気がないからというようなレベルの話ではありません。教職員はもちろんのこと、だれもが自分自身の問題として考えるにいたる説得力ある運動になっていないのではないでしょうか。私自身が解決すべき課題であるととらえています。

私は、小さい頃「教師にだけはならないでおこう」と思っていました。幼稚園から小学校・中学校のときに、教師のえこひいきや権力への弱さを経験したからです。大学を出るまで教員免許ももたず、食べられなくなって仕方なくなった「でもしか」先生です。

幸いなことに障害児と出会い、ノンバーバルなコミュニケーションのなかから本当の人間の関係を学び、そうした人たちと真摯にむきあっていこうと考えました。人間として正直にむきあい生きていこうとしてきて、その結果が、君が代不起立であったにすぎません。

これからも自分がどう生きていけばいいのかを教えてくれたさまざまな人たちに照らして正直に生きていこうと思います。

「東京地裁民事19部提出（二〇〇八年一月）、二〇〇四年不起立処分裁判陳述書（抜粋）」

第一に、10・23通達は、私がこれまで子どもたちの自我の形成、主体性、主体的行動が育つようサポートしてきた教育活動を根底から否定し、破壊するものであり、教員としてこれを認めることはできませんでした。私の教育理念に反するばかりか、子どもたちの活動の破壊者として対するのは加害の行為であり、してはならない、と思いました。

第二に、障がい児への差別を強く感じ、認められないと思いました。国家へ心と身体を奉仕させる価値もない、と障がい児を切り捨てているにもかかわらず、例外を作らない為に強制する、ここに二重の差別を感じ私は許せない思いです。教育の原点は、障がい児との関わりにあり、人間理解の原点は障がい児の中にあります。異なる色彩の個の尊重の重要性を、彼らこそが教えてくれているのです。

第三に、私の家族は戦争で亡くなっています。国家によって殺された被害者であり、国家に命じられて他国の民衆を殺した加害者であるのです。私は、そのことを忘れず戦争責任をとる生き方をしたい、と考え続けてきたので、戦争国家の象徴であり、いまも国家の国民統合の道具としてある日の丸・君が代をおし抱くということは、この生き方を捨てろといわれることであり、心身ともに到底服従できませんでした。

第四に、いま、とてつもなく大きい行政の力によって無理強いされることの意味は、新たな戦争へ教員としても市民の一人としても加担させられていくことです。自分が押し流されていくこわさを感じ、とても服従できませんでした。

都教委によって式はのっとられ、体育館で「日の丸」に見おろされていること自体が重りをつけられたようで、苦痛で目もあげられないのに、まして起立し、礼をし、歌うなど、どんなに強制されても従うことはできません。私自身が破壊されます。

外形的行為は心と直結しています。強制されたときにそれを受け入れられない私の心を、思想良心の自由として認められなければ、私は私ではいられません。

「日の丸・君が代」をめぐる神奈川の状況

三輪 勝美

■提訴前の動き

日の丸・君が代問題は、教育に対する政治介入の突破口とされました。一九七〇年代ごろまでは、戦争の経験をした方が非常に多くいて、日の丸・君が代について文部省や県教委がやりたいと思ってもなかなかできなかった。また、「戦争に引きずりこまれる」という警戒心があったため、社会の雰囲気としてもお上のやることへの警戒心がきちんとありました。しかし一九八二年に中曽根康弘政権ができたあたりから、文部省もそれに乗る形で強硬になっていったのです。

決定的なきっかけになったのは、一九八九年の昭和天皇の死でした。日の丸・君が代を学校にもちこもうとして、日の丸をポールに掲げるという動きが次第に顕在化してきます。神奈川県では「昭和天皇の死に半旗を掲げよ」というところからはじまりました。各学校の校長らも有無をいわさず「やれ」という精神的圧力を受けました。現場では話しあいもしましたが、結局押しきられた学校が多かった。

県や文部省からの指示があることとあわせて、「県民の目がある」と校長はいっていました。「県民の目」というよりも、県議会議員や市議会議員といった「政治家の目」といったほうが正確ではないかと思います。日の丸を揚げない学校を槍玉にあげようとする組織的な行動は、議員たちを中心に実際に行なわれていたのではないでしょうか。とにかく、八九年は「草の根右翼」といわれる人たちが地元の小・中・高等学校に「なぜ日の丸をあげないのか」と圧力をかけてくる運動のターニングポイントになったのです。

昭和天皇の死と関係があるかはわかりませんが、日の丸・君が代に関する学習指導要領で「望ましい」を「指導するものとする」と変更し、義務づけを強化したのも八九年でした。

一九九〇年代は総保守化の傾向が進みます。九一年のバブル経済崩壊もあり、世の中の流れが大きく変わっていきました。それまではお上を警戒する気持ちがありましたが、「仕事がもらえなきゃ食っていけない」と、社会がどうのこうのと考えられなくなってきた。経済界や政治家も「未曾有の不況を切り抜けていくためにはそれどころではない」といってくる。一九九六年の橋本龍太郎政権からは、バブル崩壊後の日本社会を再生させるためとして構造改革や新自由主義がもちこまれました。サッチャーやレーガンがやってきたことを日本にとりこもうとしました。

九四年に自社さ（自由民主党、日本社会党、新党さきがけ）連立政権ができた。この影響で九五年に日教組が文部省と「和解」し、日の丸・君が代を闘争の課題としないとして、パタッと活動がやんでいく。神奈川も教職員組合は、のちにはじまる日の丸・君が代をめぐる闘争にはおよび腰になり、同情的には訴える場を与えてくれますが、裁判に対して組織的な支援は受けていません。

小・中・高や養護学校の教職員個々にはなんとか踏みとどまってがんばっている人もいます。草の根右翼は九七年に設立された日本会議といった組織を基盤に、強固な組織づくりをして圧力をかけてきているのに、それをはね返す組織活動はひじょうに弱く、個人的活動や知りあいの範囲で活動しなければいけないところに問題や寂しさを感じます。

一九九〇年代まで私たちは「学習指導要領に法的拘束力はあるのか、教育課程編成権への不当な介入ではないか」「指導要領に法的拘束力はない、あくまでも文部省が決めた文書であって、きちんと法的手続きをとったものではない」ということをバネにして活動してきました。校長のなかにもそういう考え方を受け入れて、「県からの圧力はあってもそこまではさせない」という気概をもった校長がいました。しかし、九九年、この年がもうひとつのターニングポイントになりました。広島県立世羅高校の校長が、日の丸・君が代の強制をめぐって自殺してしまい、強制強化の口実に政治利用されました。

広島の現場の人の話を聞くと、県教委の圧力を卒業式の前夜まで受けて、耐えかねて亡くなってしまったといいます。これをきっかけに政府が動いて九九年に国旗国歌法を作った。

二〇〇九年八月十八日付「朝日新聞」によれば、当時、国旗国歌法政府草案の第三条に「国民は、国旗および国歌を尊重しなければならない」という強制につながる文言があったが、最終的に削除されるという経緯があったとのことです。にもかかわらず、この法が錦の御旗とされ、文部省は毎年掲揚率を発表し、数字の低いところは圧迫されてどうしようもなくなっていきます。文部省に呼びつけられた各県教委の担当者は震えあがるほどの強圧を受けたと聞きます。

県議会や市議会、推進する市民団体を中心にさまざまなキャンペーンが張られました。県議会が日の丸・君が代促進決議を挙げたり、県ＰＴＡ連合会が校長会に指導するよう申し入れるなど、一気に畳みこまれていきました。

二〇〇〇年に文部省は学校教育法施行規則を改正して、職員会議は補助機関に過ぎないとしました。みんなで意思一致をしなくても校長の判断で決定されてしまうため、何時間もかけて話してきたことが全部ひっくりかえされるようになります。

〇一年には、県内で最後まで日の丸・君が代を拒否していた綾瀬高校の校長が職務命令を受けて実施を強要され、神奈川県ではわずか二年で一〇〇パーセント実施となってしまいました。

〇二年からは、卒業式・入学式の中身に対する介入が強化されました。式内容の雛形や職員の係分担もこうしなさいという形を示して、そのとおりやらないところは直しなさいと強制していく。それまで生徒たちと創意工夫しながら各校で作ってきた式が、どこに行っても同じ形態や内容の式に変えさせられていきました。

神奈川県では「不起立しそうな職員は会場の外に出してしまえ」という動きも多く見られます。その前からすでに式次第、教職員の行動などを校長が県に報告させられていました。自分の学校に不起立者がたくさんいるのは困ると、当該学年のクラス担任らが座る十数席しか教職員席は設けない学校が増えました。本当はみんなが教育にかかわっているのですから参加したいが、外に出され、参加したとしてもほとんどは会場の後ろに席もなく立っています。不起立しそうな職員の係分担は、その場にいないですむ警備係など。東京は教職員も座席指定でより厳しいが、神奈川は「とにかく数を減らせ」という感じで、この春も不起立者は四十数名に減ったといっています。でも本当のところはこんな少ない数ではありません。

▩提訴へ

東京都は二〇〇三年の10・23通達でしたが、神奈川県は〇四年の「11・30通知」がきっかけとなりました。通達はほぼ職務命令ですが、通知は指示というちがいがあります。ただし、校長は指示で職務命令と受けとめてしまっています。

本来、地方教育行政法第四十八条では県教委の業務は「指導・助言」であるにもかかわらず、校長は「それに従わないのはありえない」と思うようになってきている。通知の直後から県教委は卒業式・入学式の中身に踏みこんできました。形だけ揚げたり流すだけでなく行動することを迫り、教職員は起立せよというのが第一弾です。

○五年から不起立者の人数報告がはじまります。「厳粛な式を行なえるように職務をちゃんとやりなさい、あなたの係をちゃんとやりなさい（例えば警備係などは会場の外の業務をやって、内には入ってくるな）」としつこく強要されます。神奈川県は職務命令が個々に出されるという状況ではありません。不起立しそうな職員は外に出ているので、直接「立ちなさい、歌いなさい」という校長はほとんどいない、という状況。「東京とずいぶんちがう」といわれるかもしれませんが、真綿でクビを絞めるようなものであり、それなりに県教委のいう「成果」が上がってしまっています。

○六年から不起立者の氏名報告がはじまり、通知には「厳正に対処していく」という文言があり、「本当に処分されるのでないか」と疑心暗鬼になります。県教委は「職務命令は出さず、粘り強く指導する」といっていますが、結果的に私たちに大きな影響を与え、各学校では不起立はできないような状況になってきています。

不起立した職員は校長に呼ばれて「不起立だったよね」と聞かれる。理由も聞かれた人もいます。ただ、理由を聞くと「思想信条」の問題に踏みこむことになるので「事実確認だけすればいいんだ」ということになってきた。そして記録した文書は県に送られて保管されています。

こうした状況で、このままでは個人への処分が行なわれ、「思想信条の自由」が踏みにじられていくという危機感から提訴することになりました。

■神奈川の二つの裁判

神奈川では二つの裁判があります。一つは「神奈川こころの自由裁判」（国旗国歌に対する忠誠義務不存在確認請求事件）、もう一つは「君が代不起立個人情報保護裁判」（行政処分取消等請求事件）です。

（1）神奈川こころの自由裁判

こころの自由裁判で私は原告団の団長を務めています。最初に提訴したときの百七名の原告団からはじまり、五回にわたって追加提訴して百七十名まで増え、退職されたり亡くなられた方がおられて、いま原告として名を連ねているのは百三十二名。横浜地裁から東京高裁へときましたが、ほとんどの方が原告を続けています。

東京の「予防訴訟」と基本的な主張は同じで、「起立を強制される義務がないことをあらかじめ裁判所に認めてもらう」という予防的な裁判。東京は二〇〇四年一月に東京地裁に提訴しました。（〇六年九月二十一日に画期的な判決〔難波孝一裁判長〕を勝ちとっている）。私たちもそれに刺激されてはじめたので、訴訟の内容は基本的に同じです。

第一に、憲法第十九条（思想及び良心の自由）をめぐっての争い。思想信条が侵されている、ということ。第二に、教育基本法第十六条が禁じる「不当な支配」に当たるではないか、ということ。県は「指導の一環であり『不当な支配』に当たらない」としている。

私たちは〇五年七月に横浜地裁に提訴し、四年かかって〇九年七月に判決がありました。しかし、その内容は話すのもいやなほどひどい判決でした。一点目については「君が代ピアノ裁判」（〇七年二月二十七日最高裁判決）と同じく、起立行為は「儀式的で外形的な行為であり内心に踏み込んでいない」として私たちの要求を退けました。二点目については、「日の丸・君が代は子どもたちの教育にとって必要であり、それを県教委が進めるのは不当ではない」「地方教育委員会レベルは地方独自で判断できる。県教委の判断は不当ではない」としています。

私たちが憤慨しているのは、「職務命令が校長から出て**い**る」ということを前提として判断していることです。県教委から校長に出した通知文書（通達ではない）を増し刷りして教職員にも配っているとのことなので、職務命令は出ていると解釈できるとしています（配布していない学校も結構ある）。ピアノ裁判では職務命令が出ていることが前提となっていますが、神奈川はそこが曖昧で、一人ひとりに命令が出たり文書が出たりしているわけではありません（県教委も職務命令を出したとは明確にいっていない）。職務命令と意識したことがないという教職員も多いのです。このように徹底されていないのに、それを職務命令とすることでピアノ裁判などの判決をそのまま援用しています。「職務命令は出ていない。現場の実態をよく見てほしい」というのが私たちの思いです。

弁護士さんたちは「もっと憲法第十九条にもとづく判断を求めよう」という考え方で、この両輪でいこうと考えています。判決の「内容があまりにもいいかげんな判断にもとづいている」ということ、そして裁判の正義を求めるためにもこのままではおけないと東京高裁に控訴しました。

○九年十一月三十日に第一回口頭弁論（その後一〇年二月一日に第二回口頭弁論が開かれた。一〇年三月十七日に訴えを却下する不当判決〔藤村啓裁判長〕が出され、最高裁に上告した）。

（2）君が代不起立個人情報保護裁判

個人情報保護裁判でも私は原告に名を連ねています。これは自分の名前が意に反して集められたことに対し「取り消してくれ」と請求したものです。名前を実際に収集された者だけが提訴できる裁判のため、原告は二十三名です。

○六年三月から県教委は不起立者の氏名収集をはじめたため、自己情報の利用停止請求をしたところ、県は「消去しない」と利用不停止を決定したため、異議申し立てをして個人情報保護審査会での審議となりました。

〇七年十月二十四日の審査会答申で「明らかに個人情報にあたるから集めてはいけない」という判断が示され、〇七年四月まで集めてきたものを県はいったん廃棄しました。しかし、そのまま従っていくと思いきや、「でもやはり収集したい」として特例事項として認めてもらうために〇七年十月三十日に個人情報保護審議会に諮問しました。審議会で「特例でやってもいい」と認められれば新たに収集してよいことになります。つまり集める側がお墨つきをもらうための審議の場でした。

ところが、〇八年一月十七日の審議会答申もやはり「思想信条に深く関わる」と判断しました。これに対し県は、審査会と審議会という二つの諮問機関にダメですよといわれたにもかかわらず、二月四日の教育委員会の話しあいで「それでも集める」と決めました。「審査会のほうが間違っている。あんな結論は認めない。やるかどうかを決定するのは県。諮問という手続きはとったが、結果としてそれでも県は収集する」という判断になったといいます。

そしてまた、〇八年、〇九年の卒業式・入学式で氏名収集しました。ここでも異議申し立てをした人たちであらためて審査会に審査を申し立てをしました。しかし、一年半たっても結論が出ていません（〇八年十二月十日の〇八年度第九回会議から〇九年十二月十七日の〇九年度第九回会議まで十三回にわたり審議）。

素直に条例の条文を見れば結論はすぐに出るはずです。公開されていないため審議内容はわかりませんが、本来なら半年から一年くらいで結論が出るものです。こんなに長引いているのはなぜかと考えざるをえません。県の強硬な姿勢に悩み、またピアノ裁判の最高裁判決にひきずられているのだろうと思います。（結局一〇年一月二十日に審査会答申が出ました。収集された情報について「過去において日の丸・君が代が果たしてきた役割を踏まえた、異議申立人の一定の思想信条を推知し得る情報」として、これまでと同様、同条例六条で取り扱いを原則禁止としている情報だとの見解を示した。また県教委が審議会答申に反し情報を取り扱うことにした十分な理由を示していないとして「同条ただし書に基づき例外的に取り扱うことができる情報には該当しない」と踏みこむ判断をした）。

こころの自由裁判と個人情報保護裁判は、基本的な理由は同じですが、後者は、第一に「神奈川県個人情報保護条例に違反」ということで争っています。第二に、「不起立者の氏名は思想・信条情報に当たるかどうか」が具体的な争点になっています。

〇八年十一月に横浜地裁に提訴し、一〇年四月十九日に第六回口頭弁論が行なわれます。特筆すべきことは、裁判長が代わってしまったことです。新たな裁判長は、君が代ピアノ裁判の〇七年二月二十七日最高裁判決の直後である〇七年六月二十日に君が代強制解雇撤回請求訴訟で「棄却」の不当判決を東京地裁で出した人です。それくらい裁判所というか権力側は、この裁判が厳しい状況であることを読みとり、彼を差し向けたのではないか。

個人情報の問題は明らかに条例違反なので、彼がそれをどう判断するのでしょうか。そういう裁判官に真実を突きつけていくことにもなります。県が定めた条例を県が破っているのだからおかしいはずですが、裁判長も代わっているのでどういう結論が出るか楽観できません。個人情報保護裁判の原告は現在二十三名ですが、これからますます増えていくと思われます。それでも百名、二百名となることはむずかしい。

しかし、市民生活に直結するような普遍的な問題につながる問題です。県は学校関係だけでなく、すべての県民の情報を扱っています。これを許せば、「県民の個人情報を勝手に使うことも可能」ということにもなってしまうでしょう。こんなことを見過ごしていたら、県がこれから何に援用してくるかわかりません。学校関係だけでなく、市民レベルでもかなり影響が大きいだろうと考えています。

■訴えの根底にある原告らの思い・考え

東京の人たちの思いと私たちもいっしょです。

①戦前・戦中の日本の軍国主義体制とアジア諸国への侵略戦争のなかで、日の丸・君が代が加害の立場・被害の立場の双方に深くかかわっていたこと、それに対する個々の思いと平和を願う考え。軍国主義など戦争との関係。

②天皇という特定個人あるいは国家神道崇拝につながる日の丸・君が代への賛美につながることを危惧し、否定しようとする考え。「象徴になったから関係ない」という人もいるが、と

くに君が代については、天皇という存在の神格化や国家神道の崇拝・復活にあらためてつながっていくのではないか。

③教え子を戦場に送りだしてしまった戦前の教育への反省の念。それを忘れ、その再来に道を開こうとする教育現場への画一的統制や過剰な国家観念の導入に反対する考え。教え子を再び戦場に送らない。戦前の教員が子どもたちをいかに煽って戦場に送ったのかを考えれば、こういう動きに加担するわけにはいかない。

④個々人の多様な価値観を尊重しようとせずに一律に強制し、教育の自由を踏みにじって上意下達の形で教育統制が進められることに反対する考え。みんなそれぞれの考え方があるのに、いっしょくたに上から統制することには従えない。

⑤児童・生徒らに人権の尊重や自主的思考・自立的判断の大切さを教えてきた教育者としてそれと矛盾する行為・行動を迫られること（そして児童・生徒らには迫る立場になること）に対する憤りと反発。児童・生徒たちに「自分で考えることが大切」と教えている。そんな自分たちが正反対のことを生徒たちに求めていくことはできない。

⑥多様な国籍・民族・信仰・家庭背景などから生まれる児童・生徒個々の人権（思想・信条・良心）が尊重され、守られなければならないとする考え。さまざまな国籍や宗教の人たちが住んでいる。個々の生徒たちが大切にされないのでは、本当に民主的な社会にはならない。

⑦人として、そして教育に携わる者として、その生き方が根底から問われているという認識

から、踏みとどまって立ち向かおうとする決意。教育者として人格をねじ曲げるような動きには従えない。

とくに④と⑤が重要と思います。多様な考えをもった生徒がいるし、私たちもそうです。生徒たちにも自分の考えをもってほしい。日の丸・君が代賛成の人でも、「生徒たちのことを考えずに一方的に進めるのはおかしい」と原告になっている人もいる。

とくにこころの自由裁判は、不起立をしない人もいろいろな心の葛藤があり、「そんな思いをさせられるのはいやだ。こんなものを学校にもち込むこと自体が問題」という人も参加しています。

■教育現場のいま

教育の現場では、日の丸・君が代以外でも上意下達の問題が出てきています。とくに大きいのは各学校の教育内容を決定する教育課程の編成の件です。生徒たちの実態や地域のようすを見ながら皆で考えてきたものがどんどん突き崩されて、教育課程編成権はあってなきがごとし、になりかけています。

たとえば学校の統廃合がはじまった頃をきっかけに、職員会議での発言が無にされていく。

少子化にともない学校数を減らしていく際に、それまで続いてきた学校運営のための校内規定や職員会議運営規定などを県教委の意に沿う内容に変えていく。また、「単位制普通科高校に合体せよ」などということが上意下達で進められています。「社会の要請なのだから」と四十校近くが統合され、そのときに導入された管理的教育システムをモデルケースとして他の学校にも教育内容の変更を求め、それがどんどん浸食してしまう。

各校のなかから「こんなタイプの学校にしよう」とどんなに建設的なことをいっても、上からの意向に従おうとする校長の最後の決裁の前ではね返されてしまいます。その背景にあるのは県教委です。学校内の組織も、県が示す組織にまるっきり変えられてしまいました。以前は「学校全体で考えるためには横のつながりの動きも大事にしないと生徒たちに対応できない」と、予算、行事検討、分掌、入選などの委員会がたくさんありました。たとえば校内人事を以前は管理職と職員による分掌委員会で決めていたのに、いまは校長が単独で決めていきます。校長は二、三年で異動することが多く、現場の流れを無視した人事になりがちです。

入選委員会などを除いて横断的な組織がほとんど壊滅し、縦の組織である学年や分掌をこえて学校を横に結びつけていたつながりがなくなってしまい、大局的に理解して教育活動を行なうことができなくなりました。そのかわりにまとめているのが企画会議です。いまは校長と副校長・教頭、事務長の四人が管理職です。神奈川県では総括教諭数名を含めて十人くらいで開いている。〇八年に文部科学省は主幹教諭という中間管理職を置くこととしましたが、神奈川では総括教諭という形で置きました。結局ほとんど企画会議で決まったことが、審議事項ではなく報告事項として職員会議におりてきます。そして、校長が企画会議を采配しています。

神奈川県では地域貢献活動として地域清掃や奉仕活動をしたりすることが上意下達で導入されることになりました。〇六年からは「神奈川あいさつ一新運動」もしています。たいがい生徒会役員たちが資金を提供した企業名の入った派手な旗をもたされて行き交う人にあいさつをしています。

これら松沢知事がやるといったことがあっというまにトップダウンで入ってくる。あるとき、「なぜこんなものを入れるのか」と教頭にいったら「お前はダメ教員だ」と怒鳴られました。「いわれたらまずやるんだ。なぜやらないでそんなことをいうんだ」と頭ごなしにいわれ、パワハラに近いことまでありました。

管理職は生徒を見ないで外ばかり、特に行政や議員ばかり見ている。そういう人たちに応えることをしなければ失格の烙印を押され、査定されます。そのため、いままでやっていることを継承してやるのでなく、ちょっとでも評価に結びつくような新しい目立つことをやろうと躍起になっています。

「特色のある教育」「キャリア教育」「シティズンシップ教育」をしろという。しかしこれは新自由主義的な考え方の延長にあり、結局従順でいわれたことをやる生徒、いわゆる臣民のような生徒を作る教育につながるのではないか。

いままでやってきたことを着実に充実させていくことは考えない。現場では拒否することは許されず、新たにいろいろな仕事を背負わされてめちゃくちゃ忙しい。しだいに閉塞感をもつようになります。生徒とじっくり接する時間もなくなってきています。もっと部活動などをしたいのに、なかなか顔を出す余裕もなくなって、本当に生徒に申し訳ない。そうした時間がないくらいにその他の雑事がいっぱいになってしまうのです。

直接生徒と接する時間がなくなってしまうと、問題を抱えた生徒がいても「なぜ生徒がこうなってしまったのか」がわからなくなります。面倒なので、規則や罰則を振りかざして、表面的に枠からはずれた生徒だけを厳しく注意するようになってしまう。こういったことが全国的に起こっているのではないでしょうか。

生徒だけでなく、教員同士も接する時間がなくなる。協同で学校を作ることが実感できなくなると、「あれは校長が決めたことだから」と無責任な体制になっていきます。結果的に学校現場は無責任体制がどんどん進行していきますが、そんな管理職もかき回しておいて二、三年で転勤していく。

神奈川県は一般の教員が上限十年、特例で十二年まで同じ学校にいられる。クラスをもって少なくとも二回、無理すれば三回は卒業生を出すことができる。そのなかで自分でもいろいろなことを学んでいくことができるし、周りも「あの先生はこういう先生」とわかるようになります。しかし、東京都は六年。五〜六年では一サイクルがせいぜい。「生徒と一緒にやっていこう」という意思を教員ももてなくなります。神奈川も上限をもっと減らそうと県はいいだしています。横のつながりを崩され、縦の支配で教員は統制されていく。

一九八〇年代、長洲知事のときに県立高校百校計画があった頃は「ボトムアップで学校づくり」をしてきましたが、いまは教員を縛りつける人事評価制度なども入ってきてしまって、結果的に「物いわず、従順な、いわれたとおりにやる教員」になっていく。そういう体質がどんどん刷りこまれていく。そして、いまいった「教員」のところを「生徒」に置きかえることになりそうな状況に学校がなりつつあるのではないでしょうか。

東京とはちがうが、ボディブローのようにどんどん効いてきています。

■まとめ

学校は、児童・生徒と教職員が直接に相対しながら日常的に教育活動で接する場です。個々一人ひとりの教職員が教育の責任を負っている。新採用者も、ベテランも、それぞれが生徒に対しては教員として、学校生活のすべての場面において生身で接していくことになります。職員会議や学年・分掌などでともに対等な教育者として話しあい、理解を深め、意思一致し、自信と信頼を感じながら協同でとりくめる学校、それこそ理想です。生徒たちは、一人ひとりの教員から多様な知識や人間観・人生観を得て、自らを磨きあげてゆくものです。それに対し、個人の動きを制約し、上意下達の階層体制で学校運営を進めようとすることは、教育の場にもっともなじまないやり方です。

日の丸・君が代強制の問題は、これまで述べてきた不合理な教育状況が作り出されるうえで重要なファクターとなったものです。したがって、この問題をしっかりとはね返すことは、教育の将来にとって本当に重大な意味をもっていると考えられます。個人の尊厳が守られ、自由な教育の場が保障される社会を構築していくために、今後さらに一層のがんばりが必要と考えています。新規採用もベテランの教員もみんな平等。ベテランは「二十代の新規採用から何を学べているか、また彼らに何を伝えられているか」を考える余裕をもてているでしょうか。そもそも最近は、新規採用がほとんど来ない学校も多くなりました。このままこの閉塞感が続いていったら日本の教育はどうなってしまうのだろうと思います。

都立高校の現場からの報告

大能 清子

■はじめに

「石原の歴史観が都立高校の現場にどうもちこまれているか」と聞かれて、「これは私の手にあまる」と思いました。私の現状報告をもとに、みなさんにご議論いただければと思います。

まずは「自由主義史観」と「新自由主義的改革」という用語で混乱しました。「新自由主義的改革によって人間がバラバラにされていくために、自由主義史観の国家主義でつなぎとめる」という組みあわせがある、と説明されてきました。なるほどと思うがよくわからない（笑）、というのが私の実感でした。でも、当時私は定時制にいましたが、生徒を見ているとそれもまんざら嘘ではない。将来に対して悲観的に見ている生徒で、いきなり「自衛隊に入りたい」とか、「戦争が起こったらいいな」という子が出てきた。「兵隊にさせられたらよくないのでは？」というと、「死んでも名誉の戦死とほめられるでしょ、いまのままじゃ俺はクズみたいなもの」といいます。『希望は、戦争。』が出る前の頃でした。簡単に右翼団体に入ってしまう子もいました。ただ、それはマジョリティという感じはしなかった。また、都教委の改革に対する教員の反応は「ばかばかしい」という感じでしたが、学校は影響を受けてきました。

二〇〇三年の10・23通達以後は下手をすると職場でさらしものになってしまいます。私が思っている以上に周りの人は影響を受けてきたようです。思想的な問題というよりも、職場として「学校現場がどうなっているか」をお話しします。

■都立高校の現場の変化

（1）教育委員の交代

石原は一九九九年四月に都知事になりましたが、本領を発揮するまでには少し時間がかかったようです。教育委員も任期が切れるたびにトランプのように友だちに代えていって、ついに六人全員が友だちになって石原色が濃厚になりました。

（2）都立高校改革推進計画

都立高校の改革推進計画は一九九七年九月に「都立高校改革推進計画・第一次実施計画」が出て、一九九九年十月の第二次、二〇〇二年十月の第三次までやられてきました。これは既設校を統廃合し内部も改編して新しい都立高校を作る十年計画でした。第二次までは前からの流れの上にあったように思いますが、三次計画は「第三次」といわず「都立高校改革推進計画・新たな実施計画」となりました。中身を見てぎょっとしました。定時制が約百校から五十五校へと半分に減る。定時制は生きる場を確保するための必死の運動をしました。しかし該当校で組合分会を挙げての反対運動をするのは、なかなかむずかしかった。たとえば日比谷高校が「進学指導重点校になる」といわれたら、一般の人は喜んだのではないでしょうか。親戚の子どもが大泉高校に通っていましたが、「中高一貫になる」ととても喜んでいました。

以前の学校群制度は小尾乕雄《おびとらお》という人が作りましたが、それによって都立高校が地盤沈下したと思っている人がいます。同窓会でも「都立の復権」といって喜んでいる。ＰＴＡもたぶん歓迎したのではないでしょうか。これは想像ですが、そのなかで現場の教員はとても微妙な感じに追いこまれ、物をいいづらくなったのではないか。とにかく「ドンと反対闘争に立ち上がる」ということがなかったのは事実でした。

（3） 職員会議の補助機関化

職員会議の補助機関化（一九九八年七月の学校管理運営規則の改定に伴う）は、ずいぶん前に行なわれましたが、その影響はとても大きかった。私たちの組合は（連合系と全労連系に）分裂せず都高教（東京都高等学校教職員組合）ただ一つです。その組合が中心となって近年まで長らく守ってきたのは意思決定システムで、「職員会議の最高議決機関化」を掲げてきました。教育課程の決定権は学校現場にある。指導と助言はしても決定権は学校現場にあり、現場では多数決で決める。これが本来の学校運営ではないでしょうか。

日の丸強制などに職員会議で決議案を提出します。卒業生の卒業式対策委員会を作って、式の原案を検討し、「校長先生これでいいでしょ」という感じでした。校長も上から追及されて板挟みでいやだけど、しょぼしょぼと「怒られに行ってくるよ〜」と肩を落として行く校長に「がんばれ！」と声援を送ったりしていました（笑）。そういう状態が十年くらいは続きました。

職員会議の補助機関化に対しては「実働化阻止」を掲げてきました。ところが10・23通達直後に「挙手採決禁止」といってきました。「手を縛られたなら、足でも挙げるか」と冗談をいった学校もありましたが、あれから採決を一切できなくなりました。どんなに意見をいっても、「校長の専決事項」といわれてしまう。職員会議のある水曜日のたびに酒を飲まないとやりきれなくなる（笑）。自由な討論がなくなりました。

なけなしの自主研修権を行使するには自己申告書を出さないといけない。学校経営計画が実働化してきて、ありがちなのは進学実績が強調されてくる。いま、高校では、土曜講習・夏季講習をやっています。夏季講習が五十講座近く並んでおり、校長面接で、「大能さんやらないの？」といわれています。

（4）人事考課制度

10・23通達は抵抗の魂みたいなものを挫折させていく効果がありました。被処分者より、それを見ている人を挫折させていく効果があったと思います。「抵抗しても無駄なんだ」ということを味わった。そこに人事考課制度が効いてくる。

人事考課が二〇〇〇年に下りてきたとき、都教委は「血の入れ替え」「体質改善」といっていました。分析や批判をしても、十年もたつと浸透してきます。批判力がある教員には「人事考課なんて途中から下ろしてきてふざけるな」という思いがあります。自由の空気を吸ってきた、自分の内面に財産を強くもっている五十歳以上の人は処分されてもつっぱりきれる。

たとえば最近定年を迎えている人は「憲法・教育基本法を守る」というところがスタート地点でした。しかし、最初から日の丸・君が代や職務命令からはじまる人たちがぞくぞくと入ってきて、職場の四分の一くらいになっています。彼らの存在が職場の空気を変えるし、彼らは積極的に議論に参加するわけではなく「先輩たちは何を考えているのかしら」と見ているでしょう。

私も最初は被処分者のなかで「若い」といわれましたが、だんだん「絶滅危機種で保護してもらわなきゃ」という気分です（笑）。

人事考課制度では、自己申告書に学校経営計画に沿って自分の目標を書け、箇条書きにして、目標を数字で書け、といわれます。評価がA・B・C・Dとあり、処分された年はCかDがつくが、校長も育成計画を立てたり面倒くさいはずです。全員AとBにすると相当いじめられるといいます。元三鷹高校校長の土肥信雄さんもだいぶいじめられたと聞いています。そこで校長もだんだんC探しをするようになります。私もCをつけられていやだった。あの人たちに「評価されたい」とは思わないが、不愉快極まりない。

多くの人は「Cをつけられて、心がくじけてしまう」といって、いくらいっても変えられないから苦情相談にも行かず、だんだん黙りこんでしまいます。つまり誰かがこっそりCをつけられてストレスを抱えているというのがいまの都立高の現場です。

もちろんA評価をつけられる人もいる。何か大会に出るなど形がみえてわかりやすいことが必要です。査定昇給が入って業績評価によって昇給幅が変わる。「Aがほしい」という人はそんなにいないが、「悪いよりは良いほうがいい」というのが人間の性《さが》です。

(5) 主幹制度と主任教諭制度

さらに二〇〇三年四月に主幹制度ができました。そして、職員会議に代わって企画調整会議が実質的に物事を決めます。十年たつとじわじわ効いてくる。職員会議に話が出るときには八割がた決まっています。主任教諭制度が二〇〇八年に入り、多くの人が主任教諭になりました。教諭の昇給カーブが横に寝てしまったので、若い人は主任教諭にならなければならないし、そのためにはCをつけられるわけにいかない。

(6) 人事異動

都は二〇〇三年七月に「都立高等学校の教員の定期異動実施要綱」を改定しました。これによって、校長ににらまれたら一年で追い出されてしまうかもしれなくなりました。多くの教員は「生徒が落ち着いている学校に行きたい」と思っています。「妊娠しても流産してしまう」といわれる過酷な勤務の学校もあれば、つべこべいわなくても生徒が一生懸命勉強してくれる学校もあります。すると後者の学校のほうが快適と思う人がいてもおかしくない。そこには長くいたいと思い、困難校には長くいたくない。しかし、困難校に長くいる教員が「こういう風に接すればこの子たちも育ち直しができる。こういう子たちも大丈夫だよ」といっています。それが困難校の教育力でした。

ところが、ガラガラと異動して「前の学校では」という人ばかり増えると、必要以上につらくなり、異動希望が出やすくなります。そうやって困難校は人的に悪化していく。困難な生徒に前向きにあたれるエネルギーと、職場で上からの圧力・横暴に団結して対抗できるエネルギーは、だいたい同じ構造です。「困難校ほど困難」という残念な事態が進行しているように感じられてなりません。

私は現在、10・23通達発出以来三校目の高校にいますが、昔ながらの雰囲気で勤めている先生が相対的に多い。この雰囲気は前任校にはなかった。前任校では「日の丸・君が代問題で修正案に署名を」というとドン引きされて、さらにその前の学校はイジメにあってしまう感じでした。

(7) 教科書など

思想や歴史観にかかわるところでは、次のような動きがあります。

①中高一貫校は全部「新しい歴史教科書をつくる会」系の教科書になりました。「つくる会」自体は過激だが、教科書は過激というより、全体が折り重なってハーモニーを奏でている感じがします。

②二〇〇七年に「奉仕」が必修化されました。

③教材ではないが、東京都教育委員会『都立高等学校地理歴史科用平成二十三年度版――江

戸から東京へ』が全校生徒分配布されました。『交通安全のしおり』と同じようにホームルームで配ってもよいので、生徒にどんどん配られています。社会科教員以外にも全員に配られます。残念ながら現場の教員が執筆しているが、一般教諭は書いていません。「社会奉仕」として都立高校のとりくみが随所に挙げられています。

▒現場にどういう影響が出ているか

こうした都立高校の変化の波紋として感じることが四点あります。

第一に、代ゼミ（代々木ゼミナール）、河合塾などがどかどか入ってきました。代ゼミよりベネッセのほうがいいので切り替えるといった競争になっていますが、全部生徒の積立金でお金を払っています。塾を親や子どもが自分で選んで行くのは自由ですが、学校が決めたら決定権はないし、知らないうちにお金を払わされてしまう。「開かれた学校」といいつつ保護者や生徒の参加権もありません。これが公立高校というのはなんとも情けない話です。

第二に、職場の分断。「できない人」と冷たいまなざしで見られるのがいやで二年ごとに異動したり、早期退職する人も多い。どこの職場でもメンタルヘルスによる休職が激増しています。別に権力に抵抗している人でなくても、こういう雰囲気のなかで、深いところで自己肯定感が弱くなってしまい、マッチョな人でもへこんでしまうということもあります。悪くすると職場で無用の人とみなされて村八分にされてしまいます。

一方、都教委は地方にリクルートに行ったり学生向けのパンフを作ったりしています。東京都教職員研修センターが「高い志をもった教員を学生の段階から養成し、将来リーダーとなる教員を育成します」とする「東京教師養成塾」をやったりしています。人材育成も熱心で、「東京都教員人材育成基本方針」「校長・副校長等育成指針」などを決めています。ようするに都教委に都合のいい人ばかりを集めていこうということでしょう。

第三に、こうしたなかで、民主的な手続きがわからない教員が増えています。生徒総会の議事進行や、当日を迎えるまでの手続きがわかっていない。生徒がやらなければ意味がないのにわからないから教えられない。本人にその体験がないからでしょう。また、生徒への管理主義教育が強化されてしまう。私の勤務校でも、茶髪ゼロ方針や制服化が強行されてしまいました。

第四に、教員のあいだで一番強いのは思考停止状態です。教育委員会には、右翼の教育委員と、官僚的な教育委員会職員がいる。官僚的なので上の命令を自発的・主体的に推し進めていく思想があります。再発防止研修では、「上司の命令に従わないのが地公法違反」といい続けられる。自分で考えて良いと思ったらやるのでなく、「上司が代わったらチャンネルを切り替えること」を求められていて、考えることは求められていないのです。

■おわりに

当初思ったよりも、日の丸・君が代問題は長もちしています。「学校内で抱え込んでいては駄目だ」と、裁判や外に訴えたのが良かったのではないでしょうか。「非国民」といわれたこともありますが、「私たちには反対する『わけ』があるんです」といって、歴史学や憲法学からも支えていただいているおかげで、ほかのことより意外と長もちしているのかもしれません。

裁判報告

二つの不当・悪質な判決

黒田 貴史

はじめに

今年（二〇〇九年）、二月十八日に「もの言える自由裁判」控訴審判決、三月二十六日に不起立者懲戒処分取り消し請求裁判の地裁判決が、それぞれ下された。両判決ともあまりにひどい内容だ。個別に見ていこう。

「もの言える自由」控訴審判決

まず「もの言える自由裁判」から。二〇〇八年三月にまったくひどい内容の地裁判決が出ているが、今回の控訴審判決はそれをさらに悪質に上塗りしただけのものだ。

地裁判決では、原告・池田幹子さんに対する校長らの指導について、「非権力的事実行為」と呼んだ。裁判官にも多少の羞恥心は残っていたのかもしれない。しかし、控訴審では「監督権限に基づく指導行為」と厚顔無恥にもいいかえている。しかも、「控訴人は、純然たる私人の立場で本件発言をしたものではなく、以前に豊玉高校に勤務していた現職の教員としての立場において本件卒業式の式次中の来賓挨拶の機会に」発言したことに照らせば、「監督権者である校長の所属職員に対する監督権限が及ぶもの」と認定した。

君が代斉唱時の起立やピアノ伴奏の強制だけではない。教員の発言内容まで校長の権限がおよぶとなれば、文字通り、もの言える自由はなくなるだろう。

さらに控訴審判決では、「控訴人は豊玉高校に勤務していた当時から、本件施策の実施に反対しており、本件卒業式の国歌斉唱時に起立しなかったことが認められる」から「卒業式という式典の場に……本件施策をめぐる対立状況の一端をもち込むかのような印象を与えかねない」と、まるで思想が悪いから指導したとばかりではないか。

控訴審終盤で都側から、池田さんら日の丸・君が代の強制に反対する教員たちは、10・23通達の当事者であるという答弁がなされたという。これは、教員個人の思想・信条によるねらい打ちというしかないだろう。どこから見ても悪質な憲法違反だ。

裁判官たちは法廷で何を調べていたのか。控訴審裁判官たちの職能に疑いをもたざるをえない。なお、池田さんは最高裁への上告手続きを進めている。数十年昔、「まだ最高裁がある」というい方があった。せめて最高裁では、もっとまともな判断を期待したいものだ。

不起立者懲戒処分取り消し訴訟判決

つぎに不起立者懲戒処分取り消し訴訟判決をみてみよう。こちらも同じように悪質だ。まず、日の丸・君が代の強制について、「思想や良心の内容を確かめるための行為を命じるものではなく、また、卒業式等の進行上行われる国歌斉唱について、歴史観ないし世界観又は信条と切り離して、不起立行為等には及ばない選択も可能と考えられ、一般には、卒業式等の国歌斉唱時に不起立行為等に出ることが、原告らの歴史観ないし世界観又は信条と不可分に結びつくとはいえない」という、およそ一般人には理解不能な裁判官用語で特異な理解を展開する。

そのうえで、「原告らは、いずれも都立学校の教職員という全体の奉仕者として、法令等や上司の職務上の命令に従わなければならない立場にあり、校長から学校行事である卒業式等に関して、本件職務命令を受けた」「卒業式等における国旗掲揚や国歌斉唱は、全国的には従前から広く実施されていたことなど諸事情も総合すると、本件職務命令には、その目的及び内容において合理性、必要性が認められる」と結論づけている。

強制があるから、「全国的に広く実施されている」のであり、自然に浸透したものではないことは、だれの目にも明らかだ。これでは権力をもったもののやったもの勝ちを裁判官が追認しているだけではないか。

さらにこんな文章まで飛び出す。「『日の丸』や『君が代』に係る歴史観ないし世界観については、様々な意見があるが、公立学校の卒業式等において、教職員に対して、国歌斉唱時に『日の丸』に向かって起立し、『君が代』を斉唱することを求めることが、児童・生徒に対して特定の思想のみを教授することを強制するものとはいえないし……校長がその権限に基づき、国歌斉唱を含む式次第やその進行を予め一律に定め、実施することは、儀式としての性質上その必要性はある」。裁判官はいつから都教委の代弁者になったのか。公正中立ということばは、裁判官には必要なくなって、行政の番犬であることが求められているのだろうか。

おわりに

いずれの判決も、校長の権限を最大限に認めて、教員の思想・信条の自由を極端に狭める（ほとんど認めていない）判断を下している。

その校長にしても都教委のロボットになる道しかないはずだ。ロボット校長が職務命令で現場の自由を限りなく制限していく。こうした事態から生徒が何を学習するか。権力に逆らうことはとても大きな不利益を覚悟しなければならないし、そもそも権力者のいうなりになるしかない……。そうなれば、生徒への「強制」すらも必要なくなるだろう。

沖縄戦の集団死について、軍による強制はなかったという議論があるが、集団死という選択以外許されない（考えられない）状況に追いこめば、「強制」は不要だろう。都教委、校長、裁判官という大きな責任をおった大人が、子どもたちの未来を破壊している。

君が代不起立に対する二〇一二年一月十六日の最高裁判決の批判

山田 昭次

はじめに——最高裁判決の概要

卒業式・入学、あるいは学校の創立記念日の祝典の際に会場に掲揚された日の丸に向かって起立し君が代を斉唱することをしなかった教員、または君が代のピアノ伴奏をしなかった教員（以下、両者をあわせて「君が代不起立者等」と呼ぶ）、あるいは君が代斉唱・日の丸掲揚の強制にその他の形態の抵抗を行なった教員に対して東京都教育委員会が加えた懲戒処分の取り消しを求める上告に対して、去る一月十六日に最高裁は、二つの判決を下した。

一つの判決は君が代不起立等の教員百六十八名が都教委が行なった戒告処分の取り消しを求める上告を棄却し、他方では都立特別支援学校教員・渡辺厚子さんに対して都教委が行なった戒告処分を超える減給処分を取り消した。

渡辺さんは、二〇〇二年四月の入学式に不起立をして戒告処分を受け、次いで二〇〇四年三月の卒業式に再度不起立をして給与一月の月額十分の一の減給処分を受けていた。

もう一つの判決は、二〇〇六年一月に開催された学校の創立記念日の祝典に際して不起立をした都立特別支援学校教員・河原井純子さんに対して都教委が行なった停職一月の処分を取り消した。

河原井さんは、二〇〇四年三月の卒業式に不起立をして戒告処分を受け、同年四月の入学式にも不起立をして給与一月の月額十分の一を減ずる減給処分を受け、二〇〇五年三月の卒業式に際しての三回目の不起立をして給与六月の月額十分の一の減給処分を受けた。そして二〇〇六年一月の四回目の君が代不起立をして停職一月の処分を受けた。判決は累積過重処分である停職一月の処分を取り消した。

他方、判決は、二〇〇六年三月の卒業式に際して不起立をした立川市立中学校教員（当時）・根津公子さんに対して都教委が行なった停職三月の処分を容認し、この処分の取り消しを求める上告を棄却した。

判決は根津さん以外の人びとに対しては戒告処分以上の累積過重処分を取り消したが、根津さんに対してのみ累積過重処分を容認した。その理由とするところは後述する。以下、これらの判決の内容を検討して、その問題点を究明する。

判決が君が代不起立者に対して戒告処分のみを容認した理由

最高裁判決は、君が代不起立者等百六十八名に対する懲戒処分を戒告処分に限って容認する理由として、二〇〇三年十月二十三日付東京都教育委員会の通達にもとづいて日の丸に向かって起立して君が代を斉唱せよと命じた校長の職務命令は、「憲法第十九条に違反するものでなく、学校教育の目標や卒業式等の儀式的行事の意義、在り方等を定めた関係法令等の諸規定の趣旨に沿って、地方公務員の地位の性質及び職務の公共性を踏まえ、生徒等への配慮を含め、教育上の行事にふさわしい秩序の確保とともに式典の円滑な進行を図るものであって（中略）、このような観点から、その遵守を確保する必要があるものということができる」（傍点は山田。以下すべて同様）と認定した。

そして判決はこれを理由にして都教委が「教職員の規律違反に責任を確認してその将来を誡める処分である戒告処分をすることは、学校の規律や秩序保持の見地からその相当性が基礎付けられる」という。他方、判決は戒告処分を超える累積過重処分を取り消す理由として、二つのことを挙げる。

第一の理由は、不起立が「個人の歴史観ないしは世界観等に起因するものである」と一応認めるからである。しかしそれを根拠にして10・23通達とそれにもとづく校長の職務命令を憲法十九条に規定される思想・良心の自由保障規定に反するものとまでは認めない。

第二の理由は、「不起立行為等の性質、態様は、（中略）積極的な妨害等の作為ではなく、物理的に式次第の進行を妨げるものではない」と判断するからである。

そこで判決は「本件職務命令の違反に対し、学校の規律や秩序の保持等の見地から重きに失しない範囲で懲戒することは、基本的に懲戒権者の裁量権の範囲内に属する事柄ということが出来る」と、戒告処分を認める。そして判決は以上の二つの点を考慮に入れて「不起立行為に対する懲戒において戒告を超えてより重い減給以上の処分を選択することについては、本件事案の性質等を踏まえた慎重な考慮を必要とするものといえる」という。つまり「学校の規律や秩序等の必要性と処分による不利益との権衡」を考慮せよというわけである。換言すれば、不起立等は「学校の規律や秩序」をさして妨げるものではないから、戒告処分以上は過酷だというのである。

最高裁が戒告処分以上の懲戒処分を否認したのは、思想・良心を守ろうとしてきたこれまでの運動の成果といっていいであろう。しかし、根本的な問題は解決されていない。この点を以下で検討する。

守るべき学校の規律や秩序とは何か——最高裁判決の無内容な規律・秩序観を批判する

前述のように、最高裁は根津さんに対しては戒告処分をこえる停職三月処分を容認した。その理由は判決文中の下記の部分に示されている。長文だが、重要な問題点が潜んでいるので、引用する。

「上告人根津は、過去に、不起立行為以外の非違行為による三回の懲戒処分及び不起立行為による二回の懲戒処分を受け、前者のうちに二回は卒業式における国旗掲揚の妨害と引き降ろし及び服務事故再発防止研修における国旗や国歌に係るゼッケン着用をめぐる抗議による進行の妨害といった積極的に式典や研修の進行を妨害する行為に関るものである上、更に国旗や国歌に係る対応につき校長を批判する内容の文書の生徒への配布等による二回の文書訓告を受けており、このような過去の処分歴に係る一連の非違行為の内容や頻度に鑑みると、同上告人については、（中略）、学校の規律や秩序等の必要性と処分による不利益の内容との権衡の観点から、停職（三月）の点を含めて停職処分を選択することの相当性を基礎つける具体的な事情があったと認められるべきである。そうすると、上記のように同種の問題に関して規律や秩序を害する程度の大きい積極的な妨害行為を非違行為とする複数の懲戒処分を含む懲戒処分五回及び上記内容の文書の配布等の非違行為とする文書訓告を二回受けていたことを踏まえて同上告人に対する懲戒処分において停職処分を選択した都教委の判断は、停職期間（三月）の点を含め、処分の選択に重きを失するものとして社会観念上著しく妥当を欠くものとはいえず、上記停職処分は懲戒権者としての裁量権の範囲を超え又これを濫用したものとして違法であるとはいえないと解するのが相当である」

ところで、最高裁判決が「学校の規律や秩序」と見なすものの内実は何か。都教委の10・23通達にもとづいて、会場に掲揚された日の丸に向かって起立して君が代を歌うことを命じる校長の職務命令による卒業式や入学式が「規律や秩序」といえるものなのか、検討しなければならない。

前述のように判決は、10・23通達にもとづく校長の職務命令は「憲法第十九条に違反するものでなく、（中略）、教育上の行事にふさわしい秩序の確保とともに式典の円滑な進行を図るもの」という。はたしてそうか。反対意見を抱く裁判官宮川光治は、都教委の10・23通達を価値中立的なものとは見ない。彼は次のようにいう。

「本件通達（10・23通達――山田注）は式典の円滑な進行を図るという価値中立的な意図で発せられたものではなく、その意図は、前記歴史観等（『君が代』や『日の丸』を否定的に評価する歴史観――山田注）を有する教職員を念頭に置き、その歴史観等に対する強い否定的評価を背景に、不利益処分をもってその歴史観等に反する行為を強制するものとみることができ、……」

これは正しい見解である。近代日本のアジア侵略や植民地支配に対する認識を自虐史観と罵倒する藤岡信勝たちが執筆した中学校歴史教科書『新しい歴史教科書』と『新しい公民教科書』（いずれも扶桑社）が二〇〇一年四月に検定に合格すると、採択率は極めて低かったこの時期にもかかわらず、都教委はこの教科書を八月七日に早速率先して都立養護学校二校と青鳥養護学校梅ケ丘分教室の中学部の教科書として採択した（『朝日新聞』二〇〇一年八月七日夕刊）。

前掲の『朝日新聞』によると、都障害児学校教職員組合はこの教科書の採択反対を申し入れていた。他方、都教委は従来行なっていた学校側の意向の聞きとりも行なわず、しかも採択を前に石原慎太郎都知事が教育委員会主体の判断を強く求めてもいた。つまり石原は学校側の意向を無視して都教委が独断で採択を決定しろと、要求したのである。

彼は、戦後の日本では「歴史に対する日本人の自虐的な姿勢が続いている」と見なしている（『真の指導者とは』幻冬舎新書、二〇一〇年、二五八頁）。つまり、彼は藤岡信勝たちと共通する歴史観をもっているのである。その彼が教科書採択にあたって学校の意向と無関係に教科書を採択することを都教委に求めた結果、都教委による『新しい歴史教科書』と『新しい公民教科書』の採択がなされたのである。

都教委が二〇〇四年四月九日に渋谷公会堂で開催した「教育施設連絡会」でも、国分正明都教委委員は「戦後、歴史を自虐的に解釈して教えることとさえ行われかねない状況にあったが、一度失われた伝統・文化は回復できない」と力説した（『都政新報』二〇〇四年四月十六日）。都教委の君が代斉唱、日の丸掲揚の強制は、明らかに上記のような歴史観にもとづいて行なわれているのであって、都教委はその歴史観と異なって君が代・日の丸がアジアに対する日本の侵略と植民地支配のシンボルとして使われたという歴史観をもつために君が代起立ができない教員たちにその権限を使って思想的圧迫を加えているのである。これは明らかに思想・良心の自由を侵害する行為である。

以上論証したように、都教委は価値中立的な立場から学校の規律や秩序を維持しようとしているのではない。最高裁の多数派の裁判官は、思想・良心の自由を求める教職員の見解を一定限度内に限って認めたが、他方では思想統制を目指す都教委の政策を違憲行為として否認しない、まことに原理原則を貫かない判決を下した。

だが、このような重大な問題を抱えている判決に対して諸新聞は手放しの評価をした。一月十七日付『東京新聞』社説は「過剰な処分に歯止めを」と評価し、同日付『毎日新聞』社説も「行き過ぎた処分には警鐘」と評価した。また一月十八日付『朝日新聞』社説も「行き過ぎ処分に歯止め」と評価した。しかし、公権力を握る者が自己と異なる歴史観をもつものに対して戒告処分であろうと、懲戒処分によって圧迫を加えるのは、明らかに他者の思想・良心に対する侵害であり、断じて許されるべきことではない。

つぎに判決が根津さんが非違行為をしたと見なす行為の実態を検討してみよう。前述のように判決は、二〇〇三年十月二十三日付の都教委通達以前の根津さんの行動まで遡ってとりあげて、彼女の行を非違行為としている。

判決がとりあげている「卒業式における国旗掲揚の妨害と引き降ろし」とは、根津さんが八王子市立石川中学校に勤務していた時期の一九九四年三月の卒業式の朝、校長がポールに揚げた日の丸を根津さんが引き降ろした行為を指す。しかしこれは校長が日の丸を揚げないと決めた職員会議の決定に背いたからだった。しかし都教委は彼女に対して減給一月十分の一の減給処分を行なった。そして翌年三月の卒業式の日に校長はまた日の丸掲揚を否認した職員会議の決定を無視して再び日の丸を掲揚した。根津さんは退職させられることを危惧して、このときは阻止をしなかった。しかし彼女は、担任クラスの二年生とその保護者に宛てた「職員会議の決定を踏みにじった校長先生の行為を決して私は忘れない」と題するプリントを配った。その趣旨は次のようである。

「私は『日の丸』がもつ歴史的意味（国民を戦争にかりたてるために教育を使い、侵略した国ぐにに立てた侵略戦争の象徴）は問題だと思っていますが、それだけで降ろしたのではありません。（中略）ここで問題なのは、権力をもつ者（ここでは文部省や校長先生）によって民主主義が破壊され、命令に絶対服従させられ、人権なんてまったくなくなってしまうことです。（中略）と同時に、あなたたちに、考えもせずに命令に服従する人でなく、自分の頭で考えて行動する人になってほしいと願うからです」（根津さんの著書『希望は生徒──家庭科の先生と日の丸・君が代』影書房、二〇〇七年、九〇～九一頁）

「自分の頭で考えて行動する人になってほしい」という彼女の願いは、日本の民衆が天皇制国家が命ずるままにアジア侵略戦争に動員されて侵略に加担してしまった日本の近代に対する深い反省から生まれた教育理念である。

一九三〇年に生まれ、アジア・太平洋戦争の時期に在学した小学校・商業学校で天皇への忠誠のみが叩きこまれ、アジア民衆を過酷な苦しみに陥れた戦争の実態を何一つ想像もしてみなかった戦中世代の私は、根津さんの抱く教育理念は平和を目指す憲法の理念に沿うものであり、これに共感する。

だが、八王子市教育委員会は彼女に訓告処分をした。最高裁の裁判官の多数派は、根津さんに対する八王子市教育委員会の懲戒処分に追従し、また都教委の通達やそれにもとづく規律・

秩序なるものの内実の実態を調べることもせずにこれを合憲とみなし、近代日本の侵略戦争に対する深い反省から生まれた教育理念をもっているからこそ、君が代斉唱、日の丸掲揚の強制に抵抗する根津さんを規律・秩序の妨害者と認定してしまった。裁判官の戦後責任が厳しく問われねばならない。

Ⅳ

学校教育にもちこまれる歴史修正主義と「特別の教科　道徳」

教科書・副教材叙述の問題と歴史教育への政治介入

田中 正敬

■はじめに

二〇一一年七月三十日に開催された「憂慮する会」第十一回研究会の際に、『江戸から東京へ』という「準教科書」を東京都教育委員会（以下、都教委）が作ったということを聞き、実物をおもちの方に見せていただいた。いわゆる、副読本、副教材などと呼ばれるものである。その場でざっと見たかぎりでも内容に問題があるように思われたので、筆者がその内容について二〇一二年二月二十五日の第十二回研究会で報告することとなった。本稿は、その際の報告原稿であり、二〇一六年の高等学校の歴史教科書検定など、最近の動きについては十分に言及できていないことをお断りしておく。

なお、『江戸から東京へ』については、鈴木敏夫氏が『歴史評論』(七四五号、二〇一二年五月)に「日本史必修、『江戸から東京へ』の導入――石原史観で描く都教委版『準教科書』」と題して詳細な紹介と問題点を指摘されている。また、同「関東大震災をめぐる教育現場の歴史修正主義」(『大原社会問題研究所雑誌』六六八号、二〇一四年)は、近年の歴史修正主義を志向する政治権力に影響された副読本の記述改悪や、文部科学省の教科書検定の問題点、他方での現在の教科書記述の到達点について、関東大震災時の虐殺関連記述などを題材としながら分析している。本稿はとりわけ右の鈴木氏の論考に学びつつ執筆したものである。なお、同氏からは第十二回研究会において懇切ていねいなご教示をいただいたことも附記しておく。

1 日本史必修化の方針と目的

管見のかぎり、この都教委による副読本が作られた一つの契機は、二〇〇六年二月に神奈川県議会で松沢成文知事(当時)が高等学校における日本史必修化の必要性について言及し、同年五月に当時の引地幸一教育長がとりくみを進めると表明したことである(尾方亨「日本史必修化問題を考える――ねざす四二号を読んで」神奈川県高等学校教育会館教育研究所ニュース『ねざす』四三号、二〇〇九年五月)。もう一つ考えておかなければならないことは、石原都政との関連である。後述するように、この副読本は日の丸や君が代の強制に象徴される政治権力による強権的な教育への介入と思想統制を反映したもので、都教委が作成・改訂を主導し、内容も修正主義的な（「つくる会」系列の）教科書の色あいが濃厚である。本書は都立高等学校の生徒・教師全員に配布され、さまざまな形で活用するよう圧力がかけられている（この点についても鈴木氏の論稿にくわしい）。つまり、学校現場における日の丸・君が代の強制と、副読本を通じた歴史観の醸成とは密接に関連しているといえる。

八月三十一日には、首都圏教育長会議（東京・神奈川・千葉・埼玉の教育長で構成）において神奈川県が高校日本史必修化を提案し、九月十四日に四教育長連名で文科省に要望書を提出した。その内容は以下のとおりである。

「（1）国際化の進展の中で、都教育委員会は、教育目標で、教育は国際社会に生きる日本人の育成を期して行われなければならないことを示している。／（2）国際社会に生きる日本人としてのアイデンティティーをはぐくむためには、日本史を学習することが重要である。／（3）現在、小・中学校までは、すべての児童・生徒が日本史を学んでいるが、国際社会に生きる日本人としてのアイデンティティーを一層はぐくむためには、小学校・中学校・高等学校の発達段階に即して、我が国の歴史を継続して学ばせることが重要である。／（4）高等学校学習指導要領の次期改訂に当たり、日本史を必履修科目とすることを検討いただきたい。／なお、その際、現在、小・中学校で学習している社会科の歴史の内容についても併せて検討いただきたい」（以上、東京都教育庁総務部教育情報課『教育庁報』五二二号、二〇〇六年十一月より）

なお、日本史の必修化については、東京都教育委員会も独自に同趣旨の意見書（二〇〇六年十月）・申入書（二〇〇七年四月）を文科省に提出している。

右に見られるように、四つの県都教育委員会に共通する日本史を学ぶ目的とは、学習指導要領を根拠に「日本人としてのアイデンティティーをはぐくむ」ことにあり、「日本史必修化」は、かかる理念的な「日本人」を作るための手段にほかならない。したがって、『江戸から東京へ』もまた、一見郷土史のようなタイトルを付しつつも、その内実は日本の国家史を記述するものであって、それは当時の石原慎太郎東京都知事の意向に沿った修正主義的な色彩を濃厚におびるものである。

二〇〇八年二月十四日には、神奈川県教育委員会が『日本史A』『日本史B』『郷土史かながわ』『近現代と神奈川』の四教科のなかで一科目を必修とする方針を発表した。これに遅れて東京では二〇一〇年二月二十五日に「都立高等学校における日本史必修化の進め方について」を公表。二〇一二年度から都立高校の判断により『日本史A』『日本史B』『江戸から東京へ』の三教科のうちいずれかを選択して授業を行なうことを決定した。三月には「高等学校日本史必修化検討委員会」を設置し、テキストの内容の検討を進めた。

都教委は、同年十二月十六日付で「『江戸から東京へ』テキスト（教科書）の作成について」という教科書案を発表し、そのなかで「東京都教育委員会は、日本人としての自覚を高めるため、高校生に日本史を継続して学ばせることが重要である、という基本的な考え方に基いて、

『江戸から東京へ』（東京都教育委員会、2013年）

都立高等学校における日本史の必修化を決定し、東京都独自の日本史科目『江戸から東京へ』を開発する」とうたった。

このテキストは「準教科書」という位置づけで教科書検定を受けていない。そのこともあってか、元文部省視学官、歴史研究者などを外部委員として監修を行なうなどして、「テキストの客観性と公正さ」に配慮したという（都教委ホームページ「『江戸から東京へ』テキスト（教科書）の作成について」より）。また、十二月二十八日にテキストの内容をPDFにして都教委のホームページに掲載し「都民から意見を求めた」という。一月二十七日付のホームページには、「『江戸から東京へ』テキスト（教科書）の完成・配本について」を掲載し、四月に都立高校のすべての生徒および教員にこのテキストを配布すると通知した。しかしながら後述のように、後の改訂時の記述変更にあたっては、都教委は監修者に一切相談しなかった。

こうして、二〇一二年度版の『江戸から東京へ』は、望むと望まざるとにかかわらず教員と生徒たちに一律に配布され、書店でも販売を開始した。五月二十七日には多摩社会教育会館ホールに地歴科の教師を集め説明会を実施、また協力校の授業でこのテキストを使って実践をさせている。

なお、二〇一二年一月には後述の「教科書『江戸から東京へ』の改訂について」を発表し、これに沿って二〇一三年度版では内容をさらに改悪した。次章では、まず二〇一二年度版のテキストの内容を概観し、検討することとしたい。

2　二〇一二年度版『江戸から東京へ』の記述について

①本書における歴史学習の目的

本書は、「一　幕藩体制の成立」に始まり、「三四　国際都市　東京」に至るまでの、近世から現在までの通史に江戸・東京のエピソードを散りばめるというスタイルをとっている。前述したように、本書の目的は日本人のアイデンティティを生みだすことにあり、それは、冒頭の

「学ぶにあたって」にも次のように示される。

「国と国、国民と国民との交流が深く密接になる一方、政治、経済、社会、文化などさまざまな分野で課題が顕在化しています。これらの課題を解決していくためには、現代の社会やその諸課題が歴史的に形成されてきたものであるということを認識し、まず自らがよって立つ自国の歴史をしっかり学び、自国の伝統と文化について理解することが必要です。そして、我が国と郷土に対する愛着と誇りをもつとともに、他国を尊重し、国際社会の平和と発展に貢献する姿勢を身につけることが大切です」

自国の伝統と文化について理解し誇りをもつことが、諸課題の解決や、他国の尊重、国際社会の平和と発展への貢献につながるという言説は修正主義的な叙述のなかにしばしば見られるものである。しかし、それらが具体的にいかに連関するのかについて、説明は一切ない。

「はじめに」では、現在の私たちが抱える課題として「環境の保全」「経済の開発」「社会の発展」の調和をはかるべきことが述べられるのみである。その範は循環型のシステム（「リサイクル都市江戸」）を作ったとされる江戸に求められている。つまり、理念型としての江戸（時代）が設定され、そうした社会を作った「先人の知恵に学ぶ」のが歴史学習の目的として限定される。本文の言葉を借りれば「江戸・東京は、先人たちの努力と英知によって築かれてきた世界有数の都市」という近代的な、先進的な位置づけが与えられている。こうした限定的な歴史学習の目的と対応して、「おわりに」で強調されるのも東京の「緑の回復」という、それ自体はあたり障りのないスローガンである。しかし以下に示すように、個々の記述にはあたり障り云々ではすまされない意図が見える。以下、その特徴を考えてみたい。

②民衆運動関連叙述の不在

「はじめに」では、次のような江戸の様子が描かれる。「秋の夜には、月の光に照らされた江戸湾を見ながら飲食をして楽しんでいた」。主語がないが、江戸の民衆の様子を書いたのであろう。こうした民衆像は、「特集1　夏の楽しみは両国の川開き」にも江戸庶民の楽しみとして描かれる。「江戸の人々は仕事のあと、毎日のように銭湯に行き、……銭湯は現在の健康ランドと同じ役割をになっていた。……大花火の日には花火が終了しても、納涼船が減ることはなく、宴会は夜明けまで続」いたという。このように川開きや花見、芝居、相撲、歌舞伎の記述のなかで、牧歌的な民衆の姿が描かれるのが本書の特徴である。そこには、きびしい民衆の生活や、過酷な支配へのさまざまなレベルの抵抗といった側面はほとんど書かれない。幕末・維新期でも新撰組や坂本龍馬、西郷隆盛などについては書かれるが、「世直し」など民衆が主体となった動きには触れない。

自由民権運動を扱った章でも、秩父事件など民衆蜂起については、彼らはたんなる暴民として描かれる。「こうした状況のなかで、自作農は小作農へ没落したり、離村したりする者が増加した。この結果、没落した農民たちは一部の自由党員などと結び、政府に対して過激な行動を起こすようになった」(「貨幣で金貨が変える時代」)との記述では、彼らが政府の施策に異議を唱えた理由は見えてこない。そもそも「過激」とは何か。

③天皇像

明治天皇については、「明治天皇から『江戸を東京と定める』という詔書が発令され、江戸は東京と改められ、九月二日には東京府庁が開庁した」(「江戸が東京になった日」)というように、遷都における天皇の役割が強調される。

大日本帝国憲法の評価については、「その後、一八八八(明治二十一)年枢密院を設置して、この憲法と皇室典範の草案を審議し、一八八九(明治二十二)年二月十一日、大日本帝国憲法を発布した。これにより日本は、アジアに先駆けて近代的な立憲国家となった」(「日本に近代憲法が発布された日」)として高い評価を与えている。天皇の神聖不可侵、統帥権などについては触れられているものの、「これらの権限については、国務大臣の補佐や議会の同意などにより行使される立憲君主制の原則が明記された」とする。直前の頁には「現在の日本国憲法に通じる人権保障が規定されており」という五日市憲法の評価が示されているものの(「三多摩に広がった自由民権運動」)、帝国憲法とこうした私擬憲法とはそれぞれ独立して書かれており、理念のちがいを生徒が読みとるのはむずかしい。

また、国民の権利義務については、「『臣民』とされた国民は、法律の範囲内で所有権の不可侵、信教・言論・出版・集会・結社の自由が認められ、国政への参加の道もひらかれた」として、法律の範囲内と限定を付しつつも、国民の政治的な権利がいちじるしく向上したと認識させる記述となっている。前述の天皇大権にかかわる記述と相まって、戦前の天皇制の本質をぼかすものとなっている。

アジア・太平洋戦争の終結に天皇が果たした役割については次のように書かれている。「ヨーロッパにおいては、イタリアが一九四三（昭和十八）年九月に、ドイツが一九四五（昭和二十）年五月に無条件降伏し、日本は完全に孤立した。八月、広島、長崎への原爆投下とソ連の参戦で日本は連合国のポツダム宣言を受諾し、八月十五日に天皇自らがラジオ放送で戦争終結を発表した」（「東京大空襲の日」）。しかし、天皇が開戦の決断を下したことについては触れられていないなど、天皇の戦争責任に結びつくような記述は避けられている。

④侵略戦争の評価について

日清戦争では、「（甲午農民戦争の――引用者註）反乱鎮圧のために朝鮮半島に出兵した日清両軍が軍事衝突を起こし、日清戦争が勃発した」（「列強に近づく日本」）としているが、そもそも日本は「反乱」の鎮圧のために出兵したわけではない。また、軍事力を背景に朝鮮に対して内政干渉を行ない、王宮を占領したことをはじめとして、実際には日本は開戦に向けて積極的な準備を行なっていたにもかかわらず、あたかも開戦が偶然であるかのような記述にすり替わっている。下関条約の締結内容に台湾の割譲を記すのみで、台湾の植民地支配の中身には触れないという問題点もある。

このような、戦争への主体的な関与をできるだけ薄めるような記述は、アジア・太平洋戦争にも出てくる。「同年（一九四一年——引用者註）開戦を主張する東条英機内閣が成立したあとも日米交渉は続けられたが、アメリカも満州事変以前の状態に戻す提案（ハル＝ノート）を示すなど強硬な姿勢を崩さず、日米開戦は避けられない状況となった」（「東京を離れる子供たち」）。アジア・太平洋戦争を第三者的に「避けられない」と書き、その原因もアメリカ側に一方的になすりつけている。

東京裁判については「国家の指導者が戦争犯罪人として裁かれることは前例のないことで、インドのパル判事が新たに設けた罪を過去にさかのぼって適用することに異論があるなどの理由から、被告全員の無罪を主張したのをはじめ、オランダのレーリンク判事らが判決文に批判的な意見を書いた」（「占領下の東京」）としてことさらに無罪論を大きく扱うなど、修正主義的な歴史観を踏襲するものとなっている。

国家への忠誠を尽くしたと評価したいような場面も描かれる。「一九四三（昭和十八）年十月、それまで徴兵が猶予されていた大学生や高等専門学校生の多くが一斉に徴兵検査を受けて、軍隊に入ることになり、二〇万人以上の学生が勉学をなげうって戦場へおもむいた（学徒出陣）」（「東京を離れる子供たち」）として、彼らがすべて自発的に兵士となったかのように描き、徴兵という強制の基本的性格は隠蔽される。

⑤アジア侵略と植民地支配

アジアへの侵略と植民地支配関連については、因果関係が不明瞭な書き方をする（あるいは書かない）という特徴をもっている。紙幅の問題もあるので朝鮮関連記述に絞るが、いわゆる慰安婦や強制連行などの戦時動員関連の記述はもちろん、皇民化政策さえも出てこないなどの問題がある。「朝鮮半島では日本が政治・経済の両面で勢力を伸ばし、三次にわたる日韓協約の締結によって大韓帝国の主権を徐々に奪った。一九一〇（明治四三）年には韓国併合をおこない、京城（漢城を改称）に朝鮮総督府を設置して、朝鮮を植民地として統治した」（「東京にも凱旋門があった」）。ここでは、朝鮮人の抵抗はまったく書かれない。三・一独立運動については「一九一九（大正八）年三月には朝鮮において、日本からの独立をめざす運動（三・一独立運動）が起こった」（「元始、女性は実に太陽であった」）としか書かれず、運動の背景や弾圧についての記述がない。

関東大震災時の朝鮮人虐殺については、コラムで申しわけ程度にとりあげ、「『関東大震災朝鮮人犠牲者追悼碑』は、大震災の混乱のなかで数多くの朝鮮人が虐殺されたことを悼み、一九七三（昭和四八）年に立てられた」（「関東大震災と復興」）と書くが、これでは誰がなぜ朝鮮人を虐殺したのか、生徒は理解できないだろう。しかもこれ以外に朝鮮人関連の記述は本書にまったく登場しない。一方、蘭学にはじまり、欧米人、ないしは欧米諸国との通交や文化の輸入についてはくわしく記述する。戦後史についても、外国人観光客やニューカマーとして東京(の一流企業)で働く外国人は写真つきで紹介する(「東京タワーから東京スカイツリーへ」)。実際は戦前より多民族で構成されている東京の近現代史を、アジア不在の単一民族国家的な枠組みで描くことに、本書の問題がある。

3 本書の特徴

右のように前近代・近代を問わず、アジアとの関係についての記述は薄い、というのが、第一の特徴である。朝鮮通信使よりもオランダとの通交に紙幅が割かれ、儒学がどのように受容されたかも不明。また、植民地支配に関連する歴史の流れはさっぱりわからない。東京在住の朝鮮人や華人をはじめとしたアジアの人びとについては、震災時の二行を除き、戦時労働動員(強制連行)なども含めてまったく登場しない(一方、欧米人は文明開化の指導者として明治期に集中して登場する)。著者の視線は、欧米、もしくは欧米の後追いをする日本に偏る。

そもそも、なぜ「江戸」なのか。それは東京都で使われる副読本だからという単純な理解では説明できないと思う。前述したとおり、この理由は本書が、日本の「成功」(=独立の維持)を江戸・あるいは東京のアジアに対する先進性・近代性に求める、いわゆる「近代化論」的な歴史観をもっているからだと考えられる。

「江戸期に成熟した独特の感性や高い文化、教育水準は、その後の時代に財産として受け継がれ、日本が急速な近代化を遂げ、国際社会で確固たる地位を確立していく原動力となりました」（冒頭の「学ぶにあたって」より）というが、「独特の感性」云々が具体的にいかに近代化と結びつくのか説得的な説明に欠ける。かかる近代化論的な歴史観は、むしろアジアを蔑視する論理をはらんでおり、また日本の独立がアジアへの侵略のうえに成り立っていたという事実認識の欠如にもつながるものである。つまり近代化をバラ色にしか描かない本書では、その過程で起こる矛盾が不十分にしか書かれないという問題があるといえる。

以上のような発想のもとで執筆され、歴史的事実の一面のみをとりあげる傾向が強い本書においては、「歴史の意味づけ」も、冒頭の「はじめに」に書かれた「先人の知恵に学ぶ」（リサイクル）というようなあたりさわりのない事柄に限定される。関東大震災時の国家・民衆による組織的な朝鮮人虐殺から植民地支配の苛酷さや排外主義の危うさを学び、それを現在に生かすなどという発想は、この教科書からは生まれようがない。

こうした貧困な歴史叙述を生みだす元凶は、国家主義的なナショナリズムにある。日本史必修化のなかで主導的役割をはたしたと思われる神奈川県教育長の引地孝一氏は次のように述べる。

「『日本人が国際社会において、日本人としての自覚をもって、主体的に生きていくためにも、自国の歴史、文化、伝統といった日本の良さをきちんと学ぶことが、いま、求められている。……教育行政の責任者として感じるのは、いまの日本人には思いやりの心が欠けているのではないかということ。思いやりは歴史、伝統、文化の中で育んできた。その良さをもう一度見つめなおすべきだ』……と答えた」（「高等学校における日本史の必修化に向けて」神奈川県高等学校教育会館 教育研究所『ねざす』四二、二〇〇八年十一月）

以上のようにこの本の著者やそれを支える人びとにとって日本史とは、文化・伝統を学び日本人としての自覚を育て、それが課題解決や国際社会への寄与、思いやりを育てることにもつながるという大変けっこうな学問だが、こうした感覚、もしくは感想レベルの話を学問の場にもちこむがゆえに、上記の「論法」が具体的にいかに論理的につながるか、もしくはその実例がどこに存在するかは示されず、最終的には「日本人が自国の歴史を学ぶのは当然だ」として片づけられる。「当然だ」といった瞬間に思考は停止する。ようするに論理的に説明できていないのである。きちんとした内容の検討もなされないままに、かかる感覚が教育の現場にもちこまれることになる。これは日の丸・君が代の強制にもいえることである。

『ねざす』の翌月号（四三号、二〇〇九年五月）には、引地氏の文章について以下のような批判が寄せられている。

「ＮＨＫの大河ドラマ同様、支配者がいかにして権力を握り善政ないしは悪政をしたか、を中心とする歴史教育では、引地先生の言う『自国の歴史、文化、伝統といった日本の良さをきちんと学ぶこと』は、往々にして国民の権力者への批判精神を眠り込ませ、騙されやすい国民をつくってしまうおそれがあると思っています。

一例をあげますと、小中の古代史における『聖徳太子』と『大化の改新』の異常な称揚ぶりです。小学校教科書では聖徳太子伝説をそのまま史実として列記・図解までし、多くの先生たちもそれを熱心に教えています。『冠位十二階』が中位以下の位で、蘇我氏が一人ももらっていないのはそれより上位の与える側だったためという歴史学の常識は隠蔽されています。中学教科書でも蘇我氏の独裁的な政治を倒し、天皇中心の新しい政治を進めるために『大化の改新』が行われたとし、蘇我氏が国際派・改革派であったことは無視され、蘇我氏中心＝悪、天皇中心＝善というイデオロギーがすり込まれます。これは皇国史観ではないですか？　国民（民衆）にとってどうだったのかという視点こそ大事だと思います」（神谷幸男「日本史か世界史かでなくどんな歴史教育かこそ」）

4　教科書・副教材の改悪について

①　『江戸から東京へ』の記述改悪

これまで見たような問題点を抱える『江戸から東京へ』は、「教科書に関するアンケート」

や「都民から意見を聴取して」改訂された（教育庁「東京都独自の日本史科目『江戸から東京へ』教科書の改訂について」二〇一二年一月二十六日）。東京都教育委員会自身は、百二十か所を修正した改訂版（二〇一三年度版）の目玉は、東日本大震災など最近の出来事を加えたほか、「拉致」「竹島」の記述を加えたこと、「特集7　戦争と東京――日本はなぜ戦争を始めたのか？」を新設したことにあるとしている。とりわけ後者二つは日本教育再生機構の要求により、これにそった加筆修正となっているとする（具体的な経緯は『教育再生』二〇一二年三月号を参照）。「竹島」がどうして東京の成り立ちと関連するのかという疑問はともかくとして、改訂版の中身を見ると、前述の修正主義的な歴史観がいっそう強まったこと、具体的にはアジア・太平洋戦争までの加害の問題がいっそう薄められる方向で書きかえや加筆が行なわれている。

たとえば改訂版では、「大東亜戦争」の呼称、東南アジアにおける日本の占領と戦後の独立とを結びつける記述が加えられ、前述の「特集7」では「ハル＝ノートの原案を作成した……ハリー・ホワイトは、ソ連のスパイの疑いがあるとして……作成に関してソ連が関わっていたとする意見もある」とか、マッカーサーの発言について「この戦争（アジア・太平洋戦争）を日本が安全上の必要に迫られて起こした」と書くなど、およそ実証に耐えない事項が書き加えられた。こうした加害の問題の書きかえの具体例として、筆者が研究対象としている関東大震災時の朝鮮人虐殺関連の記述の改悪について考えてみたい。

横浜市では中学校の副読本『わかるヨコハマ』（二〇一二年度版）で、執筆者の意向を受けて関東大震災関連記述の改訂を行ない、「軍隊や警察……自警団などは朝鮮人に対する迫害と虐殺を行い、また中国人をも殺傷した」とした。ところが『産経新聞』での報道（二〇一二年六月二十五日）をきっかけに、七月十九日の横浜市会こども青少年・教育委員会で自民党議員が「虐殺」という表現が問題だと非難したところ、山田巧教育長が「表現、文脈、構成などに誤解を招く」として、即座に改訂を約束した。その結果、「虐殺」などの表現がすべて「殺害」に変わり、軍隊・警察など国家責任にかかわる記述が削除された。

これに対して、「歴史を学ぶ市民の会・神奈川」は八月三日に山田教育長に二〇一二年度版の記述の方が実態が明確であると指摘、改訂を避けるよう求める要請文を提出し（『朝日新聞』八月十六日）、十一月十五日には抗議文を提出、二十六日には公開質問状を提出した。また、山田昭次氏が呼びかけ人となって、十月三十一日付で同趣旨の要請書を提出した。

しかし、横浜市教委は、二〇一二年度版の改訂にかかわった関係者を処分すると同時に、以前の副読本を回収した（この処分自体が異例である）。

東京では、都教委が作成した高校日本史の副読本『江戸から東京へ』の記述改変について、二〇一三年一月二十五日の『朝日新聞』（東京地方版）に「副読本、記述変更関東大震災の朝鮮人『虐殺』→『命奪われた』」との見出しの記事が載った。

墨田区横網町公園の「関東大震災朝鮮人犠牲者追悼碑」の記述については従来、「『関東大震災朝鮮人犠牲者追悼碑』は、大震災の混乱のなかで数多くの朝鮮人が虐殺されたことを悼み、一九七三年に立てられた」と書かれていた。しかし二〇一三年度の改訂版では、「『関東大震災朝鮮人犠牲者追悼碑』は、震災発生五十年に当たる一九七三（昭和四十八）年に立てられ、碑には、大震災の混乱のなかで、『朝鮮人の【が】尊い命が【を】奪われました』と記されている」と変えられた（しかも都教委によるこの引用は誤りで【】内が正しい）。

同記事によれば、これは「都教委高等学校教育指導課が、副読本の『誤解を招く表現』を再検討」した結果であり、「担当者は『いろいろな説があり、殺害方法がすべて虐殺と我々には判断できない。（虐殺の）言葉から残虐なイメージも喚起する』としている。また、副読本を監修した専門家には相談しなかった」という。

こうした記述の改悪に対して、「関東大震災朝鮮人虐殺の国家責任を問う会」や日朝協会などの各団体が、都教委に質問状を提出してこれに抗議した。「問う会」が提出した二〇一三年二月二十三日の質問状のなかで「虐殺」という文言を消したことを批判したのに対して、都教委は「『朝鮮人が尊い命を奪われ』たことについて、それが虐殺であったか判断する立場にありません」と返答した。結局、都教委は先の引用部分の誤りを訂正したのみで改訂版をそのまま配布した。

この改訂は手続きと内容双方に問題がある。まず、第一にどうして記述に責任を負う監修者に無断で都教委が記述の改変を行なういうるのか。彼らが「我々には判断できない」という立場であるならば、よけいにそうした文言を含む記述の改変を勝手に行なってはならないはずである。

第二に、歴史的事実としての朝鮮人虐殺をたんなる碑の「引用」におきかえてしまうことにより、朝鮮人犠牲者が「天災」によるものか「人災」によるものかもわからぬようにしてしまったこの改変こそが、「誤解を招く」ものである。それは碑を建立した人びとの思いをも踏みにじるものであろう。

彼らがいかに説明しようとも、結果としてこの記述は、「残虐」そのものである虐殺の歴史的事実を隠蔽し、国家と民衆の加害責任を曖昧にする、修正主義的な歴史観に適合的な記述である。以上のような、手続き的にも内容的にも問題があるこのような改訂を、都教委が独断で行なうことは許されない。

② 文部科学省の検定による改悪について

周知の通り、二〇一四年一月二十八日付の学習指導要領解説書の改定「『中学校学習指導要領解説』及び『高等学校学習指導要領解説』の一部改訂について（通知）」は、さらなる「領土に関する教育の充実」をはかるようにし、また、二〇一四年一月十七日付の義務教育諸学校教科用図書検定基準の改定において、新たに次の二つの基準が加えられた。

近現代の歴史的事象のうち、通説的な見解がない数字などの事項について記述する場合には、通説的な見解がないことが明示されているとともに、児童又は生徒が誤解するおそれのある表現がないこと。

閣議決定その他の方法により示された政府の統一的な見解又は最高裁判所の判例が存在する場合には、それらに基づいた記述がされていること。

以上のように、政府見解の記載が強制されたり、検定において通説的な見解がないと判断された場合にはそれを明記することが求められたことを受けて、検定では、五社の公民、歴史教科書に「政府見解が書かれていない」として意見がつき、二社の歴史教科書について「通説的な見解がない」旨を記載するよう意見がついたという。当然ながら、かかる検定基準の改定の背景には、安倍政権が教育に政治介入し、修正主義的な思想を教科書に反映させようとする意向が反映されていることが考えられる。

こうした検定基準の改定は、検定以前の教科書叙述における自主規制につながる。新聞報道によれば、「領土問題」について大幅に記述の量を増やしたり（東京書籍、公民）、南京事件については「多数の捕虜や住民を殺害し、国際的な非難を受けました」という記述が「捕虜や住民を巻き込んで多数の死傷者を出しました」という記述に変わった事例（教育出版、歴史）があったという（『朝日新聞』四月七日付）。南京事件については、「教育出版と帝国書院が、犠牲者数で通説的な見解がない旨の記述を追加した。東京書籍は『国際的な非難』とのくだりを外した」ともいう（『東京新聞』四月七日付）。

『読売新聞』四月七日付の記事によれば、ある教科書会社の担当者は「通説がない場合にはないと明示する、との新基準は、南京事件を指していると受け止めた」という。

教育出版の歴史教科書は、沖縄戦における旧日本軍による住民虐殺事件について「琉球方言を使用した住民は、スパイとみなされ処罰されることもありました」と書いた。虐殺と処罰では、意味あいがまったく異なる。あたかも裁判でも行なわれたかのような記述である。髙嶋伸欣氏は「当時お年寄りは標準語が話せず、琉球方言しか使えなかった。スパイ扱い自体、納得できないのに、殺害された事を『処罰』と書かれることには大変な抵抗がある。処罰とは、される側に相当な責任があっての罰。生徒が『仕方ないのかな』と解釈しかねない。日本軍の責任を薄めようとする表現だ」と指摘する。そして、こうした記述が登場する背景として、「旧日本軍の関与を避けるのは、教科書の執筆者や出版社が政権の顔色を必要以上にうかがっているからだろう。安倍首相らの歴史修正主義が、じわじわと教育を染め上げようとしている」と分析する（『東京新聞』四月一六日付）。

新基準による教科書検定における書きかえの要求は、まさに歴史修正主義的な言説と関連している。『東京新聞』四月七日の記事によれば、新検定基準を適用して書きかえを強制されたテーマは、戦後処理、「慰安婦」、東京裁判、関東大震災の際に殺害された朝鮮人の数であるという。

戦後処理については、教育出版の公民教科書が「一九九五年に、当時の村山富市首相による談話などで、日本政府として公式に謝罪を行なったのもこのような考え方によるものです。日本の軍や企業による行為で被害を受けた人びとからは、補償を求める動きが続いています」（「このような考え方」とは、反省と近隣諸国との友好を指す）と記述した。これに検定意見がつき、村山談話の一節は削除され、「日本政府は、国家間の賠償などの問題はすでに解決済みという立場をとってきています」という記述がその部分に加えられた（既出『読売新聞』の記事）。

いわゆる「慰安婦」の問題についてはは学び舎がとりあげたが、検定の結果、事項についての記述は残ったものの、軍の「慰安婦」にされていたと名乗りでた韓国人女性の証言は削除された。また、「日本政府は『軍や官憲の強制連行を直接示す資料は発見されていない』との見解を表明している」との記述がつけ加えられたという（変更の概要、『東京新聞』四月七日付の記事）。

右に見られるように、日本政府の施策の「正当性」を強調するような政府見解は、日本の加害責任にかかわる事項に集中的に付されている。教科書に日本政府の弁明を載せるという事態は、まったく異様である。

旧来の検定基準の枠組みの修正でも、日本政府の責任は薄められている。「北海道旧土人保護法」の評価について、「狩猟採集中心のアイヌの人びとの土地をとりあげて、農業を営むようにすすめました」には、「誤解する恐れがある」との意見がついた（どのような「誤解」かは不明）。修正後の記述は「狩猟や漁労中心のアイヌの人々に土地をあたえて、農業中心の生活に変えようとしました」となった（『東京新聞』四月七日付）。日本文教出版におけるこうした記述変更が、歴史研究における「北海道旧土人保護法」の評価と対立することはいうまでもない（くわしくは『東京新聞』四月十六日付の記事を参照）。

下村文部科学大臣は、コメントとして「自国の領土について正しく教えるのは当然のこと。教科書に明確に記述されたのは大きな前進だ」と述べたという（『東京新聞』四月七日付）。国境線をめぐる対立が現実として存在するにもかかわらず、「解決すべき領有権の問題は存在していない」などと強弁する指導要領解説にもとづく検定のどこが「正しい」のか。現実に問題があることを認識し、いかに解決するのか主体的に考える態度は、こうした一方的な教えこみからは育めない。

また同大臣は、歴史教科書の記述は「これまで光と影のうち影の部分が多かった。政府見解と異なる記述がある場合に政府見解も載せることで、バランスをよりとる方向にまとまりつつある」（『朝日新聞』四月七日付）と検定を自画自賛し、『読売新聞』（四月七日付）の記者も記事のなかで、「新たな検定基準では『政府見解』などの明記が求められ、近現代史について丁寧でバランスが取れた記述への方向性が明確になった」と検定を評価する。

「光と影」をバラバラにとらえ、その「分量」で歴史叙述のバランスがとれるという発想は、そもそも光と影の「関係性」を考える歴史学の研究方法を理解していないことの表れである。しかも、その一方は政府見解である。国家が教育にたいして自己の欲する見解を強制した結果、戦前の日本で何が起こったか、大臣も記者も歴史から学ぶべきである。

一見、相互に対立するかのように見える光と影を「バランス」よく並べることで歴史叙述が成り立つというが、どうすれば「バランス」がとれるかはまったく説明されない。それは「文字数」だろうか、それとも事項の「数」なのであろうか。ようするに、これまた単なる感覚にすぎないコメントである。

最後に、筆者が研究テーマとしてとりくんでいる関東大震災における朝鮮人虐殺関連記述に加えられた検定について、考えてみたい。

関東大震災朝鮮人虐殺人数についての記述の変更は、前述したように近現代史における数字などについて「通説的な見解がない場合には、その旨を書かなければならない」という新検定基準にもとづくものである。

意見が付された学び舎の歴史教科書は、「数千人の朝鮮人が虐殺された」という記述を、「虐殺された人数はさだまっていない」と変えさせられたという（『東京新聞』四月七日）。

清水書院の歴史教科書には、「警察・軍隊・自警団によって殺害された朝鮮人は数千人にものぼった」という記述に意見が付された。その結果、「自警団によって殺害された朝鮮人については当時の司法省は二百三十名あまりと発表した。軍隊や警察によって殺害されたものや司法省の報告に記載のない地域の虐殺をふくめるとその数は数千人になるともいわれるが、人数については通説はない」という記述に変わった。

ここではとりわけ清水書院の記述改変をもたらした新基準検定について考えてみたい。

第一に、この検定において「通説がない」とする根拠が不明確である。検定意見がついた教科書は前回も同様に記述し、検定を通過している。虐殺者数について問題があるとするならば、なぜ前回の検定において意見を付さなかったのか。

「数千人」という被虐殺者数は、山田昭次『関東大震災時の朝鮮人虐殺　その国家責任と民衆責任』（創史社、二〇〇三年）で示されているもので、現段階では研究者からはとくに異論はない。上記の教科書の数字はこれにもとづくものだと考えられる。

しかし、今回の検定においては前回と同じである記述に検定意見が付された。文部科学省が、検定で「通説がない」とするならば、右の歴史研究の成果が「通説とは言えない」というほどの反証を提示し、明確な根拠を示すべきである。

第二に、にもかかわらず、震災後の司法省による「二百三十名あまり」という数字については、実際の虐殺者数とはかけ離れているにもかかわらず、検定を通過させたという問題がある。司法省調査の虐殺者数は、朝鮮人虐殺事件のうち、いわゆる「自警団事件」の一部をカウントしたものに過ぎない。また、軍隊・警察による虐殺についてはまったく触れていない。

司法省の調査は、虐殺者数を小さく見せると同時に、虐殺の犯人を民衆に押しつけ、軍隊や警察の関与を隠蔽するためのものである。このことは、いみじくも右の清水書院の教科書執筆者が書いた記述のとおりである。いかにも数字の正確性にこだわっているようで、実態と異なる数字の記載を認める文科省の検定基準は、きわめて恣意的である。関東大震災朝鮮人虐殺を攻撃してきた修正主義者たちがつねにとりあげるのも「数」の問題であって、このたびの文科省の検定も、そうした修正主義者たちの言説と親和性をもつものといえるだろう。

よく知られているのは、一般的に「六千人あまり」とされる虐殺者数であるが、これは当時日本にいた朝鮮人が調査の結果出した数字である。しかし、山田昭次氏の前掲書に書かれているとおり、彼らの調査は官憲により妨害されたし、当該地域の民衆の協力も得ることはむずかしかったであろう。そのため、推測が入らざるをえなかった朝鮮人による調査による虐殺者数が端数まで正確であるかと問われれば、それは正確ではないといわざるをえない（ただ、概数としての六千人を積極的に否定する根拠もない）。

ここで忘れてならないのは、正確な数字が分からないのは当時の日本政府が調査・公表を行なわなかったためだということである。当時の朝鮮人は（本人の意思はともかく）一律に日本国籍に編入された日本国民であった。国民の被害をきちんと明らかにするのは政府の責任である。しかし、自らも主体的に関わった政府は被害の実態を隠蔽し、また朝鮮人もこれにきちんと抗議する政治手段をもっていなかった。本来、調査をしなければならなかったのは朝鮮人ではなく日本政府である。

山田昭次氏の研究は、そうした困難な資料状況のなかでも、証言を含めた地域の資料をつきあわせて検討したものである。関東大震災から九十年以上経った現在、現状ではより確実な数字を出すことはむずかしいだろう。

したがって、数千人という虐殺者数は正確な数字ではないが、しかしこれ以上正確さを期待することが困難ななかで得られた数字であり、そのかぎりで通説と考えるべき数字である。

■おわりに

歴史的事実をめぐってつねに論争が起こりうる歴史学において、何が「通説」であるかは慎重に判断されなければならない。国家が明確な根拠さえも示さず、通説であるか否かを一方的に判断し記述の変更を強制するのは、学問の自由を抑圧・否定する行為である。

検定により「二百三十名あまり」という少ない虐殺者数の記載が認定されれば、それは朝鮮人虐殺事件の過小評価につながる。こうした行為は、虐殺された朝鮮人とその遺族を冒涜するものである。日本政府は、虐殺事件後に遺体を焼却するなどして虐殺の事実を隠蔽した。当時の日本政府が行なうべきは遺族に向きあい、自らが関与した虐殺事件の責任を認め、実態を明らかにすることであったはずである。このたびの検定は一九二三年以降に行なってきた隠蔽と同じ性質のものであるといえる。本稿では詳述できなかったが、高等学校の歴史教科書では、執筆者の努力により関東大震災朝鮮人虐殺に関する叙述はより充実してきた（詳しくは、拙稿「戦後日本の歴史教科書と関東大震災における朝鮮人虐殺事件」（姜徳相ほか『関東大震災と朝鮮人虐殺』

論創社、二〇一六年、参照)。こうした成果を後退させてはならない。

以上申し述べたように、このたびの検定は、国家が国家主義的・修正主義的な発想にもとづいて、歴史研究の成果をふまえず、歴史教育に介入したものである。このような検定方針のもとでは、今後とも教科書の記述が検定にとどまらず「自主規制」という対応を含めていっそう抑制されるだろう。

教科書記述への介入はまた、教員個々に対する指導監督上の強制や副教材、授業内容に対する監視と強制とセットとなっていることも問題である。先に見たように東京の都立高校では、教科書検定さえも行なわれることなく恣意的に作られた副教材が強制的に生徒に配られ、これを利用することを強制するような現状もある。学問・教育の自由を抑圧するこうした制度を廃止しない限り、国家の介入と思想統制を排除することは困難だと考える。

「特別の教科　道徳」と私たちの課題

藤田昌士

1　「道徳の教科化」のねらい

一九九九年三月、当時の小渕恵三首相のもとに設けられた「二十一世紀日本の構想懇談会」（河合隼雄座長）は、翌年一月、「日本のフロンティアは日本の中にある——自立と協治で築く新世紀」と題する最終報告書を提出した。同報告書は、第五章「日本人の未来」で「教育のもつ二面性」と題してつぎのように述べている。

「第一に忘れてはならないのは、国家にとって教育とは一つの統治行為だということである。国民を統合し、その利害を調停し、社会の安寧を維持する義務のある国家は、まさにそのことのゆえに国民に対して一定限度の共通の知識、あるいは認識能力をもつことを要求する権利を持つ。（中略）そうした点から考えると、教育は一面において警察や司法機関などに許された権能に近いものを備え、それを補完する機能を持つと考えられる。義務教育という言葉が成立して久しいが、この言葉が言外に指しているのは、納税や遵法の義務と並んで、国民が一定の認識能力を身につけることが国家への義務であるということにほかならない」（傍点は引用者）

同報告書が「第二の側面」として挙げるのは「サービスとしての教育」であるが、それはさておき、国民の「教育を受ける権利」をうたった日本国憲法のもとで、驚くべき教育のとらえ方ではないか。憲法第二十六条は、北海道学力テスト事件最高裁判所判決（一九七六年五月二十一日）にあるように、「子どもの教育は、教育を施す者の支配的権能ではなく、何よりもまず、子どもの学習をする権利に対応し、その充足をはかりうる立場にある者の責務に属するもの」としてとらえているのである。

しかし、実質改憲ともいうべき上記のような教育のとらえ方の延長線上に二〇〇六年の教育基本法改定があり、今日の安倍内閣による「教育再生」政策もあると考えることができる。「道徳の教科化」は、教育委員会制度の改定、教科書検定の強化などとあいまって、道徳教育を国家の統治行為のなかにより深く組みこもうとするものである。そのために、いじめ問題にこと寄せて、その実は「道徳」を教科にすることによって、①その実施への強制力を強める、②当面は文部科学省『私たちの道徳』、やがては検定道徳教科書の使用を義務づけることによって授業の内容・方法を規制する、さらには③「特別の教科　道徳」を要として学校の教育活動全体の「道徳教育」化（徳目のお説教とおしつけ）をさらにおし進める、以上の三つのねらい*を重ねあわせながら、つまるところは政府のいう「愛国心**」をはじめとする国定道徳を注入しようとするものといえる。あるいは、戦後、文部省『中等学校・青年学校公民教師用書』（一九四六年）が従来の道徳教育（修身教育）について述べていたように「いかに既成の秩序に服従するかという個人の心術」（二頁）をいままた作りあげようとするものともいえる。

*上に挙げた三つのねらい（①②③）は、道徳教育の充実に関する懇談会「今後の道徳教育の改善・充実方策について（報告）」（二〇一三年十二月二十六日）に即して見ると、つぎのようにいわれている。

①現実的な問題として、我が国の学校においては、どうしても『各教科』が偏重されがちで、道徳の時間が軽視されがちとなっているとの指摘があるが、こうした風潮を改め、関係者に道徳教育の重要性についての再認識と取組の充実を求める上でも（道徳の教科化は――引用者注）意義深いものと考える」

②「どの学校においても、またどの教員によっても、一定水準を担保した道徳の授業が実施されるようにするための質の高い教材が必要である。（中略）『特別の教科　道徳』（仮称）の主たる教材として、検定教科書を用いることが適当と考える」

③「道徳の時間を『特別の教科　道徳』（仮称）として位置づけ、その目標・内容をより構造的で明確なものにするとともに、学校の教育活動全体を通じて行う道徳教育の要としての性格を強化し、それ

以外の各教科等における指導との役割分担や連携の在り方等を改善することにより、これまで述べた道徳教育の改善・充実に向けた取組がいっそう円滑かつ効果的に進むことが期待される」

＊＊ここでいう「愛国心」とは、これまでの政府の施策によって意味づけられてきたもので、拙著『学校教育と愛国心　戦前・戦後の「愛国心」教育の軌跡』（学習の友社、二〇〇八年）でも述べたように、①一九五〇年当時の天野貞祐文相発言をはしりとして一九六六年、中央教育審議会「期待される人間像」のなかでもいわれたような「天皇への敬愛」と不可分なものとしての「愛国心」、②一九五三年、池田・ロバートソン会談日本側議事録草案要旨にいう「自衛のための自発的精神」、さらには防衛庁『第二回　防衛白書』（一九七六年）等にいう「国を守る気概」としての「愛国心」、③一九八〇年代、臨時教育審議会の一連の答申のなかであらためて強調された日本の「伝統・文化」の尊重、それにもとづく「日本人としての自覚」としての「愛国心」、少なくともこの三つの「顔」をもつものといえる。

ただし、日本教育会研修事業委員会編著『愛国心と教育』（一九八七年）に「天皇制こそがわが国の伝統の中心である」とあるように、①と③は重なりあっている。近くは自由民主党「日本国憲法改正草案」（二〇一二年四月二十七日）が前文冒頭で「日本国は、長い歴史と固有の文化を持ち、国民統合の象徴である天皇を戴く国家であって」と述べ、あたかも象徴天皇制が日本古来の伝統であるかのような記述を行なっている。

このような「愛国心」を作りあげることこそ、「道徳」特設当初からの政府の道徳教育政策の基本的なねらいであった。降って二〇〇六年の教育基本法改定は「愛国心」の法定を中心的なねらいとしていた。その翌年、日本経済団体連合会も「美しい薔薇が健やかな枝に咲くように、美徳や公徳心は愛国心という肥沃な大地から萌え出る」（『希望の国、日本』二〇〇七年一月）としている。近くは二〇一三年十二月十七日、安倍内閣が策定した「国家安全保障戦略（ＮＳＳ）」に「国を愛する心」が明記された。

■2 国家は「道徳の教師」か

「道徳」時間の特設（一九五八年四月）に先立ち、一九五七年八月四日、松永東文相は記者会見で「民族意識、愛国心高揚のために小・中学校に道義に関する独立教科を早急に設けたい」と言明している（同日付朝日新聞夕刊参照）。その後、一九五八年三月の教育課程審議会答申にもとづき、小・中学校「道徳」実施要綱（一九五八年三月）、ついでは小・中学校学習指導要領道徳編（一九五八年八月）において、道徳教育の目標の基本は「人間尊重の精神」、「道徳」は、これを過去の修身科の復活とする批判を考慮するところから、学校の教育活動全体を通じて道徳教育を行なうという従来の方針を踏襲しつつ、他の教育活動における道徳指導を補充・深化・統合する「時間」とされた。

しかし、当時の文部省が学習指導要領から「試案」という文字を削除し国家基準性を強化した一九五八年改訂小・中学校学習指導要領（同年十月全面告示）で「道徳」の特設とその目標・内容等が規定されるについては、前記のような文相発言とそこにいたる一連の政治過程があったことを見なければならない。一九五七年五月二十日、国防会議は「国防の基本方針」を決定、愛国心の高揚が国家の安全保障の基礎と強調している。同年七月三日、自民党政策審議会は「文教政策大綱」を発表、民族精神の涵養と国民道徳の高揚を強調している。

さて、このような状況にあって一九五七年十一月、日本教育学会教育政策特別委員会は「道徳教育に関する問題点（草案）」を発表し、その「あとがき」のなかで「近代民主主義のもとで、個人の自由と良心の問題である道徳とその教育について、公権力が一定の方向づけやわくづけをすることが、はたして妥当であるかどうかが考えられねばならない」としている（日本教育学会『教育学研究』第二十四巻第六号、金子書房）。

他方、この指摘に対応するかのように、特設後、文部省が行なった一連の道徳教育指導者講習会で講師の一人、小沼洋夫（元文部省教学官）は「日本の事情というものを考えますと、この際、道徳教育の基準というものを、ある程度明らかにして、それを学校が中心になって、その基準に則した道徳教育をやっていき、それが将来、家庭・社会という所に浸透していけば、日本として道徳教育というものの地盤ができていくのではないか（中略）考え方によっては特設時間を設けたということよりも、今回の道徳教育指導要領で道徳の目標ないし内容を示したことに大きな意義がある」と述べている（文部省『新しい道徳教育のために』一九五九年、東洋館、一五二頁）。

なお、小沼は、その講演のなかで「人間愛・人間尊重の中に、基本的人権は含まれるが、基本的人権を認めるだけでは、ただちにそのために自己が犠牲になるという道徳的な根本問題はでてこない。そういう意味で、人間尊重ということばはより包括的な意味をもっている」とも述べている(同書、一六八～九頁)。

これらの指摘からいえるように、特設「道徳」の問題は、学校における道徳教育の方法として特設時間によることが教授学的ないし訓育理論的に妥当であるかどうかという問題であるより前に、国家と道徳教育との関係をめぐる近代民主主義の原則にかかわる問題、つまりは国家、具体的には政党内閣によって指揮監督された文部省(現文部科学省)は「道徳の教師」(堀尾輝久)でありうるのかという問題なのであった。一九五八年四月にはじまる「道徳の時間」の特設が、国家が再び「道徳の教師」として登場する第一段階であったとするならば、いま、「愛国心」を法定した改定教育基本法の下で「道徳」を教科とすることによって、国家を「道徳の教師」とする第二段階が到来している。*日本国憲法第十九条、子どもの権利条約第十四条が掲げる「良心の自由」にもとづき、国家と道徳教育との関係を律する民主主義的原則を問い、道徳教育に対する特定政党の支配を排除することがあらためて求められている。

他方、子どもの道徳性の発達を援助することが私たち父母・教師・国民に課せられた責務であるからには、私たちが子どもとともにめざす人間像とはいかなるものか、そのことをはじめとして、父母・教師・国民の道徳教育にかかわる合意を草の根から追求するという課題が私たちに課せられている。**

＊二〇一四年十月二十一日、下村文部科学大臣は、中央教育審議会（第九十四回）において答申提出を受けた後のあいさつのなかで、文科省がこれまで三回にわたって『私たちの道徳』を学校で活用するとともに家庭にももち帰らせるよう教育委員会に通知を発してきたことに触れながら、つぎのように述べている。

「今回のような形で答申を頂いたことを契機として、学校における道徳教育の充実を図るということはもちろんのこと、今お話がありましたが家庭、またそれだけでなく地域、こういうところとの連携を更に強化して、社会全体でこれからの時代を担う子供たちのよりよく生きる力の育成を図ることができるよう、力を尽くしてまいりたいと思います」（第九十四回議事録参照）

国家を学校のみならず家庭・地域にもわたって「道徳の教師」にしようとする意図をここにもみることができる。

＊＊先に述べた「父母・教師・国民の道徳教育にかかわる合意を草の根から追求するという課題」と関連して、私たちは学校を教師・父母（保護者）・子どもの三者の参加と協力による教育共同体として建設する必要があるということを基礎的な課題として指摘しておきたい。ここで想起されるのは、かつて勝田守一が学校の機能の一つとして「社会統制」（ソーシャル・コントロール）を挙げ、それを「教化」（閉じた社会統制）ではなく「自発的な社会統制」（開かれた社会統制）としてとらえなおすところから学校と教科づくりの課題を論じていたことである（勝田「学校の機能と教科づくり」、『勝田守一著作集』

第四巻所収)。その論文で、勝田はとくに教師・父母(保護者)・子どもの三者の参加と協力という課題をとりあげているわけではない。しかし、国家による教化に対抗して私たちが学校に付与しようとする「自発的な社会統制」という機能は、上記三者の参加と協力による学校づくり(「子どもの最善の利益」をめざす民主的な教育共同体の建設)によってこそ担われるものというべきであろう。

なお、筆者は、三者、さらには地域住民をも含む四者の参加と協力による学校づくりという課題について「子ども・父母・住民・教師の協力による学校づくりを」(日本生活教育連盟『生活教育』二〇〇三年十一月号所収)でも述べたことがある。

3 「学校の教育活動全体を通じて行う道徳教育」の変質、その「道徳教育」化

戦前・戦時、日本の初等学校・中等学校における道徳教育は、単に首位教科(筆頭教科)としての修身のみによって担われるものではなかった。それを補完する、というより支えるものとして、国語や「国史」(日本歴史)などの教科があった。*「御真影」(天皇・皇后の写真)への最敬礼と教育勅語「奉読」等から成る「天長節」などの学校儀式があった。

＊たとえば国民学校期に即してみると、『初等科国語　六』(第五学年後期用)には「水兵の母」と題する教材があった。当時の文部省の編纂趣旨によると、「陛下の御ために、愛子(まなご)が死ぬることこそ、

愛子を永遠に生かす道であると信じて疑はない母親」を描き賛美したものである。『初等科国史　上』（第五学年用）の冒頭「第一　神国」の「一　高千穂の峯」では、あの天孫降臨の神話があたかも史実であるかのように教えこまれた。

このような修身教育体制への反省に立って、戦後の学校における道徳教育は、社会科をはじめとして社会・自然・人間の真理・真実を学ぶ教科指導と、教科外諸活動を主な場として民主的な人間関係・自治能力を育てる生活指導とを二本柱とし、学校の教育活動全体を通じて行なうものとして再出発した。そこで指向されたのは知育（科学教育）と徳育（道徳教育）との結合、そして子どもの実生活に即するという原則であった。

なお、学習指導要領のうえで、学校の道徳教育は学校教育の全面において行なうという方針が明示されたのは一九五一年改訂版の『学習指導要領一般編（試案）』においてであるが、そこにはつぎのようにあることに注意したい。

「民主社会における望ましい道徳的態度の育成は、これまでのように、徳目の観念的理解にとどまったり、徳目の盲目的実行に走ることを排して、学校教育のあらゆる機会をとらえ、周到の計画のもとに、児童・生徒の道徳的発達を助け、判断力と実践力に富んだ自主的、自律的人間の形成を目ざすことによって、はじめて期待されるであろう。したがって道徳教育は、その性質上、教育のある部分でなく、教育の全面において計画的に実施される必要がある」（傍

点は引用者）

また、これに先立ち文部省が発表した『道徳教育のための手引書要綱』の総説（一九五一年四月）で、道徳教育を学校教育の全面で行なうということは学校教育のあらゆる場面で道徳に関する内容を直接とりあげ、強調するということではない、各教科の学習や特別教育活動がたがいによく連絡をとりながら、それぞれの特性を十分に発揮して各自の目標を達成することにより、はじめて児童生徒の円満な人格を育成することができるが、そのような人格を形成することが実は道徳教育の目的である、また、憲法および教育基本法の精神にもとづいて個人の人格の完成をめざす以上、道徳教育においても、個人の人格をなによりも重んじ、人権をなににもまして尊ぶことが根本とならなくてはならない、といわれていたことをも想起したい。

しかし、「道徳」の特設以降、とりわけ一九八九年の小・中・高等学校学習指導要領改訂以降、文部科学省が学習指導要領のうえでも求めてきた「学校における道徳教育の全体計画」のもとで、「道徳」の内容を構成するあれこれの項目（徳目）が各教科や特別活動のなかにもちこまれることによって、「学校の教育活動全体を通じて行う道徳教育」が、かつて修身教育体制にもみたような学校の教育活動全体の「道徳教育」化を意味するものに変質しつつある。

現に、ある県の指導事例集では、小学校六年社会科「日本国憲法」に関する単元で、憲法学習を学習指導要領「道徳」の内容の一つ、「法やきまりを守り……」という項目のもとに位置づける事例が紹介されている。公権力の行使をしばる規範としての憲法の本質理解を誤らせるものといえる。「特別の教科　道徳」は、学校における道徳教育のいわば司令塔として、このような動きを加速させる恐れがある。* 子どもの真理・真実を学ぶ権利を保障する教師の教育の自由（教育実践の自由）が不可欠である。

*ここに述べたことと関連して、二〇一五年三月二十七日の「一部改正」による小・中学校学習指導要領が「道徳科を要として学校の教育活動全体を通じて行う道徳教育の内容は、第三章特別の教科道徳の第二に示す内容とする」ことを総則（第二の六［小学校］、八［中学校］）に移し、また各学校における「道徳教育の全体計画」に関する指示をも総則（第四の三）に移していること（前回はいずれも第三章道徳）に注意する必要がある。

4 改訂小・中学校学習指導要領と「特別の教科　道徳」

二〇一五年三月二十七日、文部科学省告示によって小・中学校学習指導要領の「一部改正」がなされた。「特別の教科　道徳」を定めた小学校学習指導要領は二〇一八年度から、同じく「特別の教科　道徳」を定めた中学校学習指導要領は二〇一九年度から施行される。ただし、小・中学校それぞれに、二〇一五年度以降、正式施行にいたるまでのあいだ、現行学習指導要領の規定にかかわらず、改正後の規定によることができる、とされている。

（1）「多様な見方や考え方」について

①改訂された学習指導要領で目につくのは、一見もっともな言葉である。たとえば小学校学習指導要領「第一章　総則」には「自己の生き方を考え、主体的な判断の下に行動し、自立した人間として他者と共によりよく生きるための基盤となる道徳性を養うことを目標とする」（第一　教育課程編成の一般方針の二）とあり、中学校学習指導要領にも「人間としての生き方を考え、主体的な判断の下に行動し、自立した人間として他者と共によりよく生きるための基盤となる道徳性を養うことを目標とする」とある。これに先だって（二〇一四年十月二十一日）、中央教育審議会（第九十四回）では、下村文部科学大臣（当時）が答申受理後のあいさつのなかで「道徳教育は、国や民族、時代を超えて、人が人として生きるために必要な規範意識や社会性、思いやりの心など、豊かな人間性を育むものでありまして、普遍的な意義を持つ、万人に不可欠なものと考えております」と述べている。

しかし、問われなければならないのは、小・中学校学習指導要領が同時にいう「主体性のある日本人」の内実である。ちなみに、「特別の教科　道徳」の教科書のパイロット版と目される『私たちの道徳』の中学校編に即して見ると、小・中学校九年間にわたる道徳教育は「世界の中の日本人としての自覚」という言葉でしめくくられてる。かつての『心のノート』では、まだしも「この星の一員」という言葉で結ばれていた。ナショナリスティックな性格を強めているといえる。

なお、敗戦にいたるまで日本の道徳教育を基礎づけていた教育勅語（一八九〇年発布）も、「皇運扶翼」を至上の価値として説きながら、「之ヲ古今ニ通シテ謬ラス中外ニ施シテ悖ラス」としていた。

②さて、改訂小・中学校学習指導要領「第三章　特別の教科　道徳」に「多様な見方や考え方のできる事柄について、特定の見方や考え方に偏った指導を行うことのないようにすること」（第三　指導計画の作成と内容の取扱い二（六））とあり、また「多様な見方や考え方のできる事柄を取り扱う場合には、特定の見方や考え方に偏った取り扱いがなされていないものであること」（同三（二）ウ）とあることも、一見もっともと思われることの一例である。

これらは中央教育審議会「道徳に係る教育課程等の改善について（答申）」（二〇一四年十月二十一日）に「道徳教育をめぐっては、児童生徒に特定の価値観を押しつけようとするものではないかなどの批判が一部にある。しかしながら、道徳教育の本来の使命に鑑みれば、特定の価値観を押し付けたり、主体性をもたず言われるままに行動するよう指導したりすることは、道徳教育が目指す方向の対極にあるものと言わなければならない」とあることなどを受けたものであろうが、筆者としては、これらの指摘に強い疑念を抱かざるをえない。

たとえば「愛国心」について。すでに述べたように、これまでの政府の施策は、「愛国心」に特定の意味を付与してきた。しかし、「愛国心」については、これを「天皇への敬愛」と別個のもの、あるいは憲法九条が定める戦争放棄の貫徹を求める立場からとらえるものもある。はたして文部科学省は「多様な見方や考え方」を尊重すると称して、これまでの政府の施策によって意味づけられてきた「愛国心」とは異なるとらえ方をもひとしく尊重しようというのであろうか。むしろ政府のいう「愛国心」をいわば「政府見解」として「多様な見方や考え方」のらち外（聖域）に置き、それとは異なる立場を「特定の見方や考え方に偏った指導」と称して排除するものではないか。これから登場する検定道徳教科書を含めて「多様な価値観の尊重」の実態を子細に検討する必要がある。

③しかしまた、私たちは次のようにいう必要もあろう。中教審答申が先に引用したくだりに続いて「むしろ、多様な価値観の、時に対立がある場合を含めて、誠実にそれらの価値に向き合い、道徳としての問題を考え続ける姿勢こそ道徳教育で養うべき基本的資質であると考えられる」と述べ、改訂小・中学校学習指導要領にもすでにみたような指摘がなされているからには、文科省は、たとえば「愛国心」について、またそれと関連する「伝統」について、子どもが現にある多様な、あるいは対立するとらえ方に接し、今日から未来にかけて自主的に探求する、その出発点を保障する必要がある。

そのためには、その出発点あるいは土台を用意する教師の創造的な教育実践の自由が不可欠であることについては、多言を要しないであろう。

＊ここで関連していうならば、「愛国心」と同様に「伝統」「人間の力を超えたもの」「人間尊重の精神」などの意味するところも、現実には決して一義的でない。まず「伝統」についていうならば、戦後初期、一九四七年版の『学習指導要領社会科編（Ⅰ）（試案）』はつぎのように述べていた。

「伝統はもはや単に伝統であるからというだけでは尊重するわけにいかない。長い伝統の中でも、今こそ思い切らなければならないものがあるとともに、今後いよいよこれを生かし、且つ育てて行かなければならないものもあることを知り、もし真に生かして行くにふさわしいものであるならば、それを尊重しなければならない。（中略）今後の教育、特に社会科は、民主主義社会の建設にふさわしい社会人を育て上げようとするのであるから、教師はわが国の伝統や国民生活の特質をよくわきまえていると同時に、民主主義社会とはいかなるものであるかということ、すなわち民主主義社会の基底に存する原理について十分な理解を持たなければならない」

ここでは、「民主主義社会の基底に存する原理」を基準とする「伝統」の批判と伝統の発展的継承が求められている。

ところが、その後、一九八〇年十月の岐阜県議会における「教育基本法の改正を求める要望決議」に結果した日本の伝統を守る会「教育基本法改正の請願趣旨書」では「『伝統の尊重』とは、広く言えば日本文化の擁護ということで、憲法の条文にあてますと、『第一章　天皇』の条文に該当し、二千年の間国民の敬愛の中心として連綿と継承されてきた御皇室こそ伝統そのものであります」といわれている（大槻健監修・労働者教育協会編『資料集「教育臨調」の構図』学習の友社、一九八三年、二九頁）。また、日本教育会研修事業委員会編著『愛国心と教育』（一九八七年）にも「天皇制こそがわが国の伝統の中心である」とあることは、すでに述べたとおりである。

つぎに「人間の力を超えたものに対する畏敬の念」についていうならば、それは、戦前、一九三五年の「宗教的情操ノ涵養ニ関スル文部次官通牒」でもいわれたような、ある種の「宗教的情操」（当時にあっては「敬神崇祖」という名の国家神道イデオロギー）を意味するものであろうが、戦後においても一九四七年教育基本法の制定過程において審議されたことがある。その審議の結果をつぎのような高橋誠一郎文相の答弁によって知ることができる。

「この法案成立の歴史を申しまするど、最初はむしろ宗教的情操の涵養を説くということになっておったのでありますが、かくのごときものは改めたらよいだろうという意見が強くなってまいりまして、そうしてここには、特に宗教に関する寛容の態度を尊重しなければならぬ。かくのごとく改められた次第でございます」（一九四七年三月十四日、衆議院教育基本法案委員会。なお、戦後初期における「宗教的情操」をめぐる論議については、拙稿「『道徳教育の充実』とその問題点——一九八九年改訂学習指導要領と道徳教育」〔日本教育方法学会編『教育方法18』所収、明治図書、一九八九年〕をも参照されたい）

このような戦前から戦後初期にかけての経過に照らして、また「人間の力を超えたもの」を私たちが科学的探究の対象とする大自然の法則としてとらえる立場からも、「道徳」徳目「人間の力を超えたものに対する畏敬の念」が批判的に検討されなければならない。「畏敬の念」にかわって、自然に対する「驚異」、さらには「脅威」ということばで表現されることもあろう。

さらに「人間尊重の精神」についてはすでに述べたように、一九五八年「道徳の時間」の特設当時、文部省の道徳教育指導者講習会において講師の一人小沼洋夫が、「基本的人権を認めるだけでは、ただちにそのために自己が犠牲になるという道徳的な根本問題はでてこない。そういう意味で、人間尊重ということばはより包括的な意味をもっていると思う」と述べたことがある。このような発言に照らしてみると、「人間尊重の精神」もまた、必ずしも一義的なものとはいえない。

（2）「多様性」とはなにか

①この機会に筆者は、本来「多様性」とはなにかということについても、あらためて問いたいと思う。それに先立ち、まず私たちは道徳教育において倫理相対主義への批判を明らかにする必要がある。価値のなかでも「道徳的価値」と呼ばれるものは、人びとがともに生きるための必要（need）に根ざすものであって、これを個人の好み・趣味（preference）と同一視することはできない（拙著『道徳教育　その歴史・現状・課題』第三章参照、エイデル研究所、一九八五年）。

②それでは、倫理相対主義への批判を前提とするとき、道徳教育にとって「多様な価値観」とはなにか。それは、価値観にちがいはあっても、そのなかに、ある共通の価値、普遍的な価値を共有しているということではないか。つまり「多様性」とは本来、そのうちに、ある共通の価値、普遍的な価値を含んでいるものではないか。この意味で筆者はかつて、イギリスにお

けるヒューマニストを代表するヘミングとキリスト教徒を代表するマラットとの対話になる『ヒューマニズムとキリスト教――道徳教育の共通の基礎』（一九六九年）に注目した。そこでは両者の世界観のちがいを越えて、「個性の尊重」をはじめとする十項目の価値が、すべての人間的な社会が依存する価値としてあげられている（前掲『道徳教育』序章）。私たちは、「多様な見方や考え方」をとりあげるというとき、そこにあるちがいと同時に、そこにある共通の価値、普遍的な価値とはなにかをも追求する必要があろう。

＊たとえば生命倫理（尊厳死など）をめぐって現にさまざまな考え方があり、それらのなかにはにわかに合意に達しえないものがあることは事実である。現にあるそれらのちがいを認め、相互に尊重すること、しかも相互の合意を求めての対話を大切にすることがすでに、求められる「共通の価値」「普遍的価値」に含まれる内容の一つである。先に挙げたヘミングとマラットとの対話も、すべての人間的な社会が依存する価値の一つとして「他者の考えに開かれた心、対話、相互性」を挙げている。

＊＊道徳（価値観）のなかには、国家への奉仕・従属を至上とする国家主義的道徳と基本的人権の尊重を基本とする民主主義的道徳とがある。これらは「多様な価値観」というより、「対立する価値観」としてとらえるべきものであろう。そこには質的な差異はあっても、共有する「普遍」は認められない。このような「対立する価値観」をどうとりあげるのか。それは別個に検討を要する課題である。この点で、中教審答申に「多様な価値観の、時には対立がある場合を含めて、誠実にそれらの価値に向き合い、

道徳としての問題を考え続ける姿勢こそ道徳教育の養うべき基本的資質であると考えられる」（傍点は引用者）とあるくだりはまだ曖昧であって、どのような指導のねらいのもとに「それらの価値に向き合おうとするのかが明確にされなければならない。

（3）「特別の教科　道徳」の内容を類別する四つの視点について

改訂学習指導要領では、「特別の教科　道徳」の内容を類別する四つの視点が「A　主として自分自身に関すること」「B　主として人との関わりに関すること」「C　主として集団や社会との関わりに関すること」「D　主として生命や自然、崇高なものとの関わりに関すること」という順に配列されている。従来の第三の視点と第四の視点を逆にしている。このことについて中学校学習指導要領解説はつぎのように述べている。

「この四つの視点は、相互に深い関連をもっている。（中略）さらに、A及びBの視点から自己の在り方を深く自覚すると、Dの視点がより重要になる。そして、Dの視点からCの視点の内容を捉えることにより、その理解は一層深められる。したがって、このような関連を考慮しながら、四つの視点に含まれる全ての内容項目について適切に指導しなければならない」

つまりはDがA、B、Cをしめくくるものとされ、とくにCとの関連でいえば、DがCの内容に特定の意味を付与するということではないか。たとえば、Cの内容項目にある「国を愛する態度」（愛国心）はDの内容項目にある「人間の力を超えたものに対する畏敬の念」に根ざすべきものとされるのではないか。戦前、一九三五年の文部次官通牒「宗教的情操ノ涵養ニ関スル件」にみられるような歴史の事実（「宗教的情操」［その中身は「敬神崇祖」という名の国家神道イデオロギー］にもとづき、「忠君愛国」を眼目とする勅語的道徳の補強が図られた）に照らして、上記の配列の変更が意味することの具体的な現われに注意する必要がある。

なお、今回の改訂で、小学校第一学年および第二学年についても、「我が国や郷土の文化と生活に親しみ、愛着をもつこと」として「我が国」が加えられ、また従来、第五学年および第六学年にみられた「郷土や我が国」という語順が「我が国や郷土」に改められていることも見逃すことができない。これらの変更の理由として文科省『小学校学習指導要領解説　特別の教科　道徳編』（二〇一五年七月）は「日本人としての帰属意識」を強調することをあげている。

(4) 道徳教科書

中教審答申は「道徳教育の充実を図るためには、充実した教材が不可欠であり、『特別の教科道徳』（仮称）の特性を踏まえ、教材として具備すべき要件に留意しつつ、民間発行者の創意工夫を生かすとともに、バランスのとれた多様な教科書を認めるという基本的な観点に立ち、中心となる教材として、検定教科書を導入することが適当である」と述べるとともに「道徳教育の特性に鑑み、教科書だけでなく、多様な教材（同答申によれば『各地域に根ざした郷土資料など』引用者注）が活用されることが重要であり、国や地方公共団体は、教材の充実のための支援に努める必要がある」とも述べている。

検定教科書が「主たる教材」ではなく「中心となる教材」といわれていることに注意を要する。そして道徳教育の充実に関する懇談会にさかのぼってみると、その審議の過程で提出された「これまでの主な意見」のなかには「例えば、授業の三分の二は教科書を使用し年間計画に位置づけるが、三分の一は学校独自の資料を選び、活用できるようにする」との意見がみられる。

このように教科書以外の「多様な教材」に一定の考慮がはらわれてはいるものの、授業の主要部分が教科書によって規制されていることは否めない。子どもの実生活から乖離した道徳の授業、道徳教育となることを警戒しなければならない。

それにしても、「バランスのとれた多様な教科書」とはいかなるものか。教科書検定強化の動向に照らして、注視する必要がある。

＊検定道徳教科書をめぐる今後の動きを注視するうえで見逃すことができないのは、そのパイロット版ともいうべき道徳教育をすすめる有識者の会・編『13歳からの道徳教科書』（育鵬社）、同『はじめての道徳教科書』（同）と文部科学省『私たちの道徳』（全四冊）の存在である。道徳教育をすすめる有識者の会・編による二点について、筆者は、すでにさいたま教育文化研究所・教育課程と授業づくり研究委員会編集『民主的な道徳教育を創造するために　理論編』（二〇一五年四月）所収のコラムその他で簡

単な紹介と批判を行なった（よりくわしくは筆者のブログに掲載した「『13歳からの道徳教科書』を読む」を参照されたい。http:/sites.google.com/site/fujita365office/）。それぞれの巻末にある編者の解説によれば、両者とも「清明心」なるものを主徳あるいは元徳、つまりは中心的な価値として編集したという。ちなみに、「清明心」とは、あの十五年戦争とファシズムのさなかに発行された文部省『国体の本義』（一九三七年）にも出てくる言葉で、「君民一体の肇国の道に生きる心」等々と説明されている。おそらくはこの二つの「教科書」をもとにしたものが、育鵬社版として検定道徳教科書にも参入するであろう。

他方、文部科学省『私たちの道徳』について筆者が発表したものとしては、上記『理論編』にある「中教審『道徳の教科化』答申と文部科学省『私たちの道徳』」を参照されたい。そこでも指摘したような、平和教育としての道徳教育という性格の希薄さ、人権教育としての道徳教育のあり方に照らして看過できない子どもの権利条約の無視、権利と義務とを並列したうえでの義務への傾斜、「勤労」のとりあげ方にみられる実生活（若者の非正規労働など）との乖離、これらの問題点が今後の検定道徳教科書にどう影響するであろうか。

（5）問題解決的な学習をめぐって

文部科学省『初等教育資料』二〇一五年九月号臨時増刊（東洋館出版）所収の初等中等教育局教育課程課による解説「『特別の教科 道徳』設置の経緯と概要」につぎのような説明がある。

「本改正は、従前『読み物』道徳と言われたり、軽視されたりしてきた『道徳の時間』

を、『特別の教科 道徳』（以下、『道徳科』と言う）として新たに位置づけるとともに、一人一人の児童生徒が、答えが一つではない課題に道徳的に向き合う『考える道徳』『議論する道徳』へと質的に転換し、道徳教育の充実・強化を図ることを目的としている。これは、昭和三三年に告示された学習指導要領に『道徳の時間』が特設されて以来、約六〇年に及ぶ道徳教育の大きな転換であると考えている」（六頁）

このように「考える道徳」「議論する道徳」への転換がいわれているなかで、「特別の教科 道徳」の指導方法の一つとして強調されているのが「問題解決的な学習」である。

ところで、文科省は「答えが一つではない課題」として具体的にはなにをとりあげようというのか。その課題（問題）の解決の過程で子どもがなにを新たな知見として獲得することをめざそうというのか。その問題解決は人それぞれでよいのか（それでよければ、問題解決的な学習はすでに述べた倫理相対主義にもつながる）。その問題解決の過程は子どもの科学的・現実的認識に基礎づけられたものか。これらの点について、今後示されるであろう指導事例に即しての批判的検討を要する。また、ある種のモラル・ジレンマ授業にみられることであるが、問題解決と称して、子どもを不毛な二者択一に追いこむことがあってはならない。

(6) 道徳性の評価

道徳性の評価は、それが「人格評価」であるだけに、きわめて慎重な検討を要する。筆者はむしろ、教師による励ましと助言、それに対する子どもからの応答を含んだ双方向の対話、それを保障する教師のゆとりなどを、条件整備とともに望みたいと思う。「面従腹背」などという非教育的な作用をおよぼすことがあってはならない。にもかかわらず、文科省が「道徳性の評価」をいうのは、それが「特別の教科　道徳」の実施を強制するうえでの有力な方策（装置）と考えているからではないか。

ちなみに、文科省初中局教育課程課のパブリックコメントにおける「回答」は、中教審答申を受け、道徳性の評価について、つぎのように述べている。

「文部科学省では、平成27年度に専門家による会議を設け、◎数値による評価ではなく、記述式であること　◎他の児童生徒との比較による相対評価ではなく、児童生徒がいかに成長したかを積極的に受け止め、励ます個人の評価として行うこと　◎他の児童生徒と比較して優劣を決めるような評価はなじまないことに留意する必要があること　◎個々の内容項目ごとではなく、大くくりなまとまりを踏まえた評価を行うこと　◎発達障害等の児童生徒についての配慮すべき観点等を学校や教員間で共有すること　◎現在の指導要領の書式の在り方を総合的に見直すこと　といった基本的な方向性を示し、それを前提に専門的な検討を行っていく予定です」（傍点は引用者）

ここで「個々の内容項目ごとではなく、大くくりなまとまりを踏まえた評価を行うこと」といっているのは、なにを考えてのことだろうか。今後の注視を要する。*

＊本稿の脱稿後、文部科学省から道徳教育にかかわる評価などのあり方に関する専門家会議報告など一連の文書が発表された。それらについては、他日機会を改めて論じたいと思う。

おわりに

すでにみた「多様な見方や考え方」「物事を多面的・多角的に考え」ることへの考慮といい、またこれまでの心情主義的な道徳の授業への「批判」に立って「特別の教科 道徳」の目標を「道徳的な判断力、心情、実践意欲と態度を育てる」と改めていることといい、さらには「例えば、社会の持続可能な発展などの現代的な課題の取扱いにも留意」することといい、今回の改訂には、それ自体は正当であり、合理的と思われる点もある。しかし、すべては教育における国家主義、具体的には政府・文科省の統制のもとに置かれている。したがって「考える道徳」「議論する道徳」といっても、それは政府の考える「聖域」を侵さない限りであって、その「聖域」を侵すものは「特定の見方」として排除されるのではないか。その意味では、一九五八年に特設された「道徳」が、それを修身科の復活とする批判を考慮し、特設「道徳」と修身科とのちがいを強調していたように（たとえば石三次郎編『小学校・中学校「道徳」実施要綱解説』所収の「昔の修身科とのちがい」参照、誠信書房、一九五八年）、今回の改訂にみられる一種の合理性も、「道徳の教科化」を国定道徳の押しつけとする批判をかわすための一種のポーズとみることもできる。

しかし、中散審答申にいたる審議過程にもみられるように、いま「グローバル化」がいわれ、あるいは「教科化」を契機に「道徳」を「二十一世紀型能力」なるものに開く必要がいわれる状況のなかで、これまでの国家主義的な道徳教育が、その内部で一定程度修正を余儀なくされていること（たとえば「多様な見方や考え方」、また「物事を多面的・多角的に考え」ることへの考慮という点で、あるいは「現代的な課題の取扱いにも留意」するという点で）もみておく必要があろう。そして、その「修正」が、一方では今回の改訂にも引きつがれている徳目主義、あるいは「道徳的価値の内面化」の立場とのあいだに新たな矛盾をかかえこんでいることをもみる必要があるのではないか。

いずれにしても、私たちは、教育における国家主義を排し、言葉の正しい意味での教育の政治的中立性、すなわち教育目標・内容・方法に対する国家（具体的には政府・文科省）の不介入を要求しながら、子どもの学習と発達の権利をもとに、民主的な道徳教育ないしはシティズンシップ教育を創造していく必要がある。その際、いわれているような「多様な見方や考え方」、また「物事を多面的・多角的に考え」ることへの考慮、「現代的な課題の取扱い」などを私たちの立場から組み直していく必要もあろう。

なお、筆者はかつて教育における国家主義と他方での新自由主義との関係を問うて、「競争」

と「差別」「選別」を特質とする政府の新自由主義的な施策が子どもの共同性（モラルの発達の土壌）を破壊するという矛盾のなかで、国家主義が「徳育の充実」の名において国家への所属感・帰属意識（疑似「共同性」）の創出を意図することによって、その矛盾を糊塗しようとしているという趣旨のことを述べたことがある（拙稿「道徳教育の批判と創造――学校における道徳教育再編の動向をめぐって」『季刊教育法』一五三号所収、エイデル研究所、二〇〇七年六月）。

いま、「安保法制」にみられるような日本を再び海外で戦争する国につくりかえようとする動きのなかで、道徳教育に対する国家主義的な要求のなかには、国家への帰属意識（疑似「共同性」）の創出に加えて、「国を守る気概」という類の軍事的要請が強まろうとしている、ということをも指摘しておきたい。

付記

本稿については、子どもと教科書全国ネット21（編）『徹底批判‼「私たちの道徳」道徳 の教科化でゆがめられる子どもたち』（合同出版、二〇一四年）所収の拙稿「私たちがめざす道徳教育と道徳の授業」および筆者のブログ（http://sites.google.com/site/fujita365 office/）所収の「『特別の教科 道徳』と私たちの課題」、特にその第三部をも参照していただければ幸いである。

V

教育現場での民主主義と自由のために

学校現場の現在と課題
10・23通達から十年　いま市民がやるべきことは三つ

大森 直樹

■はじめに

本日の学習会のチラシに「子どもを無視したまま強制が進む学校の現状を知り、私たちに何ができるのか、考えてみませんか?」とある。ここでいう「私たち」は、学校現場にいる人はもちろん、市民ということになるのではないか。いま市民に何ができるのか提案したい。「いま市民がやるべきことは三つ」としたが、結論から申しあげたい。

第一に、子育てや孫育てを楽しむことを通じて、子どもとのつきあいや遊び、学習について考えを深めていくこと。「子育て（教育実践）の哲学をつくること」といいかえてもいい。子育てについては、歴史のなかで到達してきたいくつもの点を根本から洗い流していくような動きがあるため、これがある意味いちばん重要だろう。

第二に、教育政策の一部ではなく全体を知り、そのなかで日の丸・君が代問題についての認識を共有し、確立していくこと。

第三に、教育政策の問題点を克服し、子育てや教育実践を進めていくための教育政策を立案し、具体化すること。これは教育運動といえるが、教育政策の問題点を認識すると自ずと運動の方向性が見えてくるだろう。

■1　子育て（教育実践）の哲学をつくる

観念的なことを話すよりも、具体的な資料を皆さんにご紹介したい。かならずしも広く引用されている資料ではないが、いずれも重要な内容である。

第一の資料は、上田孝江さん（一九五六年生まれ、養護教員）の言葉である。広島の公立中学校における実践記録をまとめた上田さんの著書『子どもとつながること――上ちゃんの保健室日記』（東京学芸大学出版会、二〇一二年、一二五頁）から紹介したい。

「学校で子どもたちが何かやって怒られる時、ふてくされた態度の子がいます。もうちょっと下を向いて、さえんそうな顔をしていたらいいのに、いかにも『反省していません』っていう態度の子がいます。それを見た教員はカッカカッカきて、『なんな、その態度は！　分かっとるんか！』って怒鳴るので、ますます子どもは聞いていません。そういう時って子どもは絶対聞いていません。『うっざー！　早う終われぇや』って心の中で思っています。……やっぱりおとなは外見だけを見てついつい判断してしまいます。ものの言い方も、（子どもから）「あんたには関係なかろうが」と言われて、『何ね、その言い方は！』となるのです」

大人が子どもとつきあっていくときに、子どもの態度や言動を大人にとっての心地よさだけで判断してはいないか。上田の言葉は、表面的なところに目を奪われてはいけないと気づかせてくれる。

第二の資料は、徳永博志さん（一九五三年生まれ、小学校教員）の教育実践記録からである。徳永さんは一九八五年に雄勝町《おがつちょう》（現宮古市）の教員になった。宮城県は太平洋岸に十五の自治体があるが、北から三番目が宮古市だ。子どもたちと一緒に、雄勝町の自然と風物を描写した版画を作ってきたが、宮古市立雄勝小学校をあと二年で退職というときに東日本大震災にあった。同校に在籍していた百八人の子どものうち一人が亡くなってしまう。一人の家庭を残してすべて家が流されてしまい、大人も失業し展望が見えない。

震災から二年目の秋に子どもが書いた詩が「わたしはわすれない」だった（徳水博志「雄勝だより　第一二回」『生活教育』二〇一三年三月）。

わたしはわすれない　雄勝小5年

わたしはわすれない／地鳴りがして　おびえ／からだがふるえて／しゃがみこんだことを
わたしはわすれない／ガソリンスタンドのおじさんが／走ってきて／助けてくれたことを
わたしはわすれない／豆腐屋のおじちゃんが／みんなを避難させて／自分だけは　津波に流されたことを
わたしはわすれない／豆腐屋のおじちゃんが　ふいていた／ラッパの音を
わたしはわすれない／家族　友達　わたしが／写っていた思い出の写真を／流されたことを
わたしはわすれない／誕生日にお母さんにもらった／大切なネックレスを／流されたことを
わたしはわすれない／寒い避難所でいただいた／スープのあったかさと／おにぎりの味を
わたしはわすれない／自衛隊の車に乗って／こわれた北上河の横を走り／雄勝から　出てきたことを
わたしはわすれない／飯野川中の避難所で遊んでくれた／お姉さんたちの／笑顔とあたたかさを
わたしはわすれない／こわされた家を　流された命を／助けられた恩を　人のあたたかさを
わたしはわすれない／大震災の記憶の／すべてを。

大人は大きな問題があると、幅が広く奥深いことのすべてをつかむのは無理と考え、とかく部分から考えがち。しかし子どもは一部でなく全体をとらえようとしている。地鳴り、人びとの被害、人命を守るための行動など。何を奪われ、何が自分のなかに残ったのかを見すえ、きびしい状況を乗りこえていく作文となった。子どもの切実な思いにもっと近づくにはどうしたらよいか気づかせてくれる資料といえる。

第三の資料は、一九八六年のチェルノブイリ原発事故のときに五歳だった成田すずさんが七歳のときにつくった署名用紙である（大森直樹ほか編『資料集　東日本大震災と教育界——法規・提言・記録・声』明石書店、二〇一三年、四三一頁）。

げんぱつやめちゃお！　子どもの署名

わたしはほうしゃのうのことでかんがえました。

このまえテレビで見たのですが、ラップランドのラップ人の人たちが川とか山とかでいろいろなものをとってたべていたのに、チェルノブイリのじこのために、町にいって、お金でたべものをかっていました。

日本にもたくさんのげんしりょくはつでんしょがあって、もっとつくるというのをきいて、とびあがってはんたいしました。

おおくの子どもたちが大人になるころげんぱつがあったらふこうです。
たべものがおせんされます。
生きていけないかもしれません。

成田すず　７さい

子どもたちのねがい
◎げんぱつをつくらないでください
◎いまあるげんぱつをすぐとめてください
内閣総理大臣殿

〔一九八八年三月作成〕

子どもたちは原発問題についても認識を深めて社会への提起を行なってきた。二〇一二年四月三十日に三十二歳になった成田さんは、「私たちはずっと前から原発を止めたかった。この署名は動かぬ証拠です」という手紙を書き、五月七日に野田総理に署名を提出した。

第四の資料は、雁部桂子さん（一九四三年生まれ、小学校教員）の教育実践記録からである。朝鮮学校との交流は全国で幅広く行なわれているが、雁部さんは東京で交流をはじめた方。朝鮮学校の子どもが一九八二年に荒川河川敷の朝鮮人虐殺現場における遺骨試掘を見学した後に書いた作文がある（君塚仁彦編『平和概念の再検討と戦争遺跡――東アジア教育文化研究シリーズ１』明石書店、二〇〇六年、二四八頁）。

「私たちがしんけんになっている時、日本学校の人たちは、笑ったりふざけたりしていました。それは、自分のおじいさん、おばあさんたちが、そういう目にあってこないからだし、自分たちは、朝鮮人とは、かんけいないと思ったからだと私は思いました。その中でも、しんけんになってた子もいました。なぜか、それは、私たちと同じ心でいたからだと思います。これから何があるかわかりません。私は、大正十二年九月一日にあったことはけっしてわすれません。日本人が朝鮮人を虐殺したことはけっしてわすれません。けっしてわすれません」

この作文を一緒に見学していた雁部さんのクラスの子どもたちが読んで、息をのんで自分の行動をふり返っていく。テレビに取材されてよろこんだ自分を反省し、自分たちで聞きとりをはじめる。こうした実践をした子どもたちが、いま四十代になっている。

このように、子どもと大人が切実な課題について一緒に認識を深めていく実践は数多く行なわれてきた。

しかしいまは、いわゆる学力を上げることだけに人びとの意識が向かいがちである。自分たちの労働条件もきびしい保護者たちが、勉強・学力を第一に考えて子どもたちを追いこんでいる。宿題のあり方も問題だ。むやみに宿題を出すと、親がサポートできる環境にない子どもたちを追いつめてしまう（かつてそうした事実を教員たちは発見してきた）。だが、いまでは多くの先生が、「宿題を出してください」という親の声に押されて、「出すのが当たり前」という状況がつくりだされている。

大学でも、学生たちは就職のための勉強に多くの時間がとられていて、本来自ら学ぶべきことから遠ざけられてしまっている。

いまこそ、大人が子どもや学生とどうつきあうべきかという哲学を明らかにすることが必要だ。

■2　戦後日本の教育政策の三本の柱

次に、この間の教育政策をふり返りたい。

一九八〇年代くらいまでは、教育政策の問題点について教育現場の内外で認識を共有するとりくみが活発で、成果をあげていた。しかし一九八〇年代半ば以降、認識の共有がむずかしくなった。現場の先生は「きついな、つらいな」という実感をもっているが、一九八〇年代半ば以降の教育政策が複雑であるため、なかなか全体像を説明するのがむずかしくなっている。

一九五五―八四年頃の教育政策には、「経済界が求める人材養成」という一つの目的があった**（表1）**。戦前は一次産業が厚みをもっていたが、戦後、二次産業・三次産業を増やしていく政策がとられ、それに応じた労働能力の基礎を形成するための教育となっていく。また、自民党文教族が「教育労働運動の弱体化」にエネルギーを注いできた。そして、「経済界が求める人材養成」と「教育労働運動の弱体化」を全国くまなく一律で実施するために、政府による教育の条件整備を進めてきた。たとえば、教職員の賃金を保障していくのもその一環だった。

一九八五年以降の教育政策は、これらの目的に「教育構造改革」が加わった。教育をビジネスの対象にすることなど、かつての自民党文教族には思いもよらなかった。たとえば規制緩和を重ねて、株式会社が学校を経営できるようになった。構造改革特区のからみで法改正され、すでに三一校が運営されている。

この間農業への株式会社参入の邪魔になるということで農業委員会が攻撃されているが、同じように教育への株式会社参入の阻害要因になるとして教育委員会も攻撃されている。

表1 戦後日本の教育政策の3本の柱

教育政策の柱	教育政策の目的 1955～1984年	教育政策の目的 1985年～現在
政府による制度再編と内容統制	「経済界が求める人材養成」 (①)	「経済界が求める人材養成」+ 「教育構造改革」
政府による教員政策	「教育労働運動の弱体化」 (②)	「教育労働運動の弱体化」+ 「教育構造改革」
政府による教育の条件整備	「①と②の全国一律実施」	「①と②の全国一律実施」+ 「教育構造改革」

(大森「「一人の人間もきりすてない学校の条件」とは——自民・民主・維新の教育政策を検証する」『世界』2012年6月より作成)

■3　政府による制度再編と内容統制――日の丸・君が代を中心に

教育内容に対する政府による統制の歴史は、教育目的、教科等編成、教科等内容、教科書、評価、学校儀式の少なくとも六つについて見なければならない（表2）。

今日はこのうち学校儀式について検証するが、「再編」がポイント。再編の対象となった制度は二重構造になっている。ベースとなっている戦前の教育制度と、その後連合国軍の占領により加えられた制度である。今日の教育現場の日の丸・君が代にかかわる政策のベースは、政府が「教育勅語」に依拠した学校儀式をつくり出したことによる。学校儀式をその一部とする戦前教育は「天皇敬愛にもとづく愛国心の育成」と「戦争を支持する意識の形成」を進めるものだった。

①　一八九〇―一九四五年の学校儀式

「教育勅語」に依拠した学校儀式の法制化は、一八九〇年「教育勅語」宣示と同年「第二次小学校令」第十五条（小学校の毎週教授時間の制限及祝日大祭日の儀式等に関しては文部大臣之を規定す）と翌一八九一年六月十七日「小学校祝日大祭日儀式規定」（文部省令第四号）により行なわれた。後者は、新年宴会（一月五日）を除く「祝日大祭日」全日と「一月一日」（合計十日）に

表2 「政府による内容統制」の歴史:「1890 愛国心教育」から「2006 愛国心教育」へ

政策名	「1890 愛国心教育」	「愛国心教育」復活への布石	「2006 愛国心教育」
教育目的	政府が1890「教育勅語」で教育目的を決定「一旦緩急あれは義勇公に奉し以て天壌無窮の皇運を扶翼すへし」	政府が1947「教育基本法」で教育目的を再決定。但し「愛国心教育」規定はない。	政府が2006「改正教育基本法」で教育目的に愛国心教育を復活させる。「我が国と郷土を愛する」
教科等編成	上記目的に応じて1900「第3次小学校令」が「修身・国語・算術・体操」を規定。	1947「学教法施行規則」が小中の教科を決定。1958一部改正「学教法施行規則」が小中の道徳を特設。	上記目的に応じて2008一部改正「学教法施行規則」が小中の教科・道徳・特別活動ほかを規定(高は2009一部改正同規則)。
教科等内容	上記目的に応じて1900「小学校令施行規則」が教科内容を規定。	1958小中「学習指導要領　道徳編」を官報公示「愛国心教育」復活。	上記目的に応じて2008～09小中高「学習指導要領」が教科等内容を規定。
教科書	上記目的に応じて1904から「第1期国定教科書」発行。	1958以降の「学習指導要領」に応じて教科書検定。	上記目的に応じて教科書検定。
評価	上記目的に応じて1900「小学校令施行規則」が「学籍簿」規定。	2001小「指導要領」により「愛国心」評価復活。	上記目的に応じて2010小「指導要領」を決定し「愛国心」評価。
学校儀式	上記目的に応じて1900「小学校令施行規則」が紀元節・天長節・1月1日に以下実施を規定。 ①「君が代」合唱 ②「御真影」最敬礼 ③「教育勅語」奉読 ④「教育勅語」に基づく誨告 ⑤唱歌合唱	1989小中高「学習指導要領」が「入学式や卒業式など」に以下「指導」を規定。 ①「国歌」斉唱 ②「国旗」掲揚 1998～1999小中高「学習指導要領」改訂が継承(02-03実施)。	上記目的に応じて2008～2009小中高「学習指導要領」が「入学式や卒業式など」に以下「指導」を規定。 ①「国歌」斉唱 ②「国旗」掲揚

(大森直樹「教育と戦争――教育目的・教育課程・教科書・学校儀式」又吉盛清ほか編著『靖国神社と歴史教育　靖国・遊就館フィールドノート』より作成)

おける学校儀式の実施を定め、とくに紀元節・天長節・元始祭・神嘗祭・新嘗祭において、①天皇皇后の写真（「御真影」）への最敬礼と万歳、②「教育勅語」奉読、③「教育勅語」にもとづく誨告《かいこく》、④唱歌合唱、を行なうことを規定した。

唱歌合唱の選曲については、一八九一年十二月二十九日付け文部省普通学務局長通牒が「君が代」「紀元節」を含む十三曲を文部省編『小学唱歌集』ほかから指定した。

このように規定された学校儀式の内容を踏襲しつつ、「三大節」（紀元節・天長節・一月一日）に限定して実施することを定めたのが一九〇〇年八月二十一日「小学校令施行規則」（文部省令第十四号）第二十八条で、条文は「紀元節、天長節及一月一日に於ては職員及児童、学校に参集して左の式を行ふへし」となっている。この条文に続く第一～五号で学校儀式の内容について定めているが、第一号に君が代合唱が加えられている（①「君が代」合唱、②「御真影」最敬礼、③「教育勅語」奉読、④「教育勅語」にもとづく誨告、⑤唱歌合唱）。日の丸より先に君が代が法制上定められたといえる。こうした学校儀式の実施を「五点セット」と呼びたい。なお、「三大節」は、一九二七年の明治節の制定により「四大節」となる。

このように、二〇〇三年に10・23通達が出された背景は、一九〇〇年の「小学校令施行規則」までさかのぼらないとわからない。

② 一九四五―五二年の学校儀式

つぎに敗戦後の占領下では、日本政府は「教育勅語」に依拠した学校儀式の「廃止」をきわめて不徹底に行ない、従前の学校儀式を復活させる「下地」を残した。

占領軍は、学校儀式とその「五点セット」にかかわる「君が代」「御真影」「教育勅語」及び「四大節」にどう対処したか。SCAP（Supreme Commander for the Allied Powers、連合国軍最高司令官）の要請を受けてアメリカ政府国務省が編成した米国対日教育使節団は、一九四六年三月三十一日『米国対日教育使節団報告書』（第一次）において、学校儀式における「教育勅語」の利用と「御真影」への敬礼が停止されなくてはならない、と述べた。ただし、学校儀式そのものと君が代「四大節」については直接言及しなかった。こうした意向を受けて、日本政府は一九四六年十月八日「勅語及詔書等の取扱いについて」（文部次官通牒発秘三号）により、「式日等」における「教育勅語」奉読をさしとめた。ただし学校の「教育勅語」保存は継続した。

翌九日に日本政府は、「国民学校令施行規則の一部改正」（文部省令第三十一号）により第四十七条（先述した「小学校令施行規則」第二十八条と同一の内容）を次の一項だけに修正した。「紀元節、天長節、明治節及一月一日に於ては職員及児童、学校に参集して祝賀の式を行ふべし」。「左の式」が「祝賀の式」と修正され、同規則に置かれていた「五点セット」についての規定は削除された。ただし、「四大節」に何らかの学校儀式を行なうという規定は残された。

翌一九四七年に日本政府は「国民学校令施行規則」に替えて「学校教育法施行規則」を公布

した。学校儀式に関する規定は置かれず、一八九〇年以来五十七年間継続してきた、小学校における学校儀式が、法規定上は姿を消した。同じ一九四七年の『学習指導要領一般編（試案）』にも学校儀式の規定はなかった。しかし、これと並行して日本政府は「君が代」「御真影」「四大節」さらに日の丸の存続を画策していた。

一九四五年十二月から四六年三月頃にかけて、日本政府は各学校の「御真影」の回収と焼却を実施したが、これは学校への「御真影」の「下賜」を廃止するためではなく、軍服（大元帥大礼服）の「御真影」を新服装のそれに換えるための措置だった。政府は一九四六年四月五日「御写真取扱要綱」（宮内大臣官房発第六十六号）を定め、同年十二月に府県を通じて「御真影」の各学校への「下賜」の手続きを通知した。「下賜」の申請は占領下にはなかったが、一九五二年に戦後初めて秋田市の私立敬愛学園がこの通知にもとづき申請し、「御真影」が「下賜」された（佐藤秀夫編『日本の教育課題 第五巻 学校行事を見直す』東京法令、二〇〇二年、一〇九頁）。

教科書の君が代教材も存続が画策された。一九四五年九月二十日「終戦に伴ふ教科用図書取扱方に関する件」（文部次官通牒）により、「戦意高揚に関する教材」ほかの削除を目的として、いわゆる教科書の墨塗りが最初に行なわれた。しかし、第五期国定教科書の後期用『初等科国語八』に掲載された教材「国語の力」の次の文に対しては、墨塗りが行なわれなかった（吉岡数子『「在満少国民」の二十世紀』解放出版社、二〇〇二年、五一～五五頁）。『君が代は千代に八千代に……』「この国歌を奉唱する時われわれ日本人は思はず襟を正して、栄えますわが皇室の万歳を心から祈り奉る」。

また、「四大節」も存続が画策された。一九二七年三月四日「休日に関する件」(勅令第二十五号)により休日とされていた天長節(四月二十九日)と明治節(十一月三日)が、一九四八年七月二十日「国民の祝日に関する法律」(法律第百七十八号)の公布・施行により「天皇誕生日」と「文化の日」に名称を変更して祝日に再指定され、一月一日が「元日」として新たに祝日に指定された(現在の「天皇誕生日」は十二月二十三日)。「四大節」のうち紀元節(二月十一日)を除く日が、公的な位置づけを持続した。一九六六年十二月九日に紀元節も祝日「建国記念の日」として復活する。

学校で祝日に日の丸を掲揚することも、存続が画策された。SCAP/GHQの公式指令では、一九四六年四月の天長節以降、ほとんどすべての従来の国家祝祭日の当日に「国旗」の掲揚を許可していたが、一九四九年一月一日からは一切の制限なしに、日本領域内における「日本国旗」の掲揚を許可した(佐藤秀夫編『日本の教育課題第一巻「日の丸」「君が代」と学校』東京法令、一九九五年、九七頁)。

これを受けて、「国民の祝日に関する法律」施行後最初の「こどもの日」を前にして、日本政府は一九四九年四月十四日「『こどもの日』の行事について」(文部次官通牒、発社二百六十六号)で「学校を中心とする行事」を例示し、その筆頭に「国旗を掲げる」ことを置いた。

こうして、戦時下に「君が代」「御真影」「教育勅語」そして「日の丸」を利用して「四大節」に実施されてきた学校儀式の「廃止」はきわめて不徹底なものにとどまった。

③ 一九五二―二〇一三年の学校儀式

その後学校において君が代・日の丸の復活が図られてきた。その目的は一九六五年中教審答申「期待される人間像」の中間草案にもっとも明瞭に記されていた。

「われわれは日本の象徴として国旗をもち、国歌を歌い、また天皇を敬愛してきた。それは日本人が日本を愛し、その使命に対して敬意を払うことと別ではなかった」

「祖国日本を敬愛することが天皇を敬愛することと一つであることを深く考えるべきである」

「期待される人間像」からは、「国歌」を歌い、「国旗」をもつことについて、両者を「天皇敬愛にもとづく愛国心の育成」と同一視する政府の認識を確認できる。こうした愛国心を形成するための手段としてもっとも利用されてきたのが、小中高「学習指導要領」の一連の改訂だった。

一九四七年三月二十日の小学校学習指導要領の制定以来、大きな改訂が七回あった（**表3**）。そのうち一九五八年十月一日の第二回全面改訂で「愛国心」が登場し、学校儀式に関して次の規定が置かれるようになった。「国民の祝日などにおいて儀式などを行う場合には、児童に対してこれらの祝日などの意義を理解させるとともに、国旗を掲揚し、君が代をせい唱させるこ

表3 小学校学習指導要領の全面改訂

改訂次数	発行日・告示日	施行日	愛国心（道徳）	愛国心（社会）	天皇敬愛（社会）	日の丸・君が代（特別活動）
	1947年3月20日発					
第1回	1951年7月10日発					
第2回	1958年10月1日告	1958年10月1日	○			祝日に国旗掲揚・君が代斉唱
第3回	1968年7月11日告	1971年4月1日	○	○	○	祝日に国旗掲揚・君が代斉唱
第4回	1977年7月23日告	1980年4月1日	○			祝日に国旗掲揚・国歌斉唱
第5回	1989年3月15日告	1992年4月1日	○		○	入卒式に国旗掲揚・国歌斉唱
第6回	1998年12月14日告	2002年4月1日	○	○	○	入卒式に国旗掲揚・国歌斉唱
第7回	2008年3月28日告	2011年4月1日	○	○	○	入卒式に国旗掲揚・国歌斉唱

（作成：大森直樹）

とが望ましい」」。この改訂から一九九二年三月三十一日までの段階では、政府は「四大節」における学校儀式を、「国民の祝日」における「儀式」として復活させようとしていた。その内容の「五点セット」についても、①君が代斉唱を継続、②「御真影」最敬礼に代えて「国旗」掲揚、③「教育勅語」奉読は廃止、④「教育勅語」誨告に代えて「祝日などの意義を理解させ」、⑤唱歌合唱については特に規定しない、という形で踏襲させようとした。つまりかつての「御真影」の役割を日の丸に担わせようとした。その歴史的意味を佐藤秀夫がつぎのように問うている（佐藤秀夫編『日本の教育課題 第五巻 学校行事を見直す』東京法令、二〇〇二年、一一五頁）。

「国民の祝日ごとに教職員・児童生徒を登校させ儀式を行うこと自体が、労務契約上も教育財政上もさらには子どもたちや保護者の同意調達の点においても、もはや明瞭に不可能であるにもかかわらず、一九七七（昭和五十二）年版の学習指導要領まで、実に二十年以上にもわたって（実施期間は三十三年六か月・引用者）文部省は『祝日学校儀式』の見果てぬ『夢』を追い続けた。現実には『空文』と化していることが誰の眼にも明らかなのにもかかわらず、なぜ文部省は『祝日学校儀式』の規定に固執しつづけたのか」

文部省のその「夢」を、一面では現実に妥協しつつ「新しい形」で追求しようとしたのが、一九八九年三月十五日の「学習指導要領」第五回全面改訂だった。

政府は、もはや実施することが「明瞭に不可能」になった「国民の祝日」に代えて、「入学式や卒業式など」に行なう「学校行事」の「儀式的行事」において、①「国旗」掲揚、②「国歌」斉唱を、「指導するものとする」ことを規定し、方式の一大転換を図った。これを一九九八年十二月十四日の第六回全面改訂が踏襲した（第七回全面改訂も踏襲）。その施行日が二〇〇二年四月一日であり、これにあわせて二〇〇三年の10・23通達があった。

二〇〇三年十月二十三日、東京都教育長横山洋吉は、都立諸学校長に通達「入学式、卒業式等における国旗掲揚及び国歌斉唱について」（10・23通達）を発した。これを受けて都立諸学校長は、二〇〇三年度春以降の卒業式・入学式に際して、「国旗に向かって起立して国歌を斉唱すること」、職員会議で配布した「実施要綱」にしたがい行動することなどを全教員に個別に命じるための、Ａ４用紙一枚の「職務命令書」を出すようになった。

政府の二〇〇三年度のまとめでは、国歌斉唱時の不起立などで処分された教職員は全国で百九十四名（東京都と広島県で全体の九九パーセント）となり、二〇〇二年度の約七・五倍に達した（二〇〇五年五月三日付、朝日新聞）。

こうした一連の動きは、強力に進められていることだけが問題ではない。一見すると個々バラバラに見える教育目的、教科等編成、教科等内容、教科書、評価、学校儀式の諸措置が、実際には全体を通じて、占領下における戦前の教育制度の不徹底な「廃止」を「下地」とした戦前回帰的な「再編」と結びつけられており、それらの措置が戦後半世紀以上にわたり執拗に続けられてきたことに、より大きな問題がある。

4 「政府による教育の条件整備」と日の丸・君が代

地方教育費の大半は教職員の人件費だが、政府・自民党はその財政を確実にし、全国の公立小中に正規雇用の教職員の配置を進めてきた。その一つ目の法制が、一九五二年の義務教育費国庫負担法だった。各都道府県の教職員給与の総額の二分の一を国が負担し（現在は三分の二）、残りの半分については都道府県の負担とし、かつ財政力の不足する自治体に対しては、国が地方交付税を措置するものだった。しかし、同法だけでは財政力の不足する自治体が教職員給与を圧迫することを防ぐことができなかった。

実際に、一九五六年に愛媛県が財政赤字になり、教職員の昇給財源を利用しようと勤務評定を導入して教職員給与がきちんと支払われないという事件が起こった。このため、二つ目の法制として一九五八年に義務教育標準法（公立義務教育諸学校の学級編制及び教職員定数の標準に関する法律、法律第百十六号）が制定された。

同法は、県ごとの子どもの数を規準にして、一学級の子どもの標準を五十人と定め、各都道府県で必要とされる教職員定数を算出しその給与額を確保するもので、全国の教育現場に同一の基準で正規雇用の教職員が配置されることになった。この制定に関わったのが文部省初等中等教育局長だった内藤誉三郎《たかさぶろう》だった。全国にどう教員が配置され、いくら給料が支払われているかという実態を調べて、現場の実情に合致した法律になった。なお、内藤は後に一九七八年から七九年まで文部大臣を務めた。

注目されるのは、同法が高度成長による税収の増大を背景に、改正を重ねて「政府による教育の条件整備」を漸進させたことだ。一学級の子どもの数は、一九五八年の五十人が、六三年には四十五人になり、八〇年には四十人となり、政府・自民党の教育政策を全国一律に実施するための条件を整えた。同法は三十四回も改正されている。

東京都墨田区の教員だった雁部桂子さんの学級担任の歩みと、政府による教育政策の関係を見てみると、雁部さんはだんだん教育条件が良くなっていく時代に勤務していたことがわかる**（表4）**。一九八〇年の義務教育標準法の改正により翌八一年から雁部さんも四十人以下学級での勤務となった。

しかし、一九九三年の改正で定数算定の特例としてティームティーチング担当教員の加配が行なわれるようになり、やがて、単年度で契約する非常勤の先生が増えていくことになる。基盤になる構造、教職員の配置が脆弱になっていく。その後も、「政府による教育の条件整備」は後退を重ねた。

政府・自民党は義務教育費国庫負担法と義務教育標準法について、その形骸化を進める法改正を重ね、両法に「教育構造改革」を推進する機能を付与した。両法は「教育の条件整備」と「教育構造改革」という矛盾する二つの側面を帯びるようになった。

表 4　雁部桂子の学級担任の歩み（東京）

年度	小学校名	年 組	児童数
66	墨田区立A小	3年3組	40
67	〃	4年3組	40
68	〃	5年3組	37
69	〃	6年3組	37
70	〃	3年3組	38
71	〃	4年3組	38
72	〃	1年3組	31
73	〃	2年3組	38
74	〃	1年3組	37
75	〃	2年3組	35
76	〃	5年2組	39
77	〃	6年2組	39
78	〃	1年1組	42
79	〃	2年1組	42
80	〃	1年2組	43
81	〃	2年2組	28
82	〃	5年2組	35
83	〃	6年2組	35
84	墨田区立B小	6年1組	38
85	〃	5年1組	33
86	〃	6年1組	34
87	〃	3年1組	34
88	〃	4年1組	34
89	〃	5年1組	33
90	〃	6年1組	33
91	〃	3年2組	39
92	〃	4年2組	39
93	〃	3年2組	36

年度	小学校名	年 組	児童数
94	墨田区立C小	3年1組	26
95	〃	4年1組	26
96	〃	社会科専科	
97	墨田区立D小	3年1組	3
98	〃	5年1組	9
99	〃	6年1組	9
00	〃	3年1組	5
01	〃	5年1組	4
02	〃	6年1組	4
03	墨田区立E小	4年1組	36
04	墨田区立F小	少人数算数	
05	（再雇用）	〃	
06	墨田区立G小	家庭科専科	
07	（再任用）	〃	

（雁部桂子・堤慎一・大森直樹「「40人学級」と「少人数指導」の検証」『季刊教育法』166号2010年6月より作成）

とくに義務教育標準法の二〇〇一年改正が教育現場に与えた影響は甚大だった。それまで常勤に限られていた国庫負担を非常勤講師にも拡げ、あわせて、児童数のような客観的規準によらない政府の判断で、習熟度別指導対応の教員を加配した。次年度も加配される保障はないため、都道府県は臨時的任用の教員を増やしていった。「教育構造改革」を本格化させた画期として二〇〇一年の同法改正を押さえる必要がある。二〇〇四年に小泉改革で労働者派遣法を改悪したことと並ぶほど、大きな問題だった。さらに二〇〇五年に義務教育費国庫負担法に総額総量制が導入され、教員の非正規化に拍車をかけた。

二〇〇九年に全国の公立小中の非正規教員は十万五千人で、全教員数の一五・一パーセントとなった。自然現象ではなく政策により多忙化が進んでいるが、因果関係についての認識が教育学者のあいだでも共有されていない。総額総量制は恐ろしい。理論的には、一人分の教員の人件費で四十人の非正規教員を雇うこともできる。教育現場にはいじめ対応などいろいろなニーズがあるため、非正規を自ら増やしていく構造がある。

特筆しておかなければならないのは、歴史教科書問題、日の丸・君が代の強制、愛国心評価（二〇〇一年指導要録）を三本の柱として、二〇〇六年「改正教育基本法」を頂点にした愛国心教育の強化（内容統制）も、この間に執拗に行なわれたことだ。

この時期の政府・自民党は、ストレートな国家主義による教育政策を前面に押しだしつつ、いわばその背後に隠すようにして、「教育構造改革」を推し進めていった。とくに二〇〇一年以降、教育現場の現状が「多忙」「疲弊」さらには「精神疾患」による休職者（二〇〇九年五千四百五十八人）という言葉で語られることが増えた。

■5　今後の教育運動

今後の教育運動は、二つの柱で進めていくべきである。

一つ目の柱は、教育現場に不要な政策を撤廃していくこと。累積債務ではないが、不要な政策がだんだん定着してしまっている。「何が不要で、何が必要か」を議論して一覧表を作っていくことが大切だろう。

もう一つの柱は、教育条件の再整備を進めること。今日のテーマは「学校現場の現在と課題――10・23通達から十年、いま市民がやるべきことは三つ」としたが、教育条件の再整備に関してやるべきことが三つある。

第一に、「教育条件整備」についての歴史認識を確立すること。戦後日本における「教育条件整備」は一九五二年の義務教育費国庫負担法と一九五八年の義務教育標準法を二本の柱とするが、前述のとおり二〇〇一年以降の両法は「教育の条件整備」の保障と「教育構造改革」の推進という、たがいに矛盾した二つの性格を帯びるに至っている。

第二に、「教育条件整備」についての現状認識を確立すること。各都道府県における教職員配置を悉皆で経年把握する作業を、「被災地の学校」を含めた各地で行なうことを提起したい。皆さんの学校で非正規教職員が何人いるか、即答できる教職員はいない。たくさんいるのにその実数について正確な認識がない、このないというのがいちばん問題といえる。子どもや保護者から見たら先生は同じ仕事をしているのに、担任が非正規という例はざらにある。

第三に、「教育条件整備」についての歴史認識と現状認識をふまえ、「教育条件の再整備」法案（仮称）を策定し、法制化を迫ること。義務教育標準法をできれば一九八〇年まで、少なくとも二〇〇一年に改正が行なわれる前まで戻さなければならない。

付記

本稿の「2」「3」は、大森直樹「教育と戦争――教育目的・教育課程・教科書・教育評価・学校儀式」、又吉盛清ほか編著『靖国神社と歴史教育――靖国・遊就館フィールドノート』明石書店、二〇一三年と一部重複している。

安倍政権の教育法と教育現場
二〇一五—一八年の市民と教育界の課題

大森 直樹

■はじめに

本報告では、まず、第一次と第二次の安倍政権下の国会において、十五本（第一次六本・第二次九本）の教育関連法が成立してきた事実にとくに注目し、その一部ではなく全体の特質を明らかにすることを試みたい。一連の法と施策は教育現場に何をもたらすのか。

■1　グローバル人材養成のもたらす歪み

十五の法と関連施策を概観すると見えてくるものがある（表1参照）。

表 1-1　安倍政権下で成立した教育関連法

国会次（会期）	名　称	内　容
165 (2006.9.26-12.19)	(1) 教育基本法	教基法の全部改正／教育目的に「我が国と郷土を愛する」を新設し、教育振興基本計画について規定。
166 (2007.1.25-7.5)	(2) 構造改革特別区域法の一部を改正する法律	他施設との一体的利用のため教育委員会による学校の管理執行を首長に委譲。
	(3) 国立大学法人法の一部を改正する法律	大阪大学に大阪外語大学を統合。
	(4) 学校教育法の一部を改正する法律	教基法改正に伴い義務教育目標に愛国心規定／副校長・主幹教諭・指導教諭の新設／学校評価導入。
	(5) 地方教育行政の組織及び運営に関する法律の一部を改正する法律	保護者を教育委員に／同一市町村内の教職員転任を市町村が内申／文科大臣の是正要求と指示。
	(6) 教育職員免許法及び教育公務員特例法の一部を改正する法律	教員免許更新制導入／指導が不適切な教員に指導改善研修。
183 (2013.1.28-6.26)	(7) いじめ防止対策推進法	国地方公共団体学校によるいじめ防止基本方針策定や道徳教育充実。
185 (2013.10.15-12.8)	(8) 公立高等学校に係る授業料の不徴収及び高等学校等就学支援金の支給に関する法律の一部を改正する法律	就学支援金に所得制限 / 公立高校の授業料不徴収制度を廃止し、公立校生徒にも就学支援金を支給。
	(9) 国家戦略特別区域法	政府が国家戦略特別区域基本方針を定める。1年以内に公立学校管理の民間委託化のための措置。

表 1-2　安倍政権下で成立した教育関連法

国会次（会期）	名　称	内　容
186（2014.1.24-6.22）	(10) 義務教育諸学校の教科用図書の無償措置に関する法律の一部を改正する法律	採択地区協議会の決めた教科書の採択を市町村に義務化／採択地区単位を市郡から市町村に変更。
	(11) 私立学校法の一部を改正する法律	所轄庁は法令及び寄付行為を違反した私立学校に措置命令ができる。
	(12) 地域の自主性及び自立性を高めるための改革の推進を図るための関係法律の整備に関する法律	教職員定数・学級編成の権限と給与負担を都道府県から政令市に委譲。
	(13) 地方教育行政の組織及び運営に関する法律の一部を改正する法律	教育委員長と教育長を一体化した新教育長。首長が総合教育会議を主宰し教育行政の大綱を策定。
	(14) 学校教育法及び国立大学法人法の一部を改正する法律	教授会諮問機関化／国立大は、経営評議会の学外委員は過半数、学長は選考会議の基準で選考。
	(15) 学校図書館法の一部を改正する法律	専ら学校図書館の職務に従事する職員を学校司書と位置づけ学校はその設置に努める。

第一次（2006.9.26 - 2007.8.27）と第二次（2012.12.26 - ）の安倍政権下で成立した教育関係法を 2014 年 7 月時点で収録（作成：大森直樹）

第一の特質は、財界のグローバル人材要求に直線的に対応した法と施策になっていることだ。後述するように、そのことが小・中・高・大の教育現場に歪みをもたらしている。財界のグローバル人材要求は、財界によるつぎの認識を出発点にしている。まず成長の可能性のあるところは海外しかないことを前提にして、つぎに企業による海外人材投入・海外企業買収等に対応できるグローバル人材（エリート）の養成を学校教育に求めるのだが、現行の小・中・高・大の学校教育はグローバル人材要求に応じていない、とする認識だ。そうした認識を、元新日鉄社長三村明夫（中央教育審議会会長）の言葉から確認できる。

「大学は社会に対して欠陥品を出しているのではないか」。「いろいろ分析しますと、成長の可能性のあるところは海外しかない。……企業は海外に出て行かざるをえない。……海外に人材を投入し、海外の企業を買収し、国内のものを海外に移している。そうしたグローバリゼーションが進行している。それは急速で、これに対応できる人材を求めているのですが、基本的な学力に問題があったり、技術系でも物理を学んでいない学生がいたりして、学生が身につける学力・能力がばらばらなんですね。……環境は大きく変化しています。それに対して大学は、きちっとした対応が出来ていない。自治が与えられていて、学長の裁量でみんなできることに建前はなっているのに、そうでないですね」（『辟雍』十号、東京学芸大辟雍会、二〇一三年十一月）

こうした現状への不満と苛立ちから、教育政策に対して三つの要求が生まれてくる。

①まず、トップダウンの意志決定・競争主義・成果主義をはじめとする企業の価値観の学校

への導入。
②つぎに、公教育における小中学校選択制と中高一貫教育による複線型教育制度の導入。
③そして、内容項目中心の教育課程を資質・能力中心に組みかえることだ。

① トップダウン意志決定・競争主義・成果主義

この間、財界は株式会社のガバナンスを小・中・高・大の運営に機械的に適用することを求めてきた。同友会の提言「私立大学におけるガバナンス改革」（二〇一二年）は次のように記している。

「一般に、ガバナンスとは、組織における権限・責任の体制が構築され、それを監視・チェックする体制が有効に機能していることであり、この観点では、企業であれ学校法人・大学（学校）であれ、何ら変わることはない」

安倍政権下の教育政策は、こうした主張を受容することに熱心だ。具体的には、第一次安倍政権下において、副校長・主幹教諭・指導教諭を新設して、学校のピラミッド構造を強化する法改正（表1、法律(1)、以下同）が行なわれた。

同友会の提言「私立大学におけるガバナンス改革」における大学への要求はさらに直裁だった。大学の意志決定は遅くガバナンスに問題がある、だから、学長の権限を強くして教授会の権限を弱めなくてはならない。その観点から「学校教育法九十三条一項『大学には、重要な事項を審議するため、教授会を置かなければならない』を削除し、『大学には、教授会を置く。教授会は、教育・研究に関する学長の諮問機関とする』に変更」（同友会「私立大学におけるガバナンス改革」二〇一二年）することを求めてきた。

二〇一四年の通常国会には、学校教育法九十三条一項を削除し、「大学に、教授会を置く」に変更し、教授会を学長の諮問機関化する法案が提出された（法律⑭）。右の同友会の政策提言の引き写しである。

これに反対する質問に立ったのは共産党と社民党の議員だけだった。衆議院における宮本岳志議員（共産）の質問「財界の要望に沿った大学の改革が目的ではないか」に対する、下村博文文科大臣の答弁は半ば開きなおったものだった。「何か財界が悪の権化のようなイメージで語られておりますけれども、私は、社会認識においてこれからの我が国における大学はどうあるべきかということについては、例えば、日教組の団体であっても共産党を支持する団体であっても、適切なものであったら、政府は法案改正の中で入れることは当然のことだというふうに思います」（文部科学委員会六月六日議事録）。これに同調する低い笑いが議場に拡がり、同法案は衆参両院において可決され成立した。しかし、学校に求められているのは、管理職の権限を強化するトップダウンの意思決定ではなく、教職員と子ども・学生の決定権を保障することだ。

学校を子ども・学生中心の創造的な学習の場とするうえで、鍵となるのが教職員と子ども・

学生の決定権だ。東日本大震災後における石巻市立雄勝小学校の教育実践がその実例だ。徳水博志教諭と子どもたちは、被災地の生活の影と光を見つめ、それを詩や版画にして仲間と共有し、震災によって家族や知人を失い生活を壊された人間が生きていくことを励ましていった。その教育実践の基礎には徳水が起草した「震災復興教育を中心にした学校運営（経営）の提案」があった（池田・大森『世界』八百四十四号掲載稿参照）。子どもたちの切実な課題を発見し、それを解くための教育課程を組むことができるのは教職員だ。

競争主義・成果主義の要求に応じたのが全国学力テストだ。二〇〇七年に第一次安倍政権下で四十三年ぶりに全数調査として実施された全国学力調査は、民主党政権下における抽出調査への変更（二〇一〇年）、実施取りやめ（二〇一一年）、抽出調査再開を経て（二〇一二年）、第二次安倍政権下で全数調査の復活となった（二〇一三年）。二〇一四年からは学校別の結果公表も解禁となり、学力主義の蔓延が子どもたちを圧迫している。

②　学校選択制と中高一貫教育

複線型教育制度の導入を明記した財界の提言に経団連「創造的な人材の育成に向けて」（一九九六年）があるが、政府はこうした提言を受容して教育制度改革を行なってきた。一九九七年に公立の小中学校選択制が始まり（一九九八年三重県紀宝町より）、一九九八年に公立の中高一貫教育が制度化された（一九九九年宮崎県立五ヶ瀬中等教育学校より）。限られたエリートのための教育を優遇し、それ以外の教育を軽視する複線型教育制度の導入が拡がった。その延長線上に安倍政権の教育政策がある。

③ 内容項目中心から資質・能力中心の教育

何を学ぶかではなく、何ができるかを性急に求める教育政策が影響力を拡大している。その具体的な表れのひとつが小学校における英語教育の導入だ。小学校では二〇一一年度から「外国語活動」が必修化された。

④ 何が問題か

ここで問題にしなければならないことが三つある。

一つは、法案審議と教育現場における実態との隔絶だ。現実の小・中・高・大における学生と子どもたちの圧倒的多数は、グローバル人材となるために日々の生活を生きているのではない。被災地の生活と自分の役割について考えている子どもたち、原発災害から未来の命を守ろうとしている学生たち、スポーツや芸術を通じて自己表現を重ねている学生と子どもたちがいる。そうした学生と子どもたちのとりくみを応援するための議論が国会ではほとんど行なわれていない。

二つは、安倍政権下の教育政策が、あまりにも直線的に財界の要求を受容することによって、小・中・高・大における日々のとりくみを根底から劣化させていることだ。結論の半分を先回りして述べれば、現下の教育政策は、結果的に財界の要求に応じるものにすらなっていない。劣化させる動きの一つが小学校英語だ。財界の英語教育の要求に押されて、小学校では二〇一一年度から五、六年生に週一回の「外国語活動」が必修化されてきたが、いま、これを教科に格上げする計画が第二次安倍政権下で始動している（文科省「グローバル化に対応した英語教育改革実施計画」二〇一三年十二月）。

しかし、長年英語教育を研究してきた寺島隆吉（元岐阜大学教授）は「小学校英語に期待できることはほとんどない」と述べている。いまの政府と財界が教育現場に要求しているのは「すぐ役に立つ英語」「生活言語としての英語」だが、「会話の英語」は使わなければすぐ消えてしまうからだ。「本当に日本の英語教育を再生したいのであれば、同じ税金とエネルギーを中学校英語にこそ費やすべき」（『教育と文化』七十五号、二〇一四年）と寺島は提言を重ねてきた。だが、こうした声に政府は耳を傾けない。

三つは、現下の教育政策では、すべての子どもの教育を受ける権利を保障する視点が軽視されていることだ。ここでは、二〇一〇年に民主党政権が実施した高校無償化法にも二つの問題があったことを指摘しておきたい。まず、無償化の対象を高校合格者に限ったため、適格主義の壁に阻まれている子どもたちに高校教育を保障する制度とならなかったこと。つぎに、朝鮮高校の生徒を適用除外してきたことである。

第二次安倍政権下で行なわれた高校無償化の「見直し」（法律⑻）は、これら二つの問題の解決を等閑視したものである。

2　ノンエリートへの愛国心教育

①　政策とその論理

十五の法と関連施策について、第二の特質は、小中学校の子どもたちを対象にして愛国心教育を強化する法と施策になっていることだ。戦前日本の愛国心教育は、教育勅語（一八九〇年）をその根本理念として筆頭教科の修身を通じて行なわれてきたが、一九四五年の修身停止（GHQ指令）と一九四八年の国会における教育勅語失効決議により解体される。一九五五年に自民党が結党すると、愛国心教育を復活させることが党是となり、一九五八年の「道徳の時間」特設（学校教育法施行規則改正）と学習指導要領改定（道徳編内容第三十五項「日本人としての自覚を持って国を愛し」）を起点に復活の試みが重ねられてきた。

第一次安倍政権は、改正教育基本法に愛国心教育規定を盛ることにより（法律⑴）、自民党積年の悲願を達成することになった。間髪を置かず改正学校教育法に義務教育目標を新設し、そこにも愛国心教育を規定した（法律⑷）。いま第二～三次安倍政権下では「道徳の教科化」が加速しており、愛国心教育の強化が図られつつある。戦前の愛国心教育の二つ目の支柱は国史教科書だったが、現政権は歴史教科書の統制も強めている。

二〇一四年一月十七日、教科書の近現代史が政府見解をふまえるよう検定基準を改正。教科書の採択についても統制を強めており、採択地区協議会（石垣市・与那国町・竹富町）が答申した育鵬社の公民教科書を採択しなかった竹富町教育委員会に対して、同年三月十四日に文科省が是正要求を行ない、これに加えて、協議会の答申に教育委員会をしたがわせるため教科書無償措置法の改正も行なった（法律⑽）（ただし竹富町は二〇一四年五月二十一日に従前の協議会を離脱し自前の協議会をもち、意に反した採択を免れている）。

安倍政権が愛国心教育を重視しているのは、格差拡大と能力主義がもたらす人びとの不満が体制への批判に発展することに危機感を抱き、体制を維持するイデオロギーの役割を愛国心に期待しているからだ。こうした教育政策観の原点となった一九六六年の中教審答申別記「期待される人間像」について、山崎政人は次のように分析している。「後期中等教育が能力主義にもとづいて多様化されると、必然的にハイタレントとロータレントの選別が行なわれる。そして前者は優越感を、後者は劣等感をいだき、両者の間に深い亀裂が生まれることは避け難い。ことにロータレントのレッテルを張られた者は被差別意識をもち、体制に批判的になる恐れがある。これらの人たちを従順に、分に従って生産に参加させ、経済成長のにない手に」（山崎政人『自民党と教育政策』一九八六年）するため、政府・自民党はひとつの方策を選びとってきた。

それは、同答申別記のつぎの文言「天皇への敬愛の念をつきつめていけば、それは日本国への敬愛の念に通じる」に依拠して、愛国心教育の復活を試みることだ。格差の拡大を背景にして、政権が愛国心教育に寄せる期待は、いま改めて高まっている。安倍政権による愛国心教育の強化は、「いじめ問題への対応」を前面に掲げて進められてきた経緯もある。

二〇〇六年末の改正教育基本法審議では、政府主催の教育改革タウンミーティングにおける「やらせ質問」の発覚（衆院十一月一日）もあり、政府が防戦にまわる局面もあった。だが、十一月七日未明に行なわれた文科省のいじめ問題記者会見（六日に子どもから文科大臣に届いたとされる「いじめ自殺予告手紙」の公表）を境にして変化が生じた。同日昼には伊吹文明文科大臣も記者会見を行ない、いじめ自殺への対応を強調する。このときまで、国会における拙速な審議と「やらせ質問」による世論誘導を批判していた新聞の論調は、政府の「いじめ問題への対応」をあいだにはさみ、勢いを失った。法案は十六日に衆院を通過し、十二月十五日に参院で可決し成立した。

第二次安倍政権下で最初に成立した教育法が「いじめ防止対策推進法」（法律⑺）だったことの意味も小さくない。同法十五条には「道徳教育」の「充実」が書きこまれた。「いじめへの対応」を前面に掲げて、世論の批判をかわしながら、道徳教育と愛国心教育の強化が進められている。愛国心教育の問題点は、推進派も反対派も、戦前日本の愛国心教育の検証を怠ってきたことだ。

戦前日本の愛国心教育は、教育勅語の次の一文に依拠してきた。「一旦緩急（いったんかんきゅう）あれは義勇公（ぎゆうこう）に奉し以て天壌無窮（てんじょうむきゅう）の皇運を扶翼（ふよく）すへし」。その意味するところは何か。井上哲次郎『勅語衍義』（一八九一年）は、芳川顕正《あきまさ》文部大臣の提議により編纂された「半ば公の」勅語解説書として、最初期に刊行されたものであるが、上文に関して次のように記している。

「徴兵の発令に逢はば、必ず欣然（きんぜん）之れに応ずべく、決して逃竄（とうさん）して公事に赴くこと避くべきにあらず」（徴兵の発令を受けたときは必ず喜んでこれに応じるべきで、決して逃亡して戦地に赴くことを避けることがあってはなりません）

「真正の男子にありては、国家の為めに死するより愉快なることなかるべきなり」

② 道徳の教科化

今後における「愛国心教育の強化」の焦点の一つが道徳の教科化だ（一省令二告示一通知）。その日程を概観しておきたい。

二〇一四年二月十七日：文科大臣が中教審に「道徳の教科化」を諮問。

十月二十一日：中教審が「道徳の教科化」（学校法施行規則・指導要領・指導要録・検定教科書）を答申。

二〇一五年二月四日：文部科学省が「道徳の教科化」について省令案と指導要領改正案を公表。

三月二十七日：文部科学省令により学教法施行規則一部改正（「道徳の教科化」）。

同日：文部科学省告示により、小中学習指導要領一部改正（道徳部分）

二〇一五年度より：一部改正学習指導要領の趣旨を踏まえた取組実施可能。

九月三十日：文部科学省告示「道徳教科書検定基準」。

二〇一八年度：小学校・特別支援学校小学部一部改正学習指導要領の施行。

二〇一九年度：中学校・特別支援学校中学部一部改正学習指導要領の施行。

以上の日程のなかで、決定的な意味をもったのが、二〇一四年二月十七日の中教審の諮問文だった。そこには四つのことが記されていた。

1　小中学校における週一コマの「道徳の時間」の位置づけを「特別の教科道徳」（仮称）に変えるため学校教育法施行規則を改正すること。

2　現行の「道徳の内容」小学校二十二項目（第二十一が愛国心）と中学校二十四項目（第二十三が愛国心）を「特別の教科道徳」に対応させて改善するため学習指導要領を改正すること。

3　「特別の教科道徳」に検定教科書を導入すること。

4 「特別の教科道徳」に評価を導入するため小中学校の指導要領を改訂すること。

3 公立学校の民間委託への対応

第三の特質は、公立学校の民間委託を求める財界の要求に、教育政策が一定の対応を重ねていることだ。公立学校の民間委託には「速く小さく進める」動きと「遅く大きく進める」動きがある。

「速く小さく進める」動きのひとつが特区における民間委託で、小泉政権が先鞭をつけた。二〇〇二年の「構造改革特区法」を利用して二〇〇四年から申請した株式会社と自治体が実施。二〇〇九年までに小・中・高・大（院）三十一校が設置された。

いま第二次安倍政権は、二〇一三年十二月十三日に公布した「国家戦略特別区域法」（法律⑼）を利用して「公立学校の管理を民間に委託する」（議案要旨）措置を国家主導で進めている。二〇一四年五月一日、安倍総理が「国家戦略特別区域及び区域方針」を決定し、関西圏において「国際ビジネスを支える人材の育成」を目的とした公設民営学校を設立する方針を固めている。

「遅く大きく進める」動きにかかわっているのが内閣府の経済財政諮問会議を発信地とする教育委員会改革（教育委員会廃止論を含む）の諸提言だ。その論理は、①首長部局から独立した農業委員会が株式会社による農地取得の障壁となっていることと同様に、②首長部局から独立した教育委員会が株式会社による公立学校民間委託の障壁となっていることに着眼し、③教育委員会の徹底改革とりわけ教育行政権限の首長部局への委譲により民間委託の条件整備を図ることである。

だが、財界の要求を受容してきた安倍政権にあっても、この改革提言をただちに丸のみするわけにはいかなかった。もし丸のみすれば、政府・自民党は、これまでフル活用してきた「文部科学省」→「都道府県教育委員会」→「市区町村教育委員会」→「学校」の教育政策ラインを失ってしまう。

そこで、第一次安倍政権では、まず教育行政権限の一部を首長に委譲することを特区に限って認める法改正を行ない、改革推進派の主張に歩み寄り（法律(2)）、あわせて、全国の教育委員会制度についてはより微温的な法改正を行なって抜本改革については先送りをした（法律(5)）。

だが、改革推進派は明確な措置を求めていた。広く知られていないが第一次安倍政権下における改革推進の急先鋒は当時野党の民主党だった。民主党は、鈴木寛議員をリーダーにして教育委員会廃止法案の提出を重ね（大森「研究ノート民主党の二十教育法案」『季刊教育法』百六十五号、二〇一〇年参照）、二〇〇九年に政権に就くと鈴木寛を文科副大臣に据えて法案の準備を進めたが二〇一〇年と一二年の参衆選挙で議席を減らして提出を断念する。

代わって改革推進をリードしたのが大阪維新の会（二〇一二年九月設立の日本維新の会の母体）

だった。二〇一二年三月、松井一郎知事〈同会幹事長〉提出の大阪府教育行政基本条例案が府議会で可決、同年五月、橋下徹市長〈同会代表〉提出の大阪市教育行政基本条例案が市会で可決。両条例の要諦は、首長に「教育振興基本計画案」の策定権限を認めたことだ。「基本計画」には、教育の振興に関する基本的目標、施策の大綱ほかが含まれ、広範囲におよぶ。教育委員会は案の作成の協議に加わるが、「協議が調《ととの》わなかった」場合、教育委員会の意見が付されるものの、首長の案が議会に送られる。両条例は、改革推進派が求めていた教育委員会の廃止を、廃止という措置を経ることなく、首長への権限集中によって同じ効果を得ようとするものだった。

第二次安倍政権が先般の国会に提出した地方教育行政法改正案〈法律⒀〉が両条例をふまえたものであることは衆目の一致するところだった。法案の要諦は、首長に「教育行政の大綱」の策定権限を認めたことだ。「大綱」には、教育の目標や施策の根本的な方針が含まれ、自治体の運用次第では広範囲におよぶ余地を残し、改革推進派が求めていた首長への権限集中要求に応じたものとなっている。教育委員会は首長が主宰する総合教育会議に参加することで「大綱」作成の協議に加わるものとされた。

それと同時に、教育行政の執行権限は教育委員会に残し、かつ、教育長と教育委員長を一体化させた新教育長〈教育委員長は廃止〉を設けることにより、教育政策ラインについては保全をはかっている。

曲折を重ねた教育委員会改革だったが、二〇一四年の通常国会において安倍政権は、公立学校の民間委託にも関わる首長への権限委譲については漸進措置をとり、従前の教育政策ラインについては新教育長に権限を集中することで統制の強化に道を開いた。こうした改革の必要性について、その根拠として国会審議で掲げられたのが、またしても「いじめへの対応」だった。従前の教育委員会の対応の不備が重ねて指摘され、その不備を改善するため改革が主張された。だが、この改革で「いじめへの対応」に不備がなくなるのか。疑問を投げかけたのが吉川元《はじめ》議員（社民）だった。危急の「いじめへの対応」で首長が総合教育会議を開くとき、もし新教育長に事故があった場合に対処できる制度設計になっているのか。この質問に対する下村博文文科大臣の答弁は論点をはぐらかす不誠実なものだった。

「吉川委員、これは第一義的に、まずは学校現場じゃないでしょうか。……第一義的には、これは学校がきちっと解決すべきことだと思います」

吉川議員が切り返す。

「今のお話だと、法改正する必要はないじゃないですか。学校でまずやれば大丈夫なんだというお話であれば、今回の法改正のそもそもの理由がなくなるんじゃないんですか」

（二〇一四年五月十六日議事録）

これが同法案の衆議院文部科学委員会における最後の質疑応答だった。今後、全国の教育現場は現任の教育長・教育委員長の任期満了をまって新教育長の選出にはいる。前例のない総合教育会議の新設もはじまる。被災地の教育現場も例外ではない。

■4　原発災害下の子どもの軽視

第四の特質は、原発災害下の子どもの窮状を軽視する政策を継続していることだ。第二次安倍政権は教育関係の立法に力を入れてきたが、そのなかに原発災害下の子どもの窮状の改善にかかわる法は一つもない。しかし、いまも東日本では多くの子どもたちが放射性物質の汚染地での生活を余儀なくされている。その原因の一つが、平常の教育活動を認める放射線量基準を文科省がゆるく設定していることだ。

文科省が学校の空間線量について基準を示した通知は二件しかない。一件目は、二〇一一年四月十九日の通知で、校庭の線量基準を一時間三・八マイクロシーベルト（単純換算で一年三十三・三ミリシーベルト）に設定。この通知により、①警戒区域（二十キロ圏）、②計画的避難区域（二十ミリシーベルト）、③緊急時避難準備区域（①②を除く三十キロ圏）を除く福島全域の公立学校における平常の教育活動を容認した。二件目は、同年八月二十六日の通知「福島県内の学校の校舎・校庭等の線量低減について」（「8・26通知」）で、上の通知を失効させ、校庭の線量基準を一時間一マイクロシーベルトに再設定した。これは単純換算で一年八・八ミリシーベルトに相当する。

この通知により、引き続き①②③を除く福島全域の公立学校における平常の教育活動が認められることになった。この「8・26通知」について、安倍政権は、見直しをいっさい行なうことなく継承している。

■5　教職員・保護者・市民・マスコミはどうしたらよいか

四つの課題がある。第一は、安倍政権下の教育政策の発信源の一つとなっている教育再生実行会議の動向を押さえることだ。

すでに、いじめ対応の第一次提言（二〇一三年二月）が法律(7)に、教育委員会改革の第二次提言（同年四月）が法律(13)に、大学改革の第三次提言が法律(14)に具体化してきた。いま安倍政権は、高大接続と大学入試の第四次提言（同年十月）、および、学制改革の第五次提言（二〇一四年七月）について、その具体化を準備している。

だが、教育再生実行会議をフォローするだけでは不十分だ。政策の具体化は「文科大臣の中教審への諮問」→「中教審の答申」→「法規改正・学習指導要領改訂等」という手続きを踏むことから、中教審の動向についての現状把握と世論喚起が必要になる（第二の課題）。その焦点を、私自身は「道徳の教科化」と「学習指導要領の改訂」に置いている。

「道徳の教科化」については先述した。その経験をふまえ、「学習指導要領の改訂」にどう対処するべきか。まずはその日程を記しておきたい。

二〇一四年十一月二十日：中教審に「初等中等教育における教育課程の基準等の在り方について」諮問。

二〇一五～二〇一六年度：中教審審議。

二〇一六年度：中教審が「初等中等教育における教育課程の基準等の在り方について」答申。

二〇一七年度：教科書会社が教科書を作成。

二〇一八年度：文部科学省が教科書検定。

二〇一九年度：教育委員会が教科書採択。

二〇二〇年度：新教育課程（新学習指導要領）完全実施。

第三、教育政策の基調となっている「選択」「競争」「自己責任」の価値観が、多くの人びとに内面化されて安倍政権の諸政策を下支えしている事実についても直視が必要だ。

だが、安倍政権の教育政策よりも、教職員・保護者・市民が、眼前の子どもたちと発見してきた事実と言葉のほうが、実際に教育史のなかではたしてきた役割は大きい。国家が定めた目的から教育をはじめるのではなく、子どもの生活の現実を教育の原点に据えること。子どもたちが生活の事実から詩や作文や物語をつくるとき、人間が生きることを励ますこと。教育政策の不毛とは反比例して、意味のあるとりくみが継続・発展している事実が、東日本大震災・原発災害下の教育界においてあらためて確認されてきている。

教育現場の事実をふまえて、いまを生きている子どものための教育論と教育政策を提起することが、今日ほど必要とされているときはない（第四の課題）。

付記

本稿は池田賢市・大森直樹・平山瑠子「安倍政権の十五教育法と教育現場」『世界』二〇一四年十一月号の元となる大森作成の草稿に加筆をして作成した。

裁判報告

なんと、勝訴！「君が代」不起立停職六か月処分はとりけされた！

根津公子

五月二十八日、「君が代不起立」六か月処分取り消し控訴審訴訟（二〇〇七年町田市立鶴川二中）で勝訴した。

先行した〇五、〇六年の三件すべての「君が代不起立」処分は、私に限り「過去の処分歴」を理由に適法とされてきたので、今回の勝訴はにわかには信じられなかった。都側は上告（河原井さんの処分取り消しについては上告せず）した。政治的判断が働けば、上告審で覆される危険はある。しかし、以下に述べるように、判決は二〇一二年最高裁判決にしっかり立脚したうえでの判断であるから、最高裁がこれを覆す論理を探すことはむずかしいと思う。

最高裁の判断基準

二〇一二年最高裁判決は三つの判断基準を示した。

「ア　起立を求める職務命令は違憲とはいえない／イ　戒告を超える重い処分は違法／ウ　過去の処分歴等、学校の規律や秩序を害する具体的事情があれば、重い処分も可」

というものだ。

この基準を使ってこれまで、不起立一回目での戒告処分はとりけされなかったが、不起立二回目以上の減給・停職処分は、私を除いてとりけされてきた。裁判を一緒に行なっている河原井さんの処分もとりけされてきた。

しかし、私については「ウ　過去の処分歴」を使い、〇六年停職三か月処分を適法とした。以降、〇五年の減給六か月、停職一か月処分に対する最高裁判決も、この〇七年事件の地裁判決も、「過去の処分歴」を通行証のように使って、裁判所は私の処分をとりけさなかった。

勝訴判決は

今回の判決は、一二年最高裁判決に立ち、「停職三か月処分をするならば適法」だが、一二年最高裁判決がいう「処分は慎重に」に即して検討すると、「停職三か月から本件に至るまでの間に、処分を加重する具体的事情はなく、機械的に一律に処分を加重することは裁量権の乱用」と判じた。同じ事由を使って何度も累積加重処分をすることを違法としたのだ。

そして、機械的に一律に処分を加重し、「ついには免職処分を受ける……事態に至って、自己の歴史観や世界観を含む思想等により忠実であろうとする教員にとっては、自らの思想や信条を捨てるか、それとも教職員としての身分を捨てるかの二者択一の選択を迫られることとなり、……日本国憲法が保障している個人としての思想及び良心の自由に対する実質的な侵害につながる」と判じた。これはまさに私が〇五年以降退職までずっと体験してきたことだった。

〇四年の時点で横山教育長が「不起立三回で免職」と校長会（?）で発言したことを校長から聞かされていたので、一回目の不起立で減給六か月にされた私は、「次はクビか」と恐れた。また、〇六年四月二十七日の教育委員会定例会の席上、人事部長が「停職は六か月まで。次はない」と発言したのを私は傍聴席で聞いたので、〇七年三月に停職六か月処分を受けたときには、「一年後はクビ」を覚悟せざるをえなかった。二者択一の選択を迫られたことについて、「思想及び良心の自由に対する実質的な侵害」と判じたことの意味は大きい。

都側は、私が停職中に校門前に立ちつづけたことや朝日新聞の取材に応じて紙上で「君が代不起立」を呼びかけたことを、累積加重処分適法の理由に挙げた。しかし、判決は「これらの行為によって具体的に学校の運営が妨害されたような事実はない」「根津の歴史観や世界観に基づく思想等の表現活動の一環としてなされたものというべきであるから、……停職期間の加重を基礎づける具体的な事情として評価することは、思想及び良心の自由を保障する日本国憲法の精神に抵触する可能性がある」ときっぱりいいきった。

さらには、都教委が体罰等の事案では機械的累積加重処分はしないのに、「君が代不起立」でそれをすることは公平・公正ではない、と私たちが長いあいだ主張してきたことに対し、当判決はそれを認めた。「体罰の事案についてみると、……個別の事案ごとに処分を決定し、あらかじめ体罰の回数に応じて機械的一律に処分を加重していくという運用はしていないことが認められる」と。

判決は私の処分をとりけしただけでなく、河原井さんと私の両人に、「処分の取り消しにより回復される財産的な損害の補填」では慰謝されない精神的苦痛があることを認め、各十万円の損害賠償の支払いも命じた。

判決が与えるもの

最高裁でこの判決が確定すれば、大阪の「同一の職務命令違反三回で免職」という職員条例や不起立を二回した教員に「次は免職もある」との警告書を出すことは違法となる。東京では不起立処分とセットにした「服務事故再発防止研修」を受講してもなお不起立をつづけたとして、重い処分を科しているが、これも違法となる。

「君が代不起立」で重い処分を受け続ける人を救ってくれる判決であることが何よりもうれしい。上告審で本判決が維持されることを祈るばかりだ。

（※最高裁は二〇一六年五月三十一日、都の上告を棄却し、「上告審として受理しない」ことを決定、高裁判決が確定した。）

初出一覧　（丸囲み数字＝「たみがよ通信」掲載号数・発行年・月）

Ⅰ　「憂慮する会」の十年、東京・神奈川の十年

「学校に対する君が代斉唱・日の丸掲揚の強制を憂慮する会」十年の歩み……書き下ろし。

東京の「君が代不起立」処分状況の十年　斉藤寿子……書き下ろし。

「神奈川の現場から」の十年 大貫明日美……書き下ろし。

Ⅱ　の学校への「日の丸・君が代」強制拒否の論理

君が代斉唱・日の丸掲揚を強制する〝教育〟で子どもたちはどうなる？ 山田昭次……（上）①・06・9
（下）②・06・12
「愛国心」の養成のための小学校・中学校学習指導要領改定 山田昭次……⑤・08・6
関東大震災時の朝鮮人虐殺と日本民衆の「愛国心」山田昭次……⑩・10・12
『都知事石原慎太郎と都教委の歴史観・思想を問う 山田昭次……⑫・11・12
戦前・戦後の学校教育と「日の丸・君が代」藤田昌士……⑦・09・6
「日の丸・君が代」強制と良心的不服従――君が代不起立の思想史的意義 安川寿之輔……⑪・11・6

Ⅲ　日の丸・君が代の強制と処分が進む学校で

「もの言える」自由裁判と都立高校の現在 池田幹子……⑧・09・12
「君が代」解雇を許さない！ 根津公子……⑤・06・8

「茶色の朝」を迎えないために、河原井純子……⑤、06・8
「日の丸・君が代」に押し潰される障がい児教育　渡辺厚子……⑥・08・12
「日の丸・君が代」をめぐる神奈川の状況　三輪勝美……⑨・10・6
都立高校の現場からの報告　大能清子……⑫・11・12
二つの不当・悪質な判決　黒田貴史……⑦・09・6
君が代不起立に対する二〇一二年一月十六日の最高裁判決の批判　山田昭次……⑬・12・7

Ⅳ　学校教育にもちこまれる歴史修正主義と「特別な教科　道徳」

教科書・副教材叙述の問題と歴史教育への政治介入　田中正敬……⑬・12・7と、⑱、15・6「文部科学省の検定改悪と歴史修正主義」を改稿。
「特別の教科　道徳」と私たちの課題　藤田昌士……⑳・16・6

Ⅴ　教育現場での民主主義と自由のために

学校現場の現在と課題　10・23通達から十年　いま市民がやるべきことは三つ　大森直樹……⑯・14・1
安倍政権の教育法と教育現場　二〇一五─一八年の市民と教育界の課題　大森直樹……⑱・15・6
なんと、勝訴！「君が代不起立」停職六か月処分はとりけされた！　根津公子……⑲・15・12

執筆者プロフィール
（掲載順）

■**山田昭次**（やまだしょうじ）1930年埼玉県生まれ。近代日朝関係史。立教大学名誉教授。学校に対する君が代斉唱・日の丸掲揚の強制を憂慮する会・共同代表。著書：『全国戦没者追悼式批判──軍事大国化への布石と遺族の苦悩』『関東大震災時の朝鮮人虐殺とその後──虐殺の国家責任と民衆責任』ほか。

■**斉藤寿子**（さいとうとしこ）1955年東京都生まれ。学校に対する君が代斉唱・日の丸掲揚の強制を憂慮する会・事務局。

■**大貫明日美**（おおぬきあすみ）1960年東京都生まれ。学校に対する君が代斉唱・日の丸掲揚の強制を憂慮する会・事務局、神奈川県立高校教員。

■**藤田昌士**（ふじた・しょうじ）1934年京城（現ソウル）生まれ。教育学。元立教大学教授。著書：『道徳教育　その歴史・現状・課題』『学校教育と愛国心──戦前・戦後の「愛　国心」教育の軌跡』ほか。

■**安川寿之輔**（やすかわじゅのすけ）1935年兵庫県生まれ。近代日本社会（教育）思想史。名古屋大学名誉教授。著書：『福沢諭吉の教育論と女性論』『福沢諭吉と丸山眞男──「丸山諭吉」神話を解体する』ほか。

■**池田幹子**（いけだみきこ）1948年東京都生まれ。元東京都立高校教員。

■**根津公子**（ねづきみこ）1950年神奈川県生まれ。元東京公立学校・都立学校教員。

■**河原井純子**（かわらいじゅんこ）1950年茨城県生まれ。元東京都立特別支援学校教員。

■**渡辺厚子**（わたなべあつこ）1950年福井県生まれ。元東京都立特別支援学校教員。

■**三輪勝美**（みわかつみ）1953年秋田県生まれ。元神奈川県立高校教員。

■**大能清子**（おおのきよこ）1959年大阪府生まれ。東京都立高校教員。

■**黒田貴史**（くろだたかし）1962年千葉県生まれ。学校に対する君が代斉唱・日の丸掲揚の強制を憂慮する会・事務局。

■**田中正敬**（たなかまさたか）1965年東京都生まれ。朝鮮近代史。専修大学教授。学校に対する君が代斉唱・日の丸掲揚の強制を憂慮する会・共同代表。著書：『地域に学ぶ関東大震災──千葉県における朝鮮人虐殺　その解明・追悼はいかになされたか』（共著）。

■**大森直樹**（おおもりなおき）1965年東京生まれ。教育学・教育史。著書：『日本の中国侵略植民地教育史　第１巻』『原発災害下の福島朝鮮学校の記録』『靖国神社と歴史教育──靖国・遊就館フィールドノート』（以上、共著）ほか。

編　者：「学校に対する君が代斉唱、日の丸掲揚の強制を憂慮する会」
（共同代表：粟屋憲太郎、田中正敬、山田昭次）
執筆者：358頁に掲載。

学校《がっこう》に思想《しそう》・良心《りょうしん》の自由《じゆう》を
──君《きみ》が代《よ》不起立《ふきりつ》、運動《うんどう》・歴史《れきし》・思想《しそう》

二〇一六年一〇月二八日　初版第一刷
編者　学校《がっこう》に対《たい》する君《きみ》が代《よ》斉唱《せいしょう》、日《ひ》の丸《まる》掲揚《けいよう》の強制《きょうせい》を憂慮《ゆうりょ》する会《かい》©
著者　山田《やまだ》昭次《しょうじ》、斉藤《さいとう》寿子《としこ》、大貫《おおぬき》明日実《あすみ》、藤田《ふじた》昌士《しょうじ》、安川《やすかわ》寿之助《じゅのすけ》、池田《いけだ》幹子《みきこ》、根津《ねづ》公子《きみこ》、河原井《かわらい》純子《じゅんこ》、渡辺《わたなべ》厚子《あつこ》、三輪《みわ》勝美《かつみ》、大能《おおの》清子《きよこ》、黒田《くろだ》貴史《たかし》、田中《たなか》正敬《まさたか》、大森《おおもり》直樹《なおき》
編集　黒田貴史
発行所　株式会社　影書房
〒170-0003　東京都豊島区駒込一―三―一五
電　話　〇三（六九〇二）二六四五
ＦＡＸ　〇三（六九〇二）二六四六
E-mail＝kageshobo@ac.auone-net.jp
URL＝http://www.kageshobo.com
郵便振替　〇〇一七〇―四―八五〇七八
印刷／製本＝モリモト印刷
落丁・乱丁本はおとりかえします。
定価　3、000円＋税
ISBN978-4-87714-466-1